Günther Drommer

# *Erwin Strittmatter und der Krieg unserer Väter*

Fakten, Vermutungen, Ansichten –
eine Streitschrift

Das Neue Berlin

ISBN 978-3-360-01988-2

Ein Verlagsverzeichnis schicken wir Ihnen gern:
Das Neue Berlin Verlagsgesellschaft mbH
Neue Grünstraße 18, 10179 Berlin
Tel. 01805/30 99 99
*(0,14 €/Min., Mobil abweichend)*

Die Bücher des Verlags Das Neue Berlin erscheinen
in der Eulenspiegel Verlagsgruppe.

*www.das-neue-berlin.de*

# Inhalt

# »Der Wahrheit nachsinnen – viel Schmerz«

Mindestens in Griechenland war kein Unterschied
zwischen Wehrmacht, SS und Polizeitruppen.
Alle sind in gleichem Maße an Verbrechen beteiligt
oder deren unmittelbare Zeugen gewesen.

*(Hermann Frank Meyer, Militärhistoriker)*

Zweimal bin ich in den letzten fünfzehn Jahren zur Wallfahrts-
kirche Vierzehnheiligen gefahren. Ein schöner Barockbau, von außen stolz und würdevoll, innen heiter geschwungen in Gold und
Weiß. So steht er hoch über dem weiten oberfränkischen Maintal.

Hierher waren meine Eltern 1939 auf ihrer kurzen Hochzeits-
reise vom nicht weit entfernten oberen Saaletal in Thüringen, der
Heimat meines Vaters, gewandert, ehe er am 1. September jenes
Jahres zur Wehrmacht einberufen wurde.

Paris, Jugoslawien, für die längste Zeit Russland.

Mein Großvater war Sattler und Kleinbauer, er besaß in der winzigen Stadt direkt am Saale-Stausee ein Haus, einen Garten und ein
paar Felder und Wiesen. Um seine Einkünfte zu erhöhen, betrieb er
auch die kleine Poststelle des Ortes. Seinem einzigen Sohn ermög-
lichte er den Besuch des Gymnasiums in der nahen Kreisstadt.

Im Sommer 1938 waren meine Eltern mit ihrem Pädagogik-
Studium in Jena fertig, und mein Vater unterrichtete als Referen-
dar in der Schule eines thüringisch-fränkischen Dorfes. In Jena
hatten meine Eltern zu einzelnen, noch nicht völlig gleichgeschal-
teten Mitgliedern und Anhängern der Bündischen Jugend lockeren
Kontakt gehabt. Um als Lehrer weiterzukommen, war mein Vater
allerdings irgendwann der NSDAP beigetreten. Mit SS und Polizeitruppen hatte er nichts zu tun, und über eine politische Bildung
oder Bindung in irgendeiner bestimmten anderen Richtung ver-
fügte er damals nicht.

Ich kann mir gut vorstellen, wie meine Eltern auf ihrer Hoch-
zeitswanderung als junge Leute von Gasthaus zu Gasthaus zogen,

andere gleichaltrige Wanderer trafen und singend mit ihnen gemeinsam ein Stück ihres Weges weiterzogen.

»Wohlauf, die Luft geht frisch und rein,
Wer lange sitzt, muss rosten.
Den allerschönsten Sonnenschein
Lässt uns der Himmel kosten.
Jetzt reicht mir Stab und Ordenskleid
Der fahrenden Scholaren,
Ich will zu guter Sommerszeit
Ins Land der Franken fahren!«

So heißt es in Viktor von Scheffels Lied. Für meine Eltern wie für mich hat über der sommerlichen Landschaft in Vierzehnheiligen eine hohe warme Sonne am tiefblauen Himmel gestanden.

In einem kleinen Raum in hinterer Kirchenecke sind die Wände dicht mit gemalten Votivtafeln behängt, naiven Bildchen aus dem 17. und 18. Jahrhundert, auf denen der wundersamen Errettungen aus mannigfacher tödlicher Gefahr gedankt wird. Dort hängt auch eine geschnitzte Eichentafel, klagende Erinnerung an deutschen Tod, deutsche Flucht und deutsche Vertreibung als schlimme Folgen des letztvergangenen deutschen Krieges.

In diesem Räumchen gibt es für alle Besucher die Möglichkeit, Wünsche, Bitten und Meinungen auf kleine Zettel zu schreiben. Also habe ich in sauberer Schrift und gut lesbar auf einen solchen Zettel geschrieben, es solle an dieser Stelle doch auch und vielleicht im korrekten zeitlichen Ablauf des Davor und Danach der ungefähr fünfundzwanzig Millionen Russinnen und Russen und all der Menschen anderer Völker gedacht werden, an deren Tod wir Deutschen alle zusammen die einzige und unleugbare Schuld tragen, wovon unser eigenes Elend erst die Folge war. Wenn es nun schon eine kollektive Schuld nicht geben müsse, eine umfassende, auch den sogenannten Feind ins Gedenken einbeziehende kollektive Trauer sollte doch selbstverständlich sein.

Ich war allein im Raum und habe das Papierchen vorsichtig, ziemlich weit oben, aber gut lesbar an der Gedenktafel befestigt. Dann ging ich. Als ich nach einem kurzen Rundgang durchs Kirchenschiff wieder vor der Tafel stand, war der Zettel weggefetzt. Beim ersten, beim zweiten wie beim dritten Male. Einen vierten Zettel schrieb ich nicht, denn ich hatte begriffen: Gott oder zumindest jener, der sich in diesem Moment für seinen Stellvertreter hielt, war an meiner Meinung offenkundig nicht interessiert.

Die Toten sind tot und bleiben tot, und die Lebenden denken, wie sie denken, und daran wird sich so leicht nichts ändern.

Den großen, von uns Deutschen verursachten Krieg suchten nur wenige zu verhindern, mit der Kraft, dem Wissen und dem Mut, über die sie verfügten. Wenige bemühten sich furchtlos, das Leid anderer zu mildern, dem jene Menschen zuerst durch das politische System und später durch den Krieg ausgesetzt waren. Als nach dem Kriegsende Deutsche in sehr großer Zahl aus den Gebieten östlich von Oder und Neiße vertrieben und ausgesiedelt wurden – manche waren schon am Anfang und ohne Not »heim ins Reich« zurückgekehrt – und nun gezwungen waren, eine neue Heimat zu finden, hielt sich die Solidarität der Alteingesessenen mit ihnen in dieser für sie neuen Heimat, von Ausnahmen abgesehen, in engen Grenzen.

Jahrzehntelange Versuche, die bei Kriegsende mit deutscher Schuld übervoll beladene, weit nach unten sich neigende Waagschale zu entlasten, blieben von Anfang an nicht erfolglos. Relativierung, Verdrängung, Vergessen, Umverteilung von Schuld und Hervorhebung fremder Verantwortlichkeiten ohne Ursachen zu benennen, selbstgerechte Diffamierung andersdenkender eigener Leute in der Nachkriegszeit, Vertuschen oder Herausstellen von mehr oder weniger Schuldigen je nach politischem Bedarf führten dazu, dass die Schale im Blickfeld vieler Deutscher inzwischen ein beträchtliches Stück weiter oben hängt. Ginge es nach bestimmten Verantwortlichen, wäre das Gleichgewicht zwischen beiden Schalen schon bald hergestellt. Bei manchen, und es handelt sich beileibe nicht nur um Stammtisch-Strategen, neigt sich der Zeiger an der Waage längst schon zur anderen Seite.

Was der Krieg an wen zu verteilen hat, folgt nicht Recht und Gesetz. Die einen verlieren ihre Liebsten, unwiederbringlich, andere ihre Wohnung, ihr Haus, ihre Heimat – und erwerben sich mit den Jahren eine neue.

Manche verlieren ihr Ansehen, ihren Ruf, ihre Ehre. – Manche verlieren gar nichts. Ob und wie jeder seinen Teil Kriegsschuld abträgt, entscheidet sich für die meisten erst im anschließenden Frieden.

Zehn Jahre nachdem ich eine Erwin-Strittmatter-Biografie geschrieben und veröffentlicht hatte, fühlte ich mich zu deren Ergänzung aufgefordert. Sie sollte sich mit den viereinhalb Kriegsjahren des Dichters beschäftigen: was er wem, vor allem seinen Lesern, über diese Zeit berichtet hatte und auf welche Weise das mit den Machtverhältnissen in der inzwischen verschwundenen Deutschen Demokratischen Republik zu tun hatte. Ich begann ein wenig tiefer über meine eigene Zeit und die Zeit unserer Väter nachzudenken.

Mein Vater und Strittmatter waren gleichaltrig, und sie stammten aus ähnlichen familiären Verhältnissen. Nach dem Krieg kehrten beide in ihren Teil Deutschlands zurück, nach Thüringen der eine, in die Lausitz der andere, und sie haben – komme, was da wolle – zu keinem Zeitpunkt ernsthaft mit dem Gedanken gespielt, das Land ihrer Geburt und das ihrer Vorfahren aus welchen Gründen auch immer in Richtung Westen zu verlassen.

Ein wiederkehrendes Bild aus meiner Kindheit ist mir vor Augen geblieben: Ich bin fünf oder sechs Jahre alt. Meine Großmutter hat morgens im Herd der großen Wohnküche das Feuer angefacht. Dazu knüllt sie zwei Zeitungsblätter zusammen und legt ein paar Spleiße darauf. So heißen die am Tag zuvor mit dem Brotmesser von einem größeren Holzscheit abgespaltenen und in der Backröhre getrockneten schmalen Holzbrettchen. Darüber kommen kreuzförmig fürs Erste drei trockene Scheite durchs Feuerloch und zwei Briketts von oben her. Dann schiebt sie die Ringe wieder über die offene Herdfläche. Wie jeden Tag benutzt sie ein einziges Streichholz, und das Feuer brennt. Küchentücher und Topflappen hängen über der silbrig schimmernden Reling, dem schützenden Umlauf verchromter Stangen rund um den Herd. Bald glühen die Ringe der Herdplatte dunkelrot, das Wasser im seitlich eingebauten Kasten, Schiff genannt, beginnt zu summen.

Meine Großmutter hat sich auf das ein wenig abgewetzte, samtbezogene Kanapee mit der hohen Rückenlehne gesetzt, mit ihren alten, schmalen Händen umfasst sie den warmen Kaffeetopf. Porzellan mit silberner Aufschrift. Der Jubelbraut.

Ich habe mir ein paar Spleiße vom Vorrat genommen und sie untereinander so verklemmt, wie mein Vater es mir gezeigt hat. Aus ihnen ist ein stabiles Fenster zum Durchgucken geworden.

Im Haus grummeln die Geräusche der ratternden Relais in der winzigen städtischen Telefonzentrale, die zur Post gehört. Meine Tante, ein älter gewordenes, liebes Fräulein, steht nebenan im Schalterraum und schlägt in schnellem Rhythmus mit einem Stempel, der in einem langen, gebogenen Griff endet, abwechselnd auf ein großes rundes Stempelkissen und den jeweils obersten Brief. Karten und Briefe hat sie vorher aus dem gelben Kasten draußen an der Hauswand genommen und zu einem kleinen Stapelchen zusammengeschoben. Immer wenn sie auf das schwarze Kissen schlägt, zieht sie den zuvor abgestempelten Brief schnell weg, dessen Marke nun *entwertet* ist.

Wenn meine Tante diese Arbeit beendet hat, setzt sie sich auf ihren Stuhl und wartet auf die erste Kundin. Die Haustürglocke läutet. Jemand betritt den Schalterraum. Meine Großmutter auf ihrem Sofa beugt sich zum kleinen Fensterchen in der Trennwand nach nebenan. Sie zieht die winzige Gardine ein wenig zur Seite. Wer ist denn gekommen? Sie entschließt sich zu einem kleinen Schwatz, steht auf, öffnet die Tür und begrüßt die Nestmanns Jenny, die Altbäuerin vom gegenüberliegenden Gehöft, die hat ihre zwölf Kühe heute früh schon gemolken.

Ich geh langsam hinter meiner Großmutter her und seh die Welt durch mein selbstgebautes Fenster.

Was dort, in Strittmatters Bohsdorf, das in der Literatur berühmt gewordene in die Tür gebohrte Loch war – bei meiner Großmutter ist's ein richtiges kleines Fenster mit weißer Tüllgardine.

Als ich über Strittmatters Leben schrieb, habe ich oft an meinen thüringischen Vater gedacht und an »alle diese kleinen Handwerker, Händler und Bauern in den Lausitzdörfern, nicht arm, nicht reich, die ihren Lebenskampf führen mit immer neuen Ideen und anderen Geschäften – rechtschaffene Leute wie Hunderttausende andere, auf deren Schultern das stolze preußische König- und deutsche Kaiserreich und die ganze Welt ruhen«.

Alles liegt weit zurück, und wechselnde Zeiten sind darüber hingegangen. Aber – und das ist nun wirklich ein alter Schuh – ohne die

Vergangenheit vermögen wir die Gegenwart nicht zu begreifen, die im Moment ihres Entstehens schon wieder Vergangenheit ist und Vorspiel zu einer ungewissen Zukunft.

Alle unsere Vorfahren standen, gleich uns, einst ebenso auf dieser Stecknadelkuppe, die für einen kurzen Moment ihre Gegenwart war, einziger Augenblick, in dem es ihnen möglich schien, in den Gang der Welt einzugreifen.

Von dort her handelten sie, handeln wir, so gut wir es verstehen in diesem Augenblick, den es, sieht man es philosophisch, eigentlich gar nicht gibt. Alles, was unsere Ahnen und wir getan haben, ist Vergangenheit; und was zu tun wir uns vornehmen, es geschieht – und ist schon Vergangenheit. Was jedoch die Folgen ihres und unseres Handelns sein werden, wir wissen es nicht, bevor sie nicht Vergangenheit sind. Was wir uns erhoffen, passiert nicht, und was wir nicht hoffen, tritt ein.

Gerade dann, wenn wir etwas aus unserer Vergangenheit lernen wollen, aus dem, was wir selbst erlebt und auch zu verantworten haben, kommen andere, die anderes gelernt haben, und sie wollen uns eines Besseren belehren in ihrem eigenen Sinne. Zumeist, um daraus einen Vorteil zu ziehen, der nur der ihre ist. Materiell oder ideell. Und sie schaffen das, oder sie schaffen es nicht.

Manche dienen sich der veränderten Sicht auf die Vergangenheit an und vergessen, was sie zuvor gedacht oder erlebt haben. So entstehen Verdrängung, Verbitterung, Resignation, Verbohrtheit, Rechthaberei, Besserwisserei, Arroganz. Über allem aber schwebt der dumpfe Vorwurf von der Einfalt und Dummheit oder der Abgefeimtheit der jeweils anderen. Solche Verhältnisse, auf die Spitze getrieben, bringen Märtyrer hervor oder Verbrecher oder manchmal beides in einer Person.

Was mir seit dem ersten ideellen Schuss auf den Dichter Erwin Strittmatter aus dem gutgetarnten Hinterhalt des Berliner Schriftstellers Werner Liersch begegnete, darüber will ich mir ein paar Gedanken machen. Worüber ich nachzudenken mich bemühte, welche Erfahrungen ich sammelte, habe ich jetzt, da sich das Klima – vielleicht nur für den Moment – ein wenig abgekühlt hat, aufzuschreiben begonnen. Möglicherweise schaffe ich es noch, bevor die nächsten *Enthüllungen* ihren Schnelldurchlauf durch die Medien antreten. Ich werde aber von diesen kommenden neuesten Verkündigungen unbeeindruckt sein.

Eine winzige Hoffnung bleibt, dass vielleicht doch noch eine nachdenkliche, ernsthafte, etwas größer dimensionierte Diskussion über »Erwin Strittmatter und den Krieg unserer Väter« beginnen könnte.

In einer Mischung aus historisch gesicherten Tatsachen und mehr oder weniger unüberprüft geäußerten Mutmaßungen, im Eifer der inszenierten Sensation fehlerhaft, jedoch *voll im Trend*, hat Liersch in der »Frankfurter Allgemeinen Sonntagszeitung« vom 7. Juni 2008 sein Scharmützel gegen den vor allem im Osten hochgeachteten, bedeutenden zeitgenössischen deutschen Schriftsteller eröffnet, sich dann zurückgelehnt, vielleicht die Hände gerieben und abgewartet. Und ist sich der Unanständigkeit seines Verhaltens gar nicht bewusst. Er weiß ja genau, wie sicher er mitschwimmt im Strom der gewandelten Zeit.

Das führende Blatt feuerte den ersten Schuss aus der großkalibrigen Kanone, die Liersch, nach verschiedenen Versuchen anderswo, endlich zur Verfügung stand, und alle, alle folgten. Sie schwatzten nach, spitzten zu, erfanden neu, wussten besser und noch besser, das Scharmützel wurde zum Feuerüberfall.

Als der Geschützdonner allmählich leiser zu werden drohte, wurde nachgeladen und nochmals nachgeladen. Dann aber, ziemlich genau fünfzig Tage später, war, wie bei jeder *Kampagne* dieser Art, alles vorbei, verklungen, wie nicht gewesen.

Allein im Internet – eine sinnvolle Errungenschaft im Allgemeinen, in diesem Sinne jedoch eine moderne Müllkippe – ließen die Rechthaber ihre Trümmer zurück. Und natürlich in den Betroffenen. Es folgte eine Verschnaufpause, eine Art Sommerloch der Belanglosigkeiten, das sich allmählich mit den Erwartungen eines nächsten *Falles* und neuer *Enthüllungen* füllte.

Alle Affären dieser politischen Art passen, zusammengenommen, genau in eine anschwellende Generalabrechnung mit der Vergangenheit der Gescheiterten, der Unterlegenen, von denen manche anfangs glaubten, sich auf der sicheren Seite der Sieger zu befinden. Um mitzumischen, braucht es antrainierte Eigenschaften, über die sehr viele nicht in ausreichendem Maße verfügen.

Zwanzig Jahre nach dem durchaus überraschenden Ende des kleineren deutschen Nachkriegsstaates ist es der andere, der übriggebliebene, der sich angesichts seiner eigenen, größer werdenden Schwierigkeiten allmählich in eine behördlich verordnete, vorher nie erlebte Dimension der Überlegenheit und des Hasses hineingesteigert hat.

Überall sitzen an ihren Schreibtischen die Ideologen, die Wissenschaftler, die Politiker, die *investigativen* Journalisten, jüngere, ältere und ganz junge. Und schreiben drauflos und praktizieren konzertiert und perfektioniert das einseitige Bloßstellen und überhebliche Bewerten ihrer ehemaligen, immerhin nach Millionen zählenden *Brüder und Schwestern* im Osten, vor allem jener, die dort Verantwortung trugen. Alle sind sie untereinander nachhaltig zerstritten.

Es hatte nur kurze Zeit gebraucht, bis nach gewaltiger Hochschaukelei aus dem anfänglichen Vorschlag, alle Deutschen sollten sich mit gleichem Recht und gleichem Verständnis füreinander gegenseitig ihre Geschichten und ihre Geschichte erzählen – für die es Ursachen gab –, das keine Erwiderung duldende Verdikt von der *zweiten deutschen Diktatur* geworden ist. Das ist vulgär, raffiniert und absichtlich beleidigend. Allein schon durch den Vergleich mit jener wirklichen deutschen Diktatur, von deren Folgen über 50 Millionen Toten die entsetzlichste ist.

Wenn es allein nach einer beträchtlichen Zahl von Landsleuten in der alten Bundesrepublik und ihren bedingungslosen Parteigängern und -gängerinnen im Osten ginge (eine von denen spricht inzwischen von *rot-roter Pest*. Welcher Jauchegruben-Jargon ist das eigentlich? Von einer Frau. Die natürlich nicht weiß, dass die Pestkranken des Mittelalters vom *schwarzen* Tod geholt wurden), wenn es also nach denen ginge, dann soll dieser ungeheuerliche Zwei-Diktaturen-Vergleich die einzig wahre Bezeichnung sein für die vierzig Jahre eines gescheiterten sozialen und sozialistischen Weges in schwächlicher Ausgangsposition und unter widrigsten historischen Umständen. Von dem darf nichts bleiben als der grüne Abbiegepfeil an ein paar Straßen. Was jetzt behauptet wird, soll nun die eine und einzige Wahrheit sein, möglichst für alle Zeiten und für die ganze Welt – falls die sich dafür interessiert.

In dieser sogenannten Diktatur, die ich jedenfalls als solche nicht empfand und nicht empfinden konnte, habe ich die ersten fünfzig Jahre meines Lebens verbracht. Abgeduckt, feige, korrumpiert, bemitleidenswert? So soll ich es erlebt haben, jedenfalls nach dem Willen derer, die mein Leben besser kennen wollen als ich selbst? In kritischer Distanz zu vielem, was nicht ohne Folgen blieb, und vorbehaltloser Zuneigung zu anderem, was ebenfalls nicht ohne Folgen blieb – wie ein *normales* Menschenleben eben verläuft, so habe ich den größten Teil meiner Existenz hinter mich gebracht. Ich habe niemanden angeschwärzt, verleumdet, verraten, auch nicht mich selbst.

Inzwischen habe ich im Vergleich dazu noch zwanzig Jahre *bürgerliche Demokratie* durchlebt. Und in meinem Kopf hat sich eine kleine Menge historisches Wissen aus der Zeit vom Beginn des Ersten bis zum Ende des Zweiten Weltkriegs angesammelt.

Über die Welt mit all ihren immer wiederkehrenden, den Namen wirklich verdienenden Diktaturen, mit ihren inszenierten Hungerkatastrophen, archaischen Glaubenskriegen, von langer Hand angezettelten bewaffneten Überfällen, Kinderschändungen, Verstümmelungen und den aktiven Geheimdiensten der inzwischen wieder fast allein die Welt beherrschenden bürgerlichen Staaten habe ich zahlreiche Informationen in mich aufgenommen. Erinnerungen an ungezählte Gespräche, Begegnungen, Diskussionen.

Ich habe mit einem arbeitslosen jüngeren Mann aus Mecklenburg gesprochen, einst Offizier bei der DDR-Armee, dessen fünfundsechzigjährige Mutter sich in einer bayerischen Backstube jeden Tag von sieben bis sieben die Beine in den Leib steht. Sie verkauft den zu ihrem eigenen Vergnügen ein wenig shoppenden, kochenden, putzenden, ansonsten sich ausgiebig pflegenden Gattinnen gutverdienender Mittelständler und bankguthabenstarker Pensionäre Brot und Brötchen, um damit den größten Teil des mageren Geldes, das sie verdient – vierhundertfünfzig Euro für das Kämmerchen mit Bett und Schrank abgezogen – für die erwachsene Familie zu Hause, zu der sie dreimal im Jahr fahren, zur Verfügung zu stellen.

Ich habe irgendwo in der französischen Provence mit dem älteren Fahrer und Besitzer eines Kühllastzuges aus der Brandenburger Gegend gesprochen, dessen großes, zu DDR-Zeiten für seine beiden Kinder mitgebautes Haus heute leersteht. Die Kinder sind, allein der Arbeit wegen, in den Westen gegangen, während er unablässig das französische Gemüse direkt von den Feldern holt, um es in belgische Lagerhäuser zu bringen, und es trotzdem mit seinem Verdienst nicht schafft und niemals schaffen wird, wenigstens die Zinsen für den Kredit auf sein modernes Fahrzeug abzuzahlen. Sein berufliches Ende, das weiß er schon, wird das eines hochverschuldeten Almosenempfängers sein.

Ich habe auf einem Campingplatz in der Nähe von Bremen mit drei jüngeren Burschen gesprochen, Facharbeiter alle zusammen, die dort gemeinsam in einem alten Wohnwagen hauptsächlich vom Bier leben und tagsüber in einer Lagerhalle Waren transportieren. Sie fahren von Freitagabend bis Sonntagabend ins heimatliche Thüringen, um dort Sonnabendnacht tanzen zu gehen und vergeblich Ausschau nach einer zukünftigen Braut zu halten.

Ich könnte solche Schicksale sammeln und tausend Seiten damit füllen.

Der Bundespräsident, in sein Amt gewählt vor allem deshalb, um mitzuhelfen, den inneren Frieden in unserem Lande zu bewahren und zu festigen, hält nach einem Gebet in der Leipziger Thomaskirche in der sanften, zuversichtlichen Art, die auf seine Zuhörer nicht ohne Eindruck bleibt, eine Rede. Er berichtet über die Ereignisse des 9. Oktober 1989 in Leipzig. Über diese Rede und die ihr absichtlich zugrundegelegte Tendenz, auf welche Art, in welcher Lesart der bedeutungsvolle deutsche Herbst 1989 zu gültiger Geschichtsbetrachtung gerinnen soll, ist schon manches gesagt und geschrieben worden. Jeder Zuhörer und Nachleser erwartet natürlich nicht nur die reine Wahrheit aus berufenem Munde, sondern auch eine Art gültiger Zusammenfassung der Ereignisse und deren Wertung für das große Buch der Geschichte.

Dies ist der umstrittenste Teil der Rede: »Vor der Stadt standen Panzer, die Bezirkspolizei hatte Anweisung, auf Befehl ohne Rücksicht zu schießen. Die Herzchirurgen der Karl-Marx-Universität wurden in der Behandlung von Schusswunden unterwiesen, und in der Leipziger Stadthalle wurden Blutplasma und Leichensäcke bereitgelegt.«

Bleibe ich nur bei den Worten dieses Textes, so stellen sich ein paar sehr einfache Fragen. Wo pflegen denn Panzer normalerweise zu stehen? Wenn schon nicht in der Stadt, dann doch wohl immer vor ihr. Bei einer historisch dermaßen weittragenden Behauptung, wie sie der Präsident der Republik aufstellt, müsste doch wenigstens von *militärischen Bereitstellungsräumen* gesprochen werden, in denen die Panzer, seinem Bericht nach, vorausschauend und für den Zweck, zu dem sie gemacht wurden, gestanden haben müssten. Glaubwürdige Zeugen wären zu benennen, die sie einst dort stehen sahen, Soldaten, die in ihnen saßen, sollten ausfindig gemacht und der Öffentlichkeit vorgestellt werden, die Namen derjenigen Befehlshaber, die das Ausrücken aus den Kasernen anordneten, müssten genannt werden. Unbezweifelbare Dokumente wären vorzulegen, denn so viel steht fest: So etwas wie die den damaligen Machthabern sehr fein unterstellte Absicht, nämlich auf mit deren Regierungsart unzufriedene Menschen schießen zu wollen, ist unter keinen Umständen auf Zuruf möglich, es steht für alle Verantwortlichen so oder so viel zuviel auf dem Spiel. Wo sind diese Dokumente? – Denn es ist ja nicht geschossen worden.

Wie verhält es sich mit der *Bezirkspolizei* (was soll das eigentlich sein, die Bezirkspolizei?), die angeblich Anweisung hatte, auf Befehl und ohne Rücksicht zu schießen? Wo ist diese Anweisung, von wem stammt sie, wer hat sie nicht befolgt? Was wäre angesichts eines Befehls »zum Schießen ohne Rücksicht« im Gegenteil unter *rücksichtsvollem* Schießen zu verstehen? Wer hat einen Schießbefehl erlassen, wo kann das Dokument dazu nachgelesen werden? – Denn es ist ja nicht geschossen worden.

Wer unterweist ausgerechnet die Herzchirurgen in der Behandlung von Schusswunden? *Herzchirurgen*, mit diesem Wort wird auf der ganzen Welt eine sehr kleine Gruppe hochqualifizierter Spezialisten bezeichnet, die komplizierte Operationen am offenen Herzen durchführen. Ausgerechnet die von der Leipziger Karl-Marx-Universität werden unterwiesen? Von wem und wann? Worauf bezog sich die Unterweisung? Doch nicht darauf, wie wir es viele Male in beinahe jedem Western gesehen haben: Bei einem Steckschuss holt der ewig betrunkene Quacksalber mit schmutzigen Fingern die Kugel aus der Wunde, und der Held beißt, nach einem kräftigen Schluck aus der Whisky-Flasche, die Zähne zusammen.

*Herzchirurg* ist ein wirkungsvolles Wort. Was geschah eigentlich mit den Hunderten anderen Leipziger Chirurgen, den für Amputationen und Blinddarmoperationen zuständigen? – Es ist aber nicht geschossen worden. – Von Blutplasma und Leichensäcken wollen wir aus Anstand und Höflichkeit schweigen.

Aber andersherum gefragt: Was wäre eigentlich passiert, wenn aggressive Jugendliche ihre Chance genutzt und aus der friedlichen Demonstration heraus eine geplante oder spontane, das Vergießen von Blut nicht scheuende Schlägerei begonnen hätten? Dumpfe, brutale Faschos hat es damals in Leipzig, unter dem Völkerschlacht-denkmal, auch schon gegeben.

Bestimmte Jugendliche, denen gleichend, die im Juni 1953 nicht nur am Berliner Alexanderplatz Brände gelegt, Mobiliar aus den Fens-tern geworfen und Schlimmeres getan haben, brauchten auch 1989 für ihr Tun keine politischen Gründe. In den Archiven der großen Nachrichtenagenturen existieren zum Thema *Volksaufstand* in der DDR genügend Bilder von jenem Typ junger Männer mit Ententolle und in Röhrenhosen, die in allen Bildunterschriften als *Ostberliner Arbeiter* bezeichnet werden. *Helden* sind die nicht geworden.

Ähnlich geartete *Helden* haben 1956 in Budapest wirkliche und vermeintliche Parteifunktionäre spontan an Laternenmasten aufge-hängt oder bei lebendigem Leibe verbrannt. Von solchen Vorgängen gibt es ebenfalls unwiderlegbare Bilddokumente. Und auch bei der rücksichtslosen Niederschlagung des hoffnungsvollen Widerstands gegen den verkrusteten, zum Untergang verurteilten stalinistischen Sozialismus auf den Straßen Prags im August 1968 agierten *nicht nur* heroische Verteidiger.
Verhaftungswellen, Schießereien, Putschversuche, Bürgerkriege, Massaker haben sich in den letzten beiden Jahrhunderten in Eu-ropa, Lateinamerika, Afrika, Asien in großer Zahl ereignet, fremde Mächte, deren inländische Parteigänger und dazu auch rücksichts-lose Gesetzesbrecher hatten dabei immer ihre Hände im Spiel.

Was wäre 1989 in Leipzig geschehen, wenn es aus dem fried-lichen Marsch ums Zentrum herum zu vorstellbaren, sehr schnell nicht mehr beherrschbaren Gewaltakten spontan oder gut vorbe-reitet handelnder Provokateure gekommen wäre? Ein Bürgerkrieg ohne Ordnungsmacht? Oder mit ihr? Auf welcher Seite hätte sie gestanden, stehen müssen? Und was hätte die vorgefasste Ge-schichtsschreibung, so oder so, aus jedem *nichtfriedlichen* Verhalten auf einer solchen Demonstration gemacht?

18

Was wäre aus der ebenso todesmutigen wie unerhört leichtsinnigen jungen Leipziger Familie geworden, die am 9. Oktober 1989 zur Demonstration ging und ihr zweijähriges Kind im Kinderwagen dabei hatte, wenn aggressive Jugendliche in deren Nähe ihre Baseballschläger geschwungen hätten? – Und Polizei weit und breit nicht zu sehen.

Egon Krenz, ungeliebter letzter Vorsitzender des Nationalen Verteidigungsrates der DDR, reagierte auf die Rede des Bundespräsidenten mit den Worten: »Ich bin betroffen, dass der Bundespräsident in seiner Rede zum 9. Oktober aus Gerüchten, die 1989 kursierten, nachträglich Tatsachen macht. Die DDR-Führung hat weder Panzer vor die Stadt Leipzig beordert, noch hat sie Befehle zum Schießen auf Demonstranten gegeben. Das kann ich auf meinen Eid nehmen. Wer anderes sagt, legt falsch Zeugnis ab.«

Da nimmt einer etwas auf seinen Eid, aber kein Verantwortlicher reagiert darauf. Soll das unser Umgang miteinander sein? Wer hat hier Mut, und warum schweigt der andere dazu?

Der damals im Politbüro viel zu verhalten agierende, dringende Reformen viel zu spät ankündigende und dadurch die Weiterexistenz des Landes riskierende Krenz veröffentlichte in seinem Buch »Herbst 89« einen Tagebuch-Bericht über den 13. Oktober 1989:

»In den Medien der BRD wird mir unterstellt, die Ereignisse vom Platz des Himmlischen Friedens vor der Tür von Auerbachs Keller wiederholen zu wollen. Solche Niederträchtigkeiten sollten Angst unter der Bevölkerung auslösen. Niemals habe ich eine militärische Lösung unserer Probleme in Betracht gezogen. [...] Mein Bild vom Sozialismus ist durch praktische Mitarbeit und erlebten Humanismus in der DDR geprägt. Gewalt gegen das eigene Volk hat darin keinen Platz. [...] Hätte ich eine Minute Zweifel gehabt, wir könnten diese Friedlichkeit nicht aufrechterhalten, ich hätte meine politischen Ämter niedergelegt. [...] Mich begleiten Wolfgang Herger sowie Generaloberst Streletz, Sekretär des Nationalen Verteidigungsrates und Stellvertreter des Ministers für Verteidigung, Generaloberst Mittig, Stellvertreter des Ministers für Staatssicherheit, und Generaloberst Wagner, Stellvertreter des Ministers des Innern und Chef des Stabes der Deutschen Volkspolizei. Wir wollen mit der Einsatzleitung des Bezirks Leipzig, einem nachgeordneten

Organ des Nationalen Verteidigungsrates der DDR, über die Sicherung des friedlichen Verlaufs der Montagsdemonstration am 16. Oktober beraten.

Auf dem Leipziger Flugplatz begrüßt uns General Hummitzsch, der Chef der Staatssicherheit des Bezirks. Er informiert, dass die Sicherheitsorgane seit dem 8. Oktober strikte Weisung haben, sich bei politischen Protestveranstaltungen zurückzuhalten. [...] Ein Herzchirurg [!] hat einen Aufruf veröffentlicht: ›Wer will Tote verantworten?‹ Die Bezirksleitung der SED wird alles unternehmen, dass – falls die Demonstration wie geplant stattfindet – reagiert wird wie am 9. Oktober. Das heißt: keine Gewalt!

Wir bestätigen diesen Entschluss. Wir legen fest, polizeiliche Mittel nur dann einzusetzen, wenn Angriffe auf die Sicherheitskräfte erfolgen. Der Einsatz von Schusswaffen ist grundsätzlich untersagt.

Nachdem die Lagebesprechung vorüber ist, sage ich zu Helmut Hackenberg: ›Was es immer noch an anderen Befehlen geben mag, welchen militärischen Rang oder Dienstgrad jemand auch haben mag, der dir einen Befehl geben will, es gilt, was wir besprochen haben!‹ Ich wiederhole: ›Selbst wenn einer einen anderen Befehl gibt.‹ Mit dieser Weisung gehe ich über meine Befugnisse hinaus. Ich weiss es, meine Begleitung weiß es, und die Leipziger Einsatzleitung weiß es auch. Notwendig ist ein offizieller Befehl des Vorsitzenden des Nationalen Verteidigungsrates [das ist mit unbegrenzter Machtbefugnis noch immer Erich Honecker]. Mit dieser Überzeugung fliegen wir nach Berlin zurück. [...] In meinem Arbeitszimmer diktiert Fritz Streletz meiner Sekretärin den Befehl Nr. 9/89 des Vorsitzenden des Nationalen Verteidigungsrates. [...] Als der Befehl vor mir liegt, lese ich noch einmal Wort für Wort. Dann rufe ich Honecker an. [...] Nach längerer Diskussion unterschreibt Honecker den von uns vorbereiteten Befehl. Darin heißt es: ›Der aktive Einsatz polizeilicher Kräfte und Mittel erfolgt nur bei Gewaltanwendung der Demonstranten gegenüber den eingesetzten Sicherheitskräften bzw. bei Gewaltanwendung gegenüber Objekten auf Befehl des Vorsitzenden der Bezirkseinsatzleitung Leipzig. Der Einsatz der Schusswaffe im Zusammenhang mit möglichen Demonstrationen ist grundsätzlich verboten.‹ [Befehl Nr. 9/89 des Vorsitzenden des Nationalen Verteidigungsrates vom 13. Oktober 1989, im Archiv des Autors]«

Anschließend beschreibt Krenz ausführlich die Vorbereitungen zur Entmachtung von Erich Honecker und die äußerst diffizile Abstimmung dieses Vorgangs mit maßgeblichen sowjetischen Stellen in der DDR und vor allem im unentschlossenen Moskau, wo noch etwas mehr auf der Kippe stand als hierzulande. Am Schluss des Berichtes, im Internet jedermann zugänglich, heißt es: »Dieser 13. Oktober ist von besonderer Bedeutung. Es ist gelungen, einen schriftlichen Befehl für alle Sicherheitsorgane zu erlassen, der Gewalt in den politischen Auseinandersetzungen ausschließt. Wichtig ist die Abstimmung mit den sowjetischen Militärs.«

Jeder an objektiven Geschichtsverläufen wirklich Interessierte wird dem hier in kurzen Ausschnitten zitierten Krenz-Dokument als Ganzes bescheinigen müssen, dass es zahlreiche leicht nachprüfbare Fakten enthält. Es nennt Namen von Zeitzeugen, die derzeit noch befragt, und Quellen, die kontrolliert werden könnten. Es beschreibt eindeutige Unterstellungsverhältnisse und macht Gründe für Verhaltensweisen deutlich.

Die Aufzeichnungen von Krenz stehen im Gegensatz zu jener unbewiesenen, journalistisch zugespitzten, tendenziösen Aneinanderreihung sprachlicher Oberflächlichkeiten, wie sie leider im zitierten Abschnitt der Rede des Bundespräsidenten nachzulesen sind, und wie sie – allein deshalb wird hier darauf eingegangen – auch für das meiste von dem, was bisher in der Affäre Strittmatter veröffentlicht wurde, gang und gäbe waren und sind.

Wie weit wird sich das verordnete historische Gedächtnis in den nächsten fünf Jahren verändert haben, wenn dann nicht allein das erste Fünftel eines Jahrhunderts nach der Wende vergangen ist? Fünfundzwanzig Jahre sind ja nun einmal ein bedeutenderer Grund zum Feiern als zwanzig.

Aber was wird nach einem ganzen Jahrhundert aus der Erinnerung geworden sein, wenn alle direkt Handelnden und alle Betroffenen, alle Zeitzeugen nicht mehr am Leben und mehrere Generationen Schulkinder ausführlich im hier skizzierten Sinne über den Vorgang informiert worden sind und niemand mehr lebt, der es besser weiß, weil er selbst dabei war? *Tausend Jahre* mag ich nicht ins Feld führen, dieser historische Begriff ist zu belastet, und der Vorgang gilt dann als zu unbedeutend, vorausgesetzt die Menschheit existiert in tausend Jahren überhaupt noch.

Neulich habe ich unter dem 9. November 1943, in einem Lesesaal der deutschen Staatsbibliothek zu Berlin, in einer großen Nazizeitung aus dem sogenannten Generalgouvernement, der »Krakauer Zeitung«, einen Artikel zum damals fünfundzwanzigsten Gedenktag an die Novemberrevolution von 1918 gelesen. An die Unwahrheiten, die dort standen, würde fast das ganze deutsche Volk heute noch immer *glauben*, wenn die Geschichte nicht gut ein Jahr später eine für die deutschen Einwohner Krakaus jähe Wendung genommen hätte.

Dieser Vergleich sagt etwas über Schuld, Verantwortung und objektives Urteil gegenüber dem Verlauf geschichtlicher Ereignisse aus, mehr nicht. Auch nicht weniger.

Die überprüfbaren Fakten im Tagebuch von Egon Krenz und die tendenziösen Behauptungen in der Rede von Horst Köhler sollten es dem unvoreingenommenen Leser leicht machen, sich ein objektives Bild von dem für uns Deutsche immerhin außerordentlich bedeutsamen Ende der DDR zu verschaffen. Und warum wer heute wie dazu steht.

Auf einem AP-Foto sind die Herren Burkhard Jung, Oberbürgermeister von Leipzig, Hans-Dietrich Genscher, ehemaliger Außenminister der Bundesrepublik Deutschland, Horst Köhler, Präsident der Bundesrepublik Deutschland, Stanislaw Tillich, Ministerpräsident des Freistaates Sachsen, und Wolfgang Thierse, stellvertretender Bundestagspräsident, im Gebet zu sehen, bevor der Bundespräsident seine Rede hält. Ich nehme an, ihr Gebet ist ein gemeinsames Dankes- und Demutsritual gegenüber Gott dem Herrn, der bei dieser Demonstration am 9. Oktober 1989 dafür gesorgt haben soll, dass keine Schüsse fielen und dem zweijährigen Kind als unmündigem Demonstrationsteilnehmer kein Leid geschah.

Ist dafür aber nicht vor allem jenen Menschen zu danken, die damals befohlen haben, unter keinen Umständen von der Schusswaffe Gebrauch zu machen, und jenen, die dann auch unter allen Umständen nicht geschossen haben?

Weder mussten danach die einen erklären, doch nur *Schreibtischtäter* gewesen zu sein, noch waren die anderen gezwungen, für sich einen moralisch fragwürdigen *Befehlsnotstand* zu reklamieren.

Erst nach dem Dank denen gegenüber, die auf beiden Seiten verhindert haben, dass der Konflikt blutig wurde, die Gott sei Dank unbeteiligt blieben, könnte Gott gedankt werden. Eingedenk der

Tatsache allerdings, dass weder ein personifizierter noch ein ideeller Gott im Verlauf der langen Menschheitsgeschichte blutige Verläufe unzählbarer Konfrontationen jemals verhindert hat.

Der friedliche Verlauf jenes historischen Vorgangs, der zum Ende des Staates DDR führte, war nicht allein das Werk von Demonstranten und engagierten Bürgern des untergehenden Staates und der Stadt Leipzig, die das Wagnis einer unkalkulierbaren Eskalation und möglichen Schießerei mit vielfacher Todesfolge auf sich genommen haben und es im schlimmeren Falle heute vor sich und ihrem Gott verantworten müssten.

Dieser friedliche Verlauf war genauso das Werk einer besonnen handelnden Polizei und umsichtig analysierender Sicherheitskräfte. Ihn gleich eine *Revolution* zu nennen, ist angesichts der wirklichen Revolutionen zwischen 1688 und 1918 eine zweckgebundene propagandistisch-ideologische Übertreibung wie die von der sogenannten zweiten deutschen Diktatur.

Da dem Anfang der DDR revolutionäre Qualitäten abgesprochen werden, ist ihr Ende nicht anders zu bezeichnen als die endliche Wiedereingliederung des Ostens in die traditionellen bürgerlichen Machtverhältnisse.

Die Bundesrepublik Deutschland hat mit dem *friedlichen* Verlauf dieser Wiedereingliederung nichts zu tun. Mit der politischen Umlenkung der Losung »Wir sind das Volk« – hüben wie drüben mit der gleichen, im Kern allerdings tatsächlich revolutionären Sprengkraft ausgerüstet – hin zum ökonomisch vorteilhaften »Wir sind ein Volk« jedoch schon. Dass sich bestimmte politische Kräfte der Bundesrepublik bei diesem Vorgang in einer Weise engagierten, die ihren Wünschen, Interessen und Absichten entsprach, ist viele Male bewiesen.

Traurig, dass dem Bundespräsidenten bei einer solch denkwürdigen Rede wie der von Leipzig, zwanzig Jahre nach der *Zeitenwende*, gehalten auf dem Höhepunkt einer gewaltigen Kampagne, nicht aufgefallen ist, was eigentlich von ihm, des inneren Friedens wegen, in dieser Sache erwartet werden durfte. –

Ich habe, um das nachzutragen, eine öffentliche Prügelorgie zwischen unfriedlichen Polizeikräften und unfriedlichen Demonstranten zum ersten Mal am 1. Mai 1990 in Berlin-Kreuzberg beobachtend miterlebt.

Das muss aber wohl eher so etwas wie ein demokratisches *Handgemenge* gewesen sein, bei dem natürlich niemand erschossen wurde, Blut allerdings floss schon. Die Demonstranten jenes Tages haben sich längst im Nichts verloren, die besonders robuste Polizeireserve der alten Stadt West-Berlin, die sich damals brutal prügelnd hervortat, zum Glück fürs Erste auch.

Ideologische Kampagnen haben es an sich, dass alle zu staatskonformer Rede Verpflichteten auf allen Ebenen das dem Volk Einzuhämmernde heftig und pausenlos wiederholen, jeder auf seinem Gebiet, für das er Verantwortung trägt. Ich weiß aus erlebter Erfahrung: Das geht solange, bis keiner mehr auch nur eine Spur Lust empfindet, das Immergleiche wieder und wieder und immer zugespitzter zu hören. »Von der Sowjetunion lernen, heißt siegen lernen« lautete einst ein anderes Schlagwort dieser Art.

Irgendwann beginnt sich die Absicht in ihr Gegenteil zu verkehren, die Informationen über den sogenannten inneren Widerstand, den Zusammenbruch des Unrechtsstaates, über die friedliche Revolution und die Heldenstadt sind dann lange genug zelebriert worden, niemand kann sie mehr hören. Ein Herr Schabowski, einst der selbsternannte »Kommunist von Berlin« – wer erinnert sich noch dieser Wortbeschmutzung? – hat dann mit seinem albernen Zettel lange genug herumgefuchtelt. Andere Sorgen machen sich breit. Es bedarf neuer Kampagnen.

Wie viele Schnäppchen in dieser sogenannten friedlichen Revolution nebenbei zu machen waren, wissen die Betroffenen und die Nutznießer sehr genau; die einen haben zum Schaden noch den Spott und den Schimpf und die Schande, die anderen schweigen fein still und freuen sich über den von ihrem zweifelhaften Tun zum eigenen Vorteil ablenkenden propagandistischen Feldzug.

Irgendwann sind der Spaß und das Gruseln schal geworden, alle haben alles, was ihnen gesagt werden soll, immer und immer wieder begriffen, der altgewohnte Gegner ist schon viele Male erfolgreich niedergerungen worden und so gut wie verschwunden.

Andere Kampagnen zu anderen Themen machen sich breit, neue oder auf kleinem Feuer vorsorglich vor sich hin köchelnde: Tibet und China, Moskau und der Kaukasus, Havanna und Iran, Israel und Palästina. Und dazu Bankenkrise, Schwarzes Loch von Genf, Amoklauf, Umweltprämie, Opelverkauf und Rinderwahn und Vogelgrippe und Schweinegrippe und der die ganze Republik bis ins Mark erschütternde Suizid eines schwermütigen Fußballtorwarts, gefolgt von einem Skandal großen Ausmaßes: »Der Fußball und das Geld.«

Aber alle dieser Affären sind nicht so emotional aufladbar und so eindrucksvoll (vor allem für Nicht-Fußballfans) wie jene, die von den uneleganten deutschen Habenichtsen handelt, welche sich vergeblich an der Verfertigung eines besonderen deutschen Geschichtsverlaufs zwischen Stalin, Truman und Konrad Adenauer versucht hatten und samt ihrer überorganisierten, im Verborgenen handelnden Staatssicherheit gescheitert sind.

Nun sind die Verhältnisse im ganzen Lande so, wie sie bleiben sollen für lange Zeit, am liebsten für die Ewigkeit, wie lange die auch immer dauern mag. Die einseitigen Phrasen, die absichtlich herausgegriffenen, abgenutzten, ihrer Zusammenhänge beraubten Vorgänge, das massive Verschweigen anderer Fakten beginnen das Volk zu nerven und zu ermüden. Es kann sich von den ewigen Wiederholungen nichts kaufen, es hört nicht mehr zu. – Darin liegt fast schon wieder so etwas wie ein Stück Hoffnung.

Zurück zur Strittmatter-Affäre, die in der Frankfurter Allgemeinen Sonntagszeitung begann. Und schon fast wieder vergessen ist.

Ich sehe den Artikelschreiber dabeistehen wie einen weißen Raben, freiwillige Gehilfen an seiner Seite, und sie alle beurteilen, was andere herausforschen und wie sie es tun. Das Publikum sieht zu, schrill und verbissen die einen, trotzig und gekränkt die anderen. Zeichen von Ermüdung. Aber – Gott behüte – keine Annäherung.

Was ist Sinn und Zweck des Ganzen? Die letzte Wahrheit herauszufinden über einen Toten? Und was dann, wenn der Lärm verklungen ist, die einen selbstgerecht triumphieren, während andere sich in sich selbst zurückgezogen haben und Straßen, Schulen, Preise neue Namen tragen oder auch nicht?

Alles geschah zuvor und geschieht mit unterschiedlichen Vorwürfen, Beleidigungen und Folgen immer wieder, denkt man an Bertolt Brecht, Christa Wolf, Stephan Hermlin, Heiner Müller, Franz Fühmann, Stefan Heym, Luise Rinser, Siegfried Lenz, Martin Walser, Walter Jens, Günter Grass, Dieter Hildebrandt, Dieter Wellershof und viele andere.

Immer geht es um kritische Intellektuelle und unabhängige Künstler. Sie einfach als *Linke* zu bezeichnen ist deshalb unangebracht, weil dieser vereinfachende Begriff sich in seiner pauschalierenden Dürftigkeit von nichts anderem herleitet als von der willkürlichen Sitzordnung der Abgeordneten im bürgerlichen Parlament. Mit den Linken sind jene Abgeordneten gemeint, die in Wahrheit rechts sitzen. Sie sind allein dann die Linken, wenn die wirklichen Linkssitzer ihnen gegenüber auf den erhöhten Bänken Platz genommen haben, weil sie im Besitz der Macht sind. Da in bürgerlichen Parlamenten die Macht der Linkssitzer als selbstverständlich zu gelten hat bis in alle Ewigkeit, werden die eigenen linkssitzenden Leute zwar rechts gesehen, aber keineswegs für *Rechte* gehalten, sondern für die Wertebewahrer der *Freiheit* oder dessen, was man sich darunter vorzustellen hat: Lange genug gebraucht, verfestigen sich Wörter zu Wahrheiten.

Möglicherweise ergibt sich aus der etwas genaueren Beschreibung – eine ganz genaue kann es nicht geben – und einer nachdenklicheren Beurteilung der Kriegsjahre des Dichters Erwin Strittmatter sowie der Folgen dieser Zeit für ihn und uns doch noch eine Gelegenheit, gemeinsam ein Stück *ungeteilter* deutscher Vergangenheit zu beurteilen, das nur sehr wenigen Deutschen jener Zeit zur vorbehaltlosen Ehre gereicht und über das in moralischer Hinsicht hier wie dort viel gestritten und noch mehr geschwiegen wird.

Wer war in völkerrechtswidriges und verbrecherisches Tun verwickelt oder hatte Kenntnis davon? Und wer war *fein raus,* durfte, wenn er wollte, alles vergessen, bis auf das, was er landauf, landab an allen deutschen Stammtischen beim Bier oder beim Viertele Wein zum Besten gab über seine »aufregendsten, erlebnisreichsten, schwersten und schönsten Jahre unter guten Kameraden«?

Gemütliche Traditionsverbände, feuchtäugiges Heldengedenken, Bücher, in denen schneidige Kommandeure und treue Landser aufgeschrieben haben, *wie's wirklich war.* Schmöker fürs Volk, Zeitungen und Zeitschriften ohne jedes Schuldgefühl, im Ton selbstbewusst, national, nationalistisch. »Ich bin stolz, ein *Deutscher* zu sein«, alles fand und findet sich reichlich, zuerst ausschließlich im größeren Deutschland der frühen Jahre, inzwischen auch im kleineren, dazugekommenen Teil. Und es ist jetzt auch im Internet vorhanden und wissbegierigen Interessenten leicht zugänglich.

Medial eher *softig* dringt es immer weiter zur bürgerlichen Mitte des Landes vor. Schon sind die Jungen längst keine dumpfen *Glatzen* mehr, sondern strenggescheitelte *Yuppies*. Überall offene Augen und Ohren.

Über Globke, Lübke, Filbinger, Heusinger, Reinefarth, Gerstenmaier und wie sie alle heißen zu reden, ist im Munde längst zu Asche geworden. – Obwohl es doch dabei bleibt: Für jeden von ihnen allen in ihren wohlfeilen Ämtern wären dazumal vielleicht unerfahrenere, aber bessere, ehrlichere, jedenfalls unbelastetere Personen zu finden gewesen.

Wegen des skandalösen Schweigens in den frühen Jahren der Bundesrepublik Deutschland über die deutsche Weltkriegs-Schuld, wegen des Streits um das selbsterlebte Unrecht und auch wegen der zeitgenössischen Vietnam-Schuld des inzwischen verbündeten Befreiers von einst sind schon vor längerer Zeit größere Teile der studentischen Jugend, die sogenannten 68er, in heftige Konflikte mit dem politischen Establishment jener Jahre geraten. Die Folgen sind bekannt, die Ursachen weniger. Inzwischen ist die Vietnam-Schuld ergänzt worden durch die Balkan-Schuld, die Irak-Schuld, die Afghanistan-Schuld. Und bald könnte auch die Pakistan-Schuld hinzukommen und die Iran-Schuld und welche noch?

Als Konrad Adenauer in Moskau war, um dort die letzten deutschen Kriegsgefangenen abzuholen, war an seiner Regierungsmaschine eine Spionagekamera der CIA befestigt. Ein frech-überheblicher CIA-Skandal mit kalkulierten, möglicherweise weltkriegsauslösenden Folgen, in den Adenauer eingeweiht war. Es ist zu vermuten, dass auch der damalige sowjetische Geheimdienst davon wusste, und die Sowjetunion hätte einen berechtigten Grund dafür haben können, den deutschen Kanzler so wie fünf Jahre später den Piloten Gerry Powers samt seiner U2 vom Himmel zu schießen. Da wäre dann der Kalte Krieg sehr heiß geworden.

Damals hat Chruschtschow dem westdeutschen Regierungschef noch einmal die sowjetische Haltung zur deutschen Kriegsschuld mit auf den Weg gegeben. Und der um eine anmaßende Antwort nicht verlegene deutsche Kanzler, seinen großen nordamerikanischen Freund im Rücken, widersetzte sich verbal, indem er dem sowjetischen Parteichef ausgerechnet den Hitler-Stalin-Pakt vorwarf. »Das hat gesessen«, so erinnerte sich im Deutschen Fernsehen unlängst einer von Adenauers damaligen hochrangigen Begleitern.

Wer wen überfallen und den jedenfalls juristisch unanfechtbaren Vertrag – über den es viel Schlimmes zu sagen gibt – gebrochen hat und auf wessen Konto dann die Millionen toten Staatsbürgerinnen und Staatsbürger der Sowjetunion gingen, vergisst der Zeitzeuge ergänzend festzustellen.

Es nimmt deshalb nicht wunder, dass nicht nur die braven oberfränkischen Christen in Vierzehnheiligen es ihm nachtun.

Die Bundesrepublik Deutschland begreift sich von Anfang an in der ungebrochenen Kontinuität des Deutschen Reiches, und ein für den Staat möglichst folgenloses deutsches Schuldbewusstsein beschränkt sich in der Regel auf entbehrliche, weil wirkungslose Sonntagsreden.

Über die Vergangenheit nachzudenken und darüber, warum alles so gekommen ist, wie es kam, ist in unserer Gegenwart notwendiger denn je. Noch immer sind Berge des Verdrängens oder der einseitigen Betrachtung in Bezug auf den Krieg abzutragen, um den weitverbreiteten unerträglichen Stammtisch-Horizont endlich zu überwinden und einen ungetrübteren Blick in die Zukunft zu werfen.

Das gilt in starkem Maße für den alten Westen Nachkriegsdeutschlands und natürlich auch für den ehemaligen Osten, aber es gilt insbesondere für diese neue, von unausgewogener nationaler Rückbesinnung verhängnisvoll geprägte deutsche Republik.

Der Oberste Gerichtshof, das Bundesverfassungsgericht, hat am Ende des Jahres 2008 ein immerhin als klares Kriegsverbrechen klassifiziertes Massaker an 218 unschuldigen Frauen, Kindern und Kleinkindern vom 10. Juni 1944 im griechischen Dorf Dístomo als nicht mit einer finanziellen Entschädigungszahlung an die überlebenden Angehörigen zu verbindendes Ereignis abgetan.

Frauen und Säuglinge, die in keinerlei Kontakt zu militärischen Aktivitäten von Partisanen zu bringen waren, aus *reiner Mordlust* zu erschießen, zu erschlagen, zu erstechen, aufzuschlitzen ist im Sinne dieses jüngst ergangenen deutschen Urteils in letzter Instanz und dessen Wortlaut nach als *kriegsbedingt* zu werten.

Und deshalb, so das Bundesverfassungsgericht, ist es heute nicht notwendig, jene Angehörigen der Getöteten, für die dazumal die Zeit und für ein überlebendes kleines Mädchen der Verstand stehengeblieben sind, materiell zu entschädigen.

Für einen solchen Akt selbstverständlicher Menschlichkeit – freilich wäre Dístomo ein finanziell nicht folgenloser Präzedenzfall – ist in unserem Staat derzeit nichts von unser aller Geld übrig, das er für die Rettung des nachhaltig gestörten Wirtschafts- und Geldsystems mit ganz und gar unvergleichbar höheren Summen zur Verfügung gestellt hat.

Das ist ein nachweisbarer Skandal, aber er entfacht im deutschen Blätterwald keineswegs eine Affäre. Es ist kaum etwas darüber zu lesen: Punktum und Schulterzucken.

Nicht so bei der Affäre um den toten Dichter und Sündenbock Erwin Strittmatter und dessen Vergangenheit im Krieg. Es gibt so gut wie keine Zeitung im weiten deutschen Land, die sich nicht beteiligt, auch wenn die Mehrzahl ihrer Leserinnen und Leser kaum den Namen des Dichters kennt, geschweige denn auch nur eine Zeile von ihm gelesen hat. Welche Bezeichnung sollten diese beiden parallelen öffentlichen Vorgänge erhalten? Arrogante Doppelmoral? Scheinheilige Unaufrichtigkeit? Hinterhältige Arglist?

Erwin Strittmatter war nicht Zeuge oder Beteiligter an der Mordorgie in Dístomo. Sie wurde verübt von Angehörigen der 4. SS-Polizei-Panzergrenadier-Division. Die war am 1. Oktober 1939 als Polizei-Division mit kriegsverwendungsfähigen Angehörigen der Deutschen Polizei gebildet worden. Am 10. Februar 1942 wurde sie in die Waffen-SS übernommen, der die Division vorher zwar organisatorisch, aber nicht formal angehört hatte. Ein Schritt, der für das SS-Polizei-Gebirgsjäger-Regiment 18, bei dem Strittmatter *diente*, sicher geplant war, der jedoch aus zeitlichen oder anderen Gründen nicht mehr vollzogen worden ist.

Ein Gedankenspiel: Für den 10. Juni 1944 gibt es verschiedene Möglichkeiten, wer der Kommandeur der Mord-Division war. Es könnten Friedrich Wilhelm Bock, Herbert-Ernst Vahl oder Karl Schümers gewesen sein.

Der 570. Eichenlaubträger und SS-Oberführer Friedrich Wilhelm Bock gilt laut Internet-Angaben aus dem Jahre 2009 »als der beste Artillerieführer der Waffen-SS, physisch stark, energisch. [...] Verheiratet mit der Tochter des SS-Brigadeführers und Generalmajors der Polizei, Konrad Ritzer, verstarb er am 11. März 1978 in Hannover.« Bocks materielle Verhältnisse bis zu seinem Tode könnten ungefähr so beschrieben werden: gutdotierte Pension, gemütliches Einfamilienhaus in ruhiger Lage, gepflegter Garten, Mercedes in der Garage, ansehnliche Wertpapiere im Tresor, freundlich grüßende Nachbarn.

Der ehemalige Reichswehroffizier und spätere SS-Brigadeführer Herbert-Ernst Vahl hingegen kam im Juli 1944 bei einem Autounfall in Griechenland ums Leben. Strafverfolgung hätte er in der späteren Bundesrepublik ebenso wenig zu fürchten gehabt wie Strittmatters Regimentschef, SS-Brigadeführer Hermann Franz, auf dessen persönlichen Befehl siebenhundert Athener Juden zusammen mit rund tausend anderen in Griechenland lebenden Juden nach Auschwitz und dort direkt ins Gas geführt wurden.

Das Ritterkreuz des nächsten Kommandeurs in dieser Reihe, SS-Standartenführer Karl Schümers, ist derzeit per Internet käuflich zu erwerben. Der glückliche Käufer kann es in seinem häuslichen Devotionalienschrank ehrfürchtig betrachten und guten Freunden voller Stolz präsentieren.

Vielleicht beginnt wenigstens der eine oder andere von den Älteren in seinem fortgeschrittenen Leben damit, nur ein wenig vor der Tür seines eigenen engeren Lebensraumes zu kehren. Der Literaturwissenschaftler, Autor und Journalist in Bad Vilbel, Dr. Karl Corino, brauchte sich zum Beispiel allein die noch lieferbaren »Heiteren Fliegeranekdoten« des Piloten der »Legion Condor«, des Jagdfliegers, Jagdflieger-Inspizienten, Ritterkreuzträgers der Wehrmacht und Kommandierenden Generals der Luftwaffengruppe Süd in der Deutschen Bundeswehr, Brigadegeneral Johannes Trautloft, anzusehen. Anekdotensammlungen gehören ja genauso zur Schönen Literatur wie mehr oder weniger autobiografisch gefärbte, über weite Strecken frei fabulierte Romane von Stephan Hermlin (»Abendlicht«) oder Erwin Strittmatter (»Der Wundertäter«).

Auch die 1963 anstandslos (ohne Anstand) veröffentlichten, geschönten Memoiren des Kommandeurs des SS-Polizei-Gebirgsjäger-Regiments 18 Hermann Franz, dazumal Strittmatters oberster Chef, der natürlich sehr genau wusste, was er schrieb oder besser wegließ in seiner Niederschrift, müssen im weitesten Sinne als Literatur bezeichnet werden und könnten deshalb durchaus in Corinos Ressort fallen. Nicht so sehr, weil viele ehemalige Soldaten sie gelesen haben, sondern weil sie leider auch nicht wenige Jugendliche *jetzt erst recht* lesen.

Diese auf besondere Art notdürftig weißgewaschene, sich objektiv gebende »Täterliteratur« müht sich – teils rechthaberisch, teils beleidigt – Schuld gleichmäßig auf alle zu verteilen, Eroberer und Überfallene. Der Haufen der leicht zugänglichen Titel ist übergroß und in seiner Gesamtheit nicht zu überblicken. Man muss einfach nur hineingreifen.

Von außen unbedroht und in alleiniger staatlicher Verantwortlichkeit haben 1914 das Deutsche Kaiserreich und 1939 das Deutsche Reich durch überfallartige Einmärsche in Belgien und Polen die beiden Teile des großen Kriegs im 20. Jahrhunderts ausgelöst. Sich mit den moralischen Maßstäben im Verhalten zu diesen Fakten und zum eigenen Schuldgefühl im Laufe dieses zweigeteilten Krieges immer wieder zu befassen, hat entscheidende Bedeutung für unsere Zukunft.

Über die wir nichts Sicheres wissen. Auch nicht in Bezug auf unsere psychisch zum Teil schon längst geschädigten deutschen Soldatinnen und Soldaten in Afghanistan – unsere eigenen Kinder und Enkel – und das, was ihnen in künftigen Kriegs- oder kriegsähnlichen Situationen noch bevorstehen könnte.

Die Zahl der vom Geschehen am Hindukusch traumatisierten Bundeswehrsoldaten wächst. Was das überhaupt für ein medizinisches Phänomen ist, wusste am Ende des Zweiten Weltkriegs in Deutschland noch kaum jemand. Auch ein den ehemaligen Polizei-Soldaten Erwin Strittmatter behandelnder Arzt hätte es nicht gewusst, wären die beiden zufällig aufeinander getroffen. Angesehen hätte er es ihm vielleicht schon. Ob diese psychische Krankheit sich an Stammtischen abarbeiten lässt, wie hunderttausendfach versucht, bleibt dahingestellt.

Was geschähe, wenn alle Medien sich in diesem Zusammenhang nicht nur mit dem Fußballtorwart Robert Enke beschäftigten, sondern über Millionen deutscher Soldaten redeten und schrieben?

Die Zeitung »Bild am Sonntag« schreibt lieber über den Besuch unseres neuen Ministers für militärische Angelegenheiten, Karl-Theodor zu Guttenberg, bei einem vielleicht noch nicht traumatisierten deutschen Soldaten in Afghanistan. »Guttenberg«, so berichtet »Bild«, »trifft auf Anhieb den richtigen Ton: ›Ich höre, Sie sind ein ganz Harter, wurden schon zweimal verwundet.‹ Der Hauptgefreite nickt. Der Minister anerkennend: ›Sie haben einen harten Hintern.‹ Alexander bestätigt: ›Immer schön feste trainieren.‹ [...] Guttenberg besorgt: ›Sie bleiben uns doch erhalten?‹« – Die Meinung der Mutter des Soldaten zu diesem Dialog zu hören, wäre interessant.

In Kenntnis zahlreicher neuer, in ihrer Fülle inzwischen kaum überblickbarer Fakten, zumeist erst bekanntgeworden im Jahrzehnt nach der Veröffentlichung meiner, der ersten Strittmatter-Biografie, habe ich mich noch einmal ein wenig mit der Kriegszeit des Dichters beschäftigt, so gut ich es als Nichtfachmann auf militärhistorischem Gebiet vermochte, und – ich sage es ehrlich – soweit es mich interessierte. Was die von mir geschilderten konkreten Vorgänge, Ereignisse und Vermutungen anbetrifft, könnte und wird deshalb manches noch gründlicher aufzuklären sein und, da bin ich sicher, es wird aufgeklärt.

Obwohl es auch für andere Teile des Buches von 1999 inzwischen Neues mitzuteilen gäbe, will ich mir eine solche Arbeit nicht vornehmen und überlasse sie gern einer von mir geschätzten Autorin, von der ich höre, dass sie inzwischen damit beschäftigt ist.

Meine Strittmatter-Biografie bleibt so, wie sie ist: ein Buch ohne literaturwissenschaftlichen Anspruch und vor allem Zeugnis dessen, was Eva Strittmatter mir damals Wissenswertes, Liebevolles und Kritisches über ihren Mann erzählt hat. Eine Beschreibung von Kindheit und Jugend, des Verhältnisses zu Bertolt Brecht und auch ein Dokument über die Praxis der *Zensur* in der DDR, eine Einrichtung, mit der ich als Mitbetroffener nun allerdings mindestens ebenso gut wie zum Beispiel die erwähnten Werner Liersch oder Karl Corino vertraut bin.

Alter Verletzungen aus dieser vergangenen Zeit erinnere ich mich heute nicht aus neugewachsenem Stolz darauf, dass ich einstmals mitgeholfen habe, im Berliner Aufbau-Verlag mancherlei einfühlsame, kritische Bücher auf ihrem Weg in die Öffentlichkeit unterstützt zu haben, sondern allein aus Traurigkeit über jene vielen, in dummer Ängstlichkeit verpassten Chancen eines achtungsvollen Zusammenlebens. Verfehlte Gelegenheiten, die fast immer ein kleines Stück Anstrengung in Richtung auf eine Wende zum Besseren hätten auslösen können.

»In dubio pro reo – Im Zweifel für den Angeklagten«, das ist der wichtigste juristische Grundsatz, auf dem die gesamte zivilisatorische Rechtssprechung ruht. Er schreibt vor, dass ein Angeklagter in einem Strafprozess nicht verurteilt werden darf, wenn dem Gericht Zweifel an dessen Schuld bleiben. Das in dem Satz ausgedrückte Prinzip war schon Bestandteil der auf Aristoteles zurückgehenden griechischen Rechtsauffassung und gilt auch für die Beurteilung jeder Rufmordkampagne. Es prägte das Römische Recht später entscheidend und ist ein hohes juristisches Gut, das für alle gilt, auch für die Beurteilung eines Dichters im Strom seiner Zeit.

Allerdings wäre dieser klassische Zweifelssatz in unserem Fall durch eine wichtige Überlegung zu ergänzen: Niemals sollen die Nachgeborenen selbstgerecht die konkrete Zeit aus den Augen verlieren, in der einer etwas tat oder von etwas wusste und in der fast alle Ähnliches taten oder von Ähnlichem wussten und – schwiegen. Mut und Feigheit, Offenheit und Verschweigen sind zwar keine juristischen Maßstäbe, sie sind jedoch für das Zusammenleben ungleich bedeutsamere ethische Gradmesser, mit denen zuerst einmal jeder sein eigenes Leben ausloten sollte. Bei Urteilen über andere ist vor allem nachdenkliche Zurückhaltung geboten.

Obwohl feststeht, dass Erwin Strittmatter 1940 und auch Anfang 1945 kein Antifaschist war, spricht aus seinen späteren Büchern genau so deutlich ein Antifaschist zu uns wie aus denen des Mitglieds der Reiter-SA seit 1938 und Weltkriegssoldaten, des anderen Dichters, Franz Fühmann (»Kameraden«, »Das Gottesgericht«, »König Ödipus«) und aus denen zahlreicher Schriftsteller in Ost und West. Alle zusammen sind sie in ihren Büchern Zeugen eines Weges hin zur Wahrheit.

Wegen seiner konsequent antifaschistischen Haltung in jedem seiner zahlreichen Bücher ist und bleibt Strittmatter für die längste Zeit seines Lebens ein höchst bedeutsamer, höchst streitbarer und kritischer Mitbürger der vergangenen DDR in der ganzen Zerrissenheit zwischen Ideal und Wirklichkeit, die – in gebotener Bescheidenheit – auch meinem mit ihm gleichaltrigen Vater eigen ist, über den ich anfangs geschrieben habe.

Unter Strittmatters und meines Vaters mehr oder weniger zwiespältige Vergangenheit – bisher war noch beinahe jede deutsche Biografie zwiespältig – einen endgültigen, abwertenden Schlussstrich zu ziehen, werde ich mich nicht bereitfinden.

Wenn über SS gesprochen wird und Polizei, so darf über SA und deren Folterkeller am Ende der *Systemzeit* und in den *frühen Jahren der Bewegung* nicht geschwiegen werden. Und in der Gestapo dienten keine Deutschen irgendeiner anderen Art, beim Judenpogrom vom November 38 und der anschließenden Ausplünderung der Wohnungen ihrer ehemaligen Nachbarn machten bis dahin unbescholtene Frauen und Männer, Intellektuelle, Beamte, Arbeiter und Jugendliche durchaus ohne moralische Hemmungen mit, wie auch Ärzte und Schwestern bei Euthanasie-Verbrechen. Und sie alle haben mehr gesehen als das, worüber sie sprachen.

Aus den nach Süden gerichteten Fenstern der Häuser des Dorfes Hottelstedt bei Weimar hatten *alle* den Buchenwalder Appellplatz und was auf ihm geschah jeden Tag klar und deutlich vor Augen. Das wussten die Bauern in der Umgebung nicht erst, seit der ehemalige spanische Buchenwald-Häftling, der Dichter Jorge Semprun, es nach dem Ende des Nazireiches überprüft und darüber voller bitterer Empörung geschrieben hatte.

Wenn ich Strittmatters Bücher nicht für bleibende und außerordentliche antifaschistische Kunstwerke hielte, sondern für durchschnittlichen Unterhaltungskram, hätte ich dazumal nicht über ihn geschrieben und täte es auch jetzt nicht. Es gab und gibt zahlreiche Bemühungen unterschiedlichster Nachplapperer (ein Strittmattersches Wort), die sich anstrengen, diesen Dichter als ein unübersehbares literarisches Denkmal der fünfundvierzig anderen deutschen Jahre zu kippen – als ob wirkliche Dichter deutscher Sprache wie Unkraut am Straßenrand vor sich hinwucherten und jeder Mitschwimmer im *Mainstream* könnte kurz an Land gehen und sie in der Folge von politischen Zeitverschiebungen ohne lange zu fackeln einfach niedermähen.

Erwin Strittmatter muss ein Recht auf Irrtum und Fehlverhalten, das zum Beispiel konservativen Literaten und Denkern von der anderen Seite wie Ernst Jünger, Gottfried Benn, Martin Heidegger, Carl Schmitt, Knut Hamsun durch die bürgerliche Gesellschaft ganz selbstverständlich zuerkannt wird, für sich ebenso beanspruchen können. Der Unterschied ist der, dass sich weder in Strittmatters literarischem Werk noch in seinen öffentlichen Äußerungen zur Gesellschaft ein einziger Satz findet, dessen Inhalt auch nur in die Nähe des elitären, ultrakonservativen, profaschistischen und zeitweise faschistischen Denkens der fünf hier in zufälliger Auswahl erwähnten Schriftsteller, Philosophen, Geisteswissenschaftler gerät. Auch diese Namensliste wäre leicht beträchtlich zu erweitern.

Das Recht, selbst über seine eigene Vergangenheit mehr oder weniger zu sprechen oder zu schweigen, ist als ein freies Persönlichkeitsrecht zu respektieren, es gilt als hohes Gut der bürgerlichen Gesellschaft. Wir könnten uns allerdings durchaus bemühen, unvoreingenommen zur Kenntnis zu nehmen, was eine in der Öffentlichkeit stehende Person wann, wo und wie über sich aussagt. Sei er ein antifaschistischer Dichter oder ein in den verschiedensten Zeitläuften und den dazugehörenden Zeiten ungebrochener ehemaliger Nazi-General.

Bei genauerer Lektüre all der Reaktionen auf den aus neueren fachhistorischen Erkenntnissen und Vermutungen, selbstgefälligen Diffamierungen und unbewiesenen Unterstellungen zusammengemischten Überraschungsangriff aus dem Hinterhalt – als bewusst praktizierte *Stille Post* übertreffen sie gelegentlich den tendenziösen Gehalt der Informationen an ihrem Ausgangspunkt – finden sich nicht wenige bedenkenswerte Argumente, die unbedingter Teil eines sachlichen, von ethischen Motiven dominierten andauernden Gedankenaustauschs sein müssten.

Der Schriftsteller und mit dem Büchermachen sowohl an verschiedenen verantwortlichen Stellen in der vergangenen DDR als auch in unserer bundesdeutschen Gegenwart wohlvertraute Werner Liersch wirft mir vor, nur zum Beispiel, ich hätte Strittmatters Polizeizugehörigkeit verschwiegen.

Es ist aber in der Biografie ein Bild von Strittmatter in dieser Uniform zu sehen. Liersch vergisst zu erwähnen, was er nicht nur als Fachmann ganz selbstverständlich wissen könnte: Ich allein habe den Bildteil für dieses Buch aus der Strittmatterschen Bildersammlung ausgewählt. Auch die zuvor weithin unbekannte Film- und Bildstelle der Ordnungspolizei in Berlin-Spandau (mir war sie jedenfalls 1999 noch unbekannt) habe ich benannt, und Hein Bethmanns schöne Strittmatter-Skizze (»Wallern 1945«) hat mir Strittmatters Bruder Heinrich in Bohsdorf selbst in die Hand gedrückt, damit ich sie im Buch abbilde und bei Eva Strittmatter in Schulzenhof abgäbe ... Auf das, was ich einerseits angeblich verschweigen will, mache ich andererseits gerade aufmerksam? – Meine Spezialkenntnisse, kaum unterscheidbare Uniformen des Nazireichs betreffend, waren und sind eher als gering zu veranschlagen.

Trotzdem ist Werner Liersch natürlich zu danken, auch ich danke ihm. Keineswegs dafür *wie* – das war würdelos genug –, sondern *dass* er im Jahre 2008 einen Stein ins Rollen brachte, den ich 1999 nicht am Wege liegen sah. Sehen wir zu, dass dieser rollende Stein in Zukunft vor allem nützliche Denkvorgänge auslöst. Nicht dass am Ende die einen verstummen und sich vielleicht vom bleibenden literarischen Werk des bedeutenden Dichters abwenden, während andere jede Gelegenheit nutzen, über den schwachen, von den eigenen Lebenserfahrungen auf seine Art geschlagenen Menschen Erwin Strittmatter besserwisserisch den Stab zu brechen.

Beides brächte uns auf dem langen Weg der Erkenntnis in der Beschäftigung mit unserer Vergangenheit im Dienst an der Gegenwart kein Stück weiter. Einseitige und unbedachte Haltungen würden Quellen immer neuer, entbehrlicher Auseinandersetzungen sein. Lieber sollten wir uns konsequent in aufklärerischer Bescheidenheit üben. »Der Wahrheit nachsinnen, viel Schmerz«, wie es bei Georg Trakl und Franz Fühmann heißt.

»Die Philologie hat an ihren Seziertischen vergessen, womit sie sich eigentlich beschäftigt. Literatur liefert nicht abstrakte Themen zu, sie erzählt Geschichten von lebendigen Menschen.« – Dieses Zitat könnte eine der Grundlagen bilden, auf der etwas entspannter zu reden wäre über ein Thema, welches unser *ganzes* deutsches Volk seit langem und noch für lange Zeit angeht. Es findet sich in Werner Lierschs schönem Buch über Goethes Doktor Riemer.

# Eine Spur des Grauens

Wir dürfen kämpfen, und das genügt, das befriedigt uns vollauf.
Hier, scheint's, sind uralte Instinkte, die lange verschüttet gewesen,
die Instinkte des Jägers plötzlich wieder durchgebrochen. Wir haben
zurückgefunden zu den Anfängen der Menschlichkeit, eine Verhei-
ßung, dass die Zeit unserer weißen Rasse noch lange nicht um ist.
Wie spießig ist das Gezeter, wir seien in die Barbarei zurückgefallen.

*(Johannes Trautloft, Als Jagdflieger in Spanien, Tagebuch)*

.

Vor Jahren habe ich in einem Bildband über den Alltag des deutschen Volkes unter vielen anderen auch eine Reihe von Fotografien
veröffentlicht, auf denen die blutige Konterrevolution in Deutschland nach der halben Revolution von 1918 festgehalten ist. Es sind
Dokumente der Schande.

Sechs Soldaten der Noske-Armee, sichtbar frisch eingekleidet,
korrekte Mützen mit Reichswehr-Kokarde auf dem Kopf, sitzen
am Rand einer Straße. Einer benutzt sein Gewehr als Stütze. Zwei
Handgranaten liegen ordentlich nebeneinander vor ihnen.

Die Soldaten haben sich mit zweien ihrer Opfer ablichten lassen.
Deren Uniformen sind schmutzig, einer liegt so, als ob er schläft,
wie Tote eben liegen, sein blutiger Kopf ist mit einer Binde umwi-
ckelt. Der Mund des anderen ist auf unnatürliche Weise geöffnet.
Ihm wurde der Gürtel abgenommen, die Hose ist geöffnet, man
sieht die weißlichgraue Unterwäsche. Er ist gerade eben erschossen
worden, der Verwundete auch. Acht deutsche Männer.

Je länger ich das Bild betrachte, desto mehr Sympathie empfinde
ich für die Erschossenen. Wer wird sie irgendwann in den nächsten
Stunden wegholen, wer wird sie wo begraben? Wie lange werden
Mütter, Freundinnen, Geschwister vergeblich auf sie warten?

Mein Hass auf die Lächelnden, die Geschniegelten wächst.

Alle acht auf diesem Bild sind gleich alt. Der Krieg ist längst zu
Ende. Die einen haben die anderen erschossen. Deutsche haben auf
Deutsche geschossen. Deutsche Vorgesetzte haben deutschen Sol-
daten den Befehl dazu gegeben. Niemand hat sie davon abzuhalten

versucht. Das war, im Gegensatz zu den Leipziger Ereignissen von 1989, keine sogenannte *friedliche Revolution*.

Sebastian Haffner veröffentlicht in seinem Buch »Die deutsche Revolution 1918/1919« den Brief eines Angehörigen der Brigade Epp, Kampfverband der Noske-Truppen während des Bürgerkriegs im Ruhrgebiet:

»An das Reservelazarett I, Station 9.
Wischerhöfen, den 2. April 20

Liebe Schwestern und Kranke!

Bin nun endlich bei meiner Kompanie, und nachmittags ein Uhr machten wir den ersten Sturm. Wenn ich Euch alles schreiben würde, da würdet Ihr sagen, das sind Lügen. Pardon gibt es überhaupt nicht. Selbst die Verwundeten erschießen wir noch. Die Begeisterung ist großartig, fast unglaublich. Unser Bataillon hat zwei Tote. Die Roten 200 bis 300. Alles, was uns in die Hände kommt, wird mit dem Gewehrkolben zuerst abgefertigt und dann noch mit der Kugel. Ich dachte während des ganzen Gefechtes an Station A. Das kommt nämlich daher, dass wir auch zehn Rote-Kreuz-Schwestern sofort erschossen haben, von denen jede eine Pistole bei sich trug. Mit Freuden schossen wir auf diese Schandbilder, und wie sie geweint und gebetet haben, wir sollten ihnen das Leben lassen. Nichts! Wer mit einer Waffe getroffen wird, der ist unser Gegner und muss dran glauben. Gegen die Franzosen waren wir im Felde viel humaner. Wie geht es sonst im Lazarett? – Die Bevölkerung gibt uns alles. In den Wirtschaften werden wir oft 20 bis 30 Mann freigehalten. Meine Adresse ist: Oberjäger Max Ziller, Student, 11. Kompanie, Brigade Epp, Post Rokow in Westfalen.«

Was mag später aus diesem Max Ziller geworden sein? Und aus seinen Söhnen? Gab es in der ersten Republik einen Prozess gegen ihn? Wer sollte ihn geführt haben? Mit welchem Urteil?

Ich denke an den Englischen Garten in München: dreitausend Tote, ohne Untersuchung, ohne Urteil, am Fließband. Das schreibt der zu dieser Zeit kommunistischer Sympathien längst nicht mehr verdächtige Augenzeuge, das damalige Beinahe-Opfer Gustav Regler.

So wird die Räterepublik besiegt, als sie schon besiegt ist.

Der Schwabinger Bach, quer durch den Park, soll rötlich verfärbt gewesen sein. Das behauptet die Legende immer vom unschuldigen, freundlich murmelnden Wasser des Lebens, wenn Menschen Zeuge eines unfassbaren Gemetzels in seiner Nähe geworden sind.

Meine Höflichkeit reicht nicht aus, um es einfach hinunterzuschlucken, jenes geflügelte Wort aus der Weimarer Zeit: »Wer hat uns verraten? ...« – Ich setze drei versöhnlich gemeinte Punkte an die Stelle der damaligen Wirklichkeit. – Das eben ist der Fluch einer sehr langen Parteigeschichte: Man erbt die Heldentaten *und* die Schande.

Ich weiß nicht, ob diese sechs Noske-Soldaten später in den Jahren jener fragwürdigen Demokratie bei den Sozialdemokraten ihr Kreuz gemacht haben, eher wohl nicht. Ihre Offiziere, die ihnen zuvor den Befehl zu diesem Massaker erteilt haben, werden nach ihren Taten ganz sicher andere Parteien wählen, ehe sie dann früher oder später bei den Nazis angekommen sind. Nicht nur SPD und KPD, auch manche andere der Parteien aus der Weimarer Zeit mit ihren Ansichten, ihren Traditionen, ihrem Verhalten von damals sind nach der Hitlerzeit wieder da. Ihre Namen sind neu, und auf ihr *ganzes* Erbe zu verweisen, machen sie sich nicht die Mühe. Sie glauben sich reingewaschen. Durch ihre selbstgefällige und mühelos vertretbare, angeblich christliche Tradition glauben sie sich geschützt.

Die sechs Mörder zweier deutscher Landsleute sind zum Einsatz als Kampftruppe im zweiten Teil des großen Krieges sicher zu alt, aber sie werden inzwischen Kinder gezeugt und sie in ihrem Geiste erzogen haben.

Am 13. Dezember 2007 stellte ein Neonazi und Mitglied der NPD in der Bezirksverordnetenversammlung von Berlin-Lichtenberg den Antrag, den nach einem von den Nazis ermordeten antifaschistischen Widerstandskämpfer benannten Anton-Saefkow-Platz umzubenennen in Waldemar-Pabst-Platz und damit einen der Mörder von Rosa Luxemburg und Karl Liebknecht zu ehren. Die Begründung liest sich so: »Waldemar Pabst, Jahrgang 1880, war im Ersten Weltkrieg Generalstabsoffizier der Garde-Kavallerie-Schützen-Division. Nach dem verlorenen Krieg trug die Division zur Niederschlagung des Spartakusaufstandes in Berlin bei. Durch seinen mutigen

Einsatz hat Waldemar Pabst die verbrecherische Politik von Karl Liebknecht und Rosa Luxemburg und ihrer linken Gesinnungsgenossen verhindert. Dem deutschen Volk wurde dadurch viel Leid erspart. Der bolschewistische Terror war auf dem Weg, das Reich in das Chaos der Sowjetdiktatur zu treiben. Der Bürgerkrieg tobte, und nur die Waffen konnten Ordnung und Rechtsstaatlichkeit wieder herstellen. Die Weimarer Republik verdankt ihren Bestand Soldaten wie Waldemar Papst. Die junge Demokratie wäre ohne die Freikorps schon Anfang der 20er Jahre aufgerieben worden.« Pabst hatte sich immer wieder damit gebrüstet, im Januar 1919 an der Ermordung von Rosa Luxemburg auf Geheiß von Gustav Noske und mit Billigung des späteren ersten Reichspräsidenten der Weimarer Republik, Friedrich Ebert, führend beteiligt gewesen zu sein. »Schlagt ihre Führer tot« war offen und hetzerisch gegen den Spartakusbund und die gerade erst gegründete KPD gerichtet.

Obwohl nach geltender Rechtslage in der Bundesrepublik Mord nicht verjährt, ist Pabst für dieses Verbrechen niemals strafrechtlich belangt worden und 1970 als freier Bürger gestorben. Er war selbst NPD-Mitglied und gilt auch deshalb bei den Neonazis als Galionsfigur.

Der erste Teil des großen Krieges hatte so begonnen: *Jeder Schuss ein Russ. – Jeder Stoß ein Franzos. – Auf nach Paris, uns juckt die Säbelspitze!* Das waren die Sprüche, mit denen die blumengeschmückten deutschen Soldaten in den ersten Augusttagen des Jahres 1914 von ihren Müttern und Verlobten zu schnellen Siegen an die Züge zur Front geleitet wurden. Und wenn es bei Köln oder Koblenz über den großen Strom ging, dann gab's kein Halten mehr: »Lieb Vaterland, magst ruhig sein, fest steht und treu die Wacht am Rhein.«

Das deutsche Kaiserreich und das habsburgische hatten sich gegenseitig in den Krieg hinein ermuntert, nun prellte Deutschland vor und erklärte am 1. und 3. August Russland und Frankreich den Krieg. Der deutsche Generalstab wollte mit Hilfe eines geheimen alten Planspiels seines ehemaligen Chefs siegen. Der uralte General von Schlieffen hatte 1905 vorgeschlagen, Frankreich von Norden her durch Belgien hindurch überraschend anzugreifen, um, ehe Russland sich besonnen habe, innerhalb kürzester Zeit in Paris einzumarschieren.

In schwer begreifbarer Einmütigkeit stand das deutsche Volk weit überwiegend und ohne Not hinter Kaiser und Militär. Hoffte auch der *kleine Mann* auf einen leichten Siegfrieden mit reicher Beute? So ähnlich wie vier Jahrzehnte zuvor, als nach dem Krieg der große Aufschwung kam, finanziert vor allem mit französischen Reparationen? Wilhelm II. schrie am Tage des Einmarschs in Belgien vom Balkon seines Berliner Schlosses, er kenne keine Parteien mehr, nur noch Deutsche. Und alle jubelten ihm zu, auch alle Sozialdemokraten, bis auf einen, und der bezahlte seinen Mut etwas später mit dem Leben.

In der Verantwortung des einstigen, zuletzt feige nach Holland geflüchteten Herrschers hatten 1,8 Millionen deutsche Soldaten in den Schlachten der zurückliegenden vier Jahre ihr Leben verloren.

Der natürlich vor allem den Kriegsgegnern bekannte Schlieffen-Plan scheiterte schon nach wenigen Tagen, nicht nur im Osten. Auch mit der selbstbewussten Haltung des kleinen belgischen Nachbarn im Westen rechnete das arrogante Siegeskonstrukt nicht.

Nachdem Belgien den gewaltigen Aufmarsch auf seinem Territorium zuvor kategorisch untersagt hatte, nahmen sowohl dieses Land als auch vor allem das Vereinigte Königreich von Großbritannien den völkerrechtlich unbestreitbaren Fakt der eklatanten Neutralitätsverletzung zum Anlass, ihrerseits Deutschland den Krieg zu erklären. So kam es, dass einige der erbittertsten Schlachten nicht in Frankreich, sondern im belgischen Flandern stattfanden: bei Langemarck im Oktober 1914, wo die fanatisierte akademische Blüte Deutschlands sich sinnlos hinopferte, und bei Ypern im Frühjahr 1915, als die deutsche Militärführung in perfider Weise zum ersten Male das geächtete Giftgas einsetzte. Diesen ersten Schritt bezahlten zuerst fünftausend Franzosen mit ihrem Leben, unzählige Gastote auf beiden Seiten folgten ihnen nach.

Zu den durch Belgien marschierenden Deutschen gehörten auch die Soldaten der Dritten, der Sächsischen Armee. Deren Kommando hatte der alte General von Hausen inne, ehe er nach der Marne-Schlacht, Anfang September 1914, die Befehlsgewalt an einen zackigen Preußen abzugeben gezwungen wurde. Ein gleiches widerfuhr etwas später auch dem Kommandanten des XII. königlich-sächsischen Armeekorps, General d'Elsa. – Das deutsche *Kriegsglück* wendete sich trotzdem nicht.

Einer der Zugführer im 1. Leibgrenadierregiment Nr. 100 des sächsischen Königs war der fünfundzwanzigjährige Leutnant Arnold Vieth von Golßenau, Sohn eines Professors und Prinzenerziehers aus ältestem Adel, Freund des Kronprinzen, ehrgeizig, karrierebewusst, aber auch erzogen im Geiste einer überkommenen Ritterlichkeit, die mit der *modernen* Art rücksichtsloser Kriegsführung unweigerlich kollidieren musste.

Das geschah schon sehr bald. Am 22. August 1914 hatte Vieths Regiment beim belgischen Städtchen Dinant die Maas erreicht. Der Fluss strömt hier dicht an einem steilen Hang entlang. Auf dem anderen, flachen Flussufer standen französische Einheiten, deren Befehlshaber natürlich seit langem vom deutschen *Überraschungsplan* Kenntnis hatten und damit beschäftigt waren, eine tiefgestaffelte Verteidigungslinie aufzubauen. Diese Linie wurde schon am 6. September 1914, gut einen Monat nach Kriegsbeginn, hinter der Marne erreicht. Von da an ging für die deutschen Armeen im Westen praktisch nichts mehr.

Unter den deutschen Truppen in Belgien hatte sich hysterische Angst vor einem unerwarteten Feind verbreitet: Aus dem Hinterhalt kämpften Partisanen, *Franctireurs*. Auch das war im Schlieffenplan unbeachtet geblieben: Nicht das kleine, gewissermaßen *im Hindurchziehen* zu besiegende belgische Heer stellte sich in offener Feldschlacht den an Menschen und Material weit überlegenen Deutschen. Das kaiserliche Heer bekam es vielmehr überraschend mit Einzelkämpfern zu tun, die, ihr Leben nicht schonend, schießend hinter den Fenstern ihrer Häuser standen. Es gab die ersten Toten dieses Feldzuges, und sie starben anders als gedacht.

Es ist so, wie es sich später im Zweiten Weltkrieg wiederholen wird: Erst überschreitet man mit einer gewaltigen, zu diesem Zeitpunkt wohlorganisierten Militärmaschinerie gut organisiert die Grenzen eines Nachbarlandes, wenn der Überfallene sich aber mit den ihm zur Verfügung stehenden Mitteln verteidigt, äußert man selbstgerechte Empörung, schreit nach dem Kriegsrecht, um es im nächsten Moment selbst in eklatantester Form zu brechen.

Vieth von Golßenau, der ein wahrhaftiges Tagebuch über diesen Krieg führte, entschließt sich später, seine Aufzeichnungen in einen Roman zu verwandeln. Er nennt seinen Helden Ludwig Renn, und so heißt er von da an selber auch.

In Dinant ist die Gruppe des Gefreiten Renn den Steilhang zur Maas hinabgestürmt und befindet sich jetzt vor einem Steinbruch. Von dort her hören es die Soldaten schießen. Sie sind verwirrt und ängstlich. Bald stellen sie jedoch fest, dass ihnen nicht in den Rücken geschossen wird, sondern dass sie der Echo-Schall der Salven vom französisch besetzten Ufer her irritiert. Natürlich vermuten sie Partisanen in jedem Haus, aber die Fenster der Häuser hinter ihnen sind geschlossen, die Scheiben nicht zersplittert. Dann heißt es, aus anderen Häusern seien Schüsse gefallen.

Inzwischen liegen auf der frei einsehbaren Uferstraße verwundete und tote deutsche Soldaten, die ahnungslos ins französische Feuer gelaufen waren. Renns Gruppe besetzt die umliegenden Gebäude, man trifft auf Männer, Frauen, Kinder, auch eine sterbende Greisin. In einem der Häuser stehen die Soldaten mehreren Männern gegenüber, die geschossen haben könnten; man findet eine Packung Munition, jedoch keine Gewehre. Während einige auf Verdacht hin für die sofortige Erschießung dieser Männer plädieren, macht der Gefreite Renn, also der Leutnant Vieth von Golßenau, den Vorschlag, die Belgier dazu zu zwingen, verwundete deutsche Soldaten von der Uferstraße weg in Deckung zu schleppen und damit die Sache auf sich beruhen zu lassen. Das geschieht so. Der Gefreite Renn hört zwar von standrechtlichen Erschießungen, er erlebt sie jedoch nicht selbst.

Anders Vieth von Golßenau, sein Erfinder. Ihn lässt das Geschehen am Maas-Ufer sein Leben lang nicht los, und 65 Jahre später, 1979, sehr kurze Zeit vor seinem selbsterwarteten Tod, geht er als Ludwig Renn in seinem letzten Buch »Anstöße in meinem Leben« nochmals ausführlich auf die damaligen Ereignisse ein. Denn tatsächlich hatte der junge Leutnant vor allem am folgenden Tag, dem 23. August 1914, in Dinant viel mehr erlebt als sein Buch-Held. Ludwig Renn erinnert sich:

»Gerüchte kamen von allen Seiten: ›Die Belgier haben von hinten auf uns geschossen!‹ – ›Oben von der Burg!‹ – ›Auch dort drüben!‹ – ›Man holt alle Einwohner aus den Häusern!‹ Auch ich ließ das tun und befahl auch eine vorläufige Verbandstelle für die vielen Verwundeten. Der Hauptmann übernahm das Kommando über die wirr durcheinandergekommenen Infanteristen aus zwei Armee-

43

korps. Bei einem Belgier hatte man Gewehrmunition gefunden. Was tun? Der Befehl lautete: Jeden Partisanen sofort zu erschießen. War nun dieser Belgier ein Franctireur? Das war mir nicht klar, und ich wusste keinen anderen Ausweg, als ihm zu sagen: ›Holen Sie die Verwundeten von vorn an der Maas! Dann soll die Munition vergessen sein, die man bei Ihnen gefunden hat.‹ […]

Diese Sache hat ein Nachspiel gehabt. Jahre später, als man die Verbrechen der Deutschen in Belgien untersuchte, gab es einen Bericht, ein Leutnant hätte einen belgischen Zivilisten zum Verwundetentransport in die Kampflinie vorgeschickt, der dabei verwundet wurde. Man schrieb mir von der deutschen Kriegsgeschichtsabteilung, ob ich etwas davon wüsste. Ich antwortete: Ja, der Leutnant wäre sicher ich, und ich wäre bereit, vor einem Gericht deshalb zu erscheinen und meine Schuld einzugestehen. Der untersuchende Militärhistoriker hatte nun selbst bei unserem Regiment gestanden und kannte mich gut. Er oder andre haben den Fall vertuscht. […]

Links loderten die Flammen aus den hier sehr kleinen, armen Häusern. Dächer stürzten ein. Es krachte, aber nicht mehr vom Schießen. Als wir kurz vor der Stelle ankamen, wo die Pontons heruntergetragen worden waren und nun die Pioniere pausenlos Soldaten hinüberruderten, saß mitten auf der Straße unser Brigadeführer, General Lucius, auf einem Stuhl, die Lehne zwischen den Beinen. Er starrte in die zuckend von Bränden erleuchtete Dunkelheit. Er war es, der den Befehl zu Massenerschießungen gegeben hatte. […]

Während wir in einen Baumgarten rückten und dort die Gewehre zu Pyramiden zusammensetzten, um aus der Feldküche zu essen, erschien auch der Kommandierende General d'Elsa. Sein jüngerer Sohn, der bei unserer Kompanie als Fähnrich war, lief zu ihm und schien ihm Fröhliches zu erzählen. Ich aber sah an einem Mäuerchen, halb im Dunkeln, von den Flammen unruhig beleuchtet, einen Menschenhaufen liegen. Soweit ich erkennen konnte, mussten es Erschossene sein, Männer, Frauen und Kinder, wirr durcheinander. Mir schien, dass einige nicht tot waren, sondern sich im Leichenhaufen bewegten. Daran vorbei gingen unsre Grenadiere, in der Hand die Deckel ihrer Feldkessel, in die sie von den Köchen einen Schlag Essen bekamen. Da kam die Straße entlang der Rittmeister von Rochow und sagte mir fröhlich: ›Wir haben dort hinten Bier gefunden. Kommen Sie doch auch dorthin! Unsern Sieg feiern!‹ Ich schützte vor, bei der Kompanie Pflichten zu haben. [...]

Im Sommer 1916 sah ich Dinant wieder. Die Sonne schien wie das letzte Mal. Von den Straßen war der Schutt geräumt, aber sonst sah noch alles aus, wie am Abend der Schlacht. Ich schritt den Weg ab, den ich 1914 vom Steilhang zur Maas gegangen war. Dabei machte ich mir eine Skizze vom Straßenverlauf und fotografierte einige Stellen. Vor allem untersuchte ich die Spuren der Einschläge von Infanteriegeschossen an den Mauern. Die Schüsse waren eindeutig vom andern Ufer gekommen – soweit sie nicht von unserm wilden Panikschießen herstammten. Nichts deutete darauf, dass Belgier von hinten auf uns geschossen hätten. Nun hatten viele mit Bestimmtheit behauptet, wir Deutschen wären vom festen Schloss aus beschossen worden. Das ragte auf einer fast senkrechten Felswand hoch über der Stadt. Ich stieg also da hinauf und fand, es war ein Museum mit wenigen unbedeutenden Schaustücken. Von einem Fenster aus versuchte ich, nach der enggedrängten Stadt hinunterzusehen, sah aber nur Dächer. Von hier aus war es geradezu unmöglich, auf Soldaten in den Gassen zu schießen. Also hatten auch hier die deutschen Soldaten in ihrem Schrecken gemeint, das scharfe Knallen hinter ihnen wären Abschüsse, während es in Wirklichkeit Einschläge des Schießens vom andern Flussufer waren. Das hatte noch niemand zugegeben, um nicht einzugestehen, dass alle im Schreck versagt hatten. Schlimm, aber wir hatten es nicht erkannt. Wegen der Behauptung, von heimtückischen Belgiern beschossen zu sein, hatten General Lucius und andre belgische Zivilisten zusammengetrieben und in Massen erschießen lassen, Männer und Frauen. Damals hatte ich geglaubt – oder halb geglaubt –, wir wären im Recht.«

Bleibt nachzutragen, dass das komplette Feldgericht der Sächsischen Armee mit allen seinen Beamten zwei Tage später durch Dinant zog, da waren die Toten noch nicht unter der Erde. Von dem Massaker hat kein Untersuchungsbeamter oder Richter auch nur das Geringste bemerkt oder bemerken wollen.

Bei dem Massaker in Dinant sind 674 Menschen einer angstvollen Hysterie zum Opfer gefallen, unschuldige Bürger, niemand

den Franctireurs zuzurechnen und somit auch in keinerlei Kriegs-
handlungen verwickelt.

In seinem Grußwort für eine Gedenkfeier am 6. Mai 2001 am
Ort des Geschehens schreibt der deutsche Botschafter in Belgien,
Peter von Butler:

»In Dinant mahnen und erinnern zahlreiche Denkmäler daran, dass
durch deutsche Truppen 1914 unfassbare Gräuel an der Dinanteser
Bevölkerung begangen wurden. Auch heute, fast neunzig Jahre später, stellt sich für viele noch die Frage, warum es in unserem Nach-
barland Belgien noch immer diese offene Wunde der Geschichte
gibt. Die Antwort ist einfach: Deutschland hat sich bisher nicht zu
dieser Schuld bekannt. Unmittelbar nach 1918 versuchte man sich
zu rechtfertigen. Später – in der Zeit des Nationalsozialismus – war
eine Anerkennung der Kriegsverbrechen nicht denkbar. Nach dem
Zweiten Weltkrieg wurden zunächst andere Prioritäten gewählt. Es
ist ein besonderes Privileg unserer Generation, zu Beginn des neuen
Jahrtausends, nun endlich diese Schuld abzutragen und die Stadt
Dinant und ihre Bürger für die Verbrechen unserer deutschen Vorfahren um Vergebung zu bitten. Ich weiß, dass es relativ leicht ist,
um Vergebung zu bitten, dass es aber viel schmerzlicher ist, Vergebung zu gewähren. Deshalb habe ich großen Respekt besonders
gegenüber denjenigen, die noch persönlichen Schmerz empfinden,
wenn sie an den 23. August 1914 erinnert werden.«

Nach den verdienstvollen, sicher auch zweckbestimmten Aussöh-
nungsinitiativen Konrad Adenauers in Richtung Frankreich und
Willy Brandts in Richtung Polen – das mögen die Prioritäten sein,
welche Butler meint und die in Bezug auf Belgien und aus der
Sicht der Belgier allerdings nicht zu akzeptieren sind, als ob es bei
dieser Art Ereignisse eine Rangfolge der Wichtigkeit geben könne
– machte sich für die erwähnte Feier im Mai 2001 ein parlamen-
tarischer Staatssekretär im damals SPD-geführten Verteidigungs-
ministerium auf den Weg, die Ehre seiner Jubelpartei von 1914
und auch die Ehre von allen Deutschen in Dinant für dieses Mal
wiederherzustellen. Zwar bedurfte es dafür langer und intensiver
Bemühungen seitens des Bürgermeisters von Dinant vor allem und
mit Berechtigung in Richtung auf diejenigen, die verzeihen sollten.

Auch jener Umstand tat ein Übriges, dass bis zu diesem Tag die schwarz-rot-goldene Flagge als einzige EU-Fahne nicht auf der Europa-Brücke »Charles de Gaulle« über der Maas wehte.

Ludwig Renn beschreibt in einer anderen Szene seines späten Buches, wie er am nächsten Morgen nochmals an dem Leichenberg vorübergeht. Ganz oben auf ihm sitzt ein sehr junges Mädchen mit schlohweißem Haar. Es war wohl nicht getroffen worden bei der Erschießung und hatte sich in der Nacht nach oben hin ins Freie durchgearbeitet.

Als der Staatssekretär Walter Kolbow sich in Dinant für das Verbrechen entschuldigt, steht er mit Tränen in den Augen auf der Tribüne, neben ihm das Mädchen, inzwischen eine fast hundertjährige Greisin.

Walter Kolbow gebührt für den längst überfälligen Schritt eines Schuldeingeständnisses ohne Wenn und Aber und der offiziellen Bitte um Versöhnung Dank. Ein Bundespräsident, ein Bundeskanzler, eine Bundeskanzlerin sind ihm mit einer Entschuldigung in unser aller Namen für die zahllosen deutschen Gräueltaten in Belgien zu Beginn des Ersten Weltkriegs bis heute nicht gefolgt.

Ich denke darüber nach, wie relativ leicht, gemessen an Ludwig Renns Seelenqualen, es mir als Nachgeborenem fällt, das aufzuschreiben, was mir Walter Kolbow erzählt hat.

Von Weimar aus gesehen liegt das Lager Buchenwald westlich hinterm Ettersberg, das schöne alte Dorf Großobringen hingegen in östlicher Richtung an der Straße nach Buttelstedt. Hier wurde 1912 der schon erwähnte Johannes Trautloft geboren, das Weltkriegs-Flieger-As und späterer Brigadegeneral der Deutschen Bundeswehr. Bei der Wende 1989 war der Pilot der Legion Condor, der maßgeblich am Aufbau des Jagdgeschwaders 54 der Deutschen Wehrmacht beteiligte und nach dem Zweiten Weltkrieg mit der Führung des Jagdgeschwaders 34 der Bundeswehr beauftragte ehemalige Kommodore 77 Jahre alt und hatte noch acht Lebensjahre vor sich.

Im »Braunbuch. Kriegs- und Naziverbrecher in der Bundesrepublik und in Westberlin« von 1968 heißt es über Trautlofts Spanieneinsatz:

»Johannes Trautloft gehört zu den ersten sechs Jagdfliegern, die Hitler im Juli 1936 zur Unterstützung der Franco-Faschisten und zur

Erprobung seiner neuen Mordwaffen nach Spanien schickte. Als ›Freiwilliger‹ der ›Legion Condor‹ ließ er seine Maschinengewehrsalven auf wehrlose spanische Bürger, darunter Frauen und Greise, niederhageln. Er flog Jagdschutz für faschistische Bombengeschwader. Von den Flugplätzen Tablada und Sevilla stiegen damals die Maschinen auf, die mit ihren Bomben die Stadt Badajoz in Trümmer legten. [...]

Den barbarischen Angriff auf das Dörfchen Ollala in der Provinz Toledo verherrlicht er mit den Worten: ›Im Tiefflug jagen wir unsere MG-Garben in den Feind, sehen, wie Lastkraftwagen, jäh des Führers beraubt, seitwärts sausen und sich überschlagen. Menschen kriechen hervor, viele torkeln, fallen, bleiben liegen. [...] Wohl nichts vermag den Soldaten tiefer zu befriedigen, als der Anblick einer kopflosen, panischen Flucht des Feindes. [...] Vor dem Rückflug nach Caceres trinken wir noch etliche ›Helle‹, mit ziemlichem Schwung fliegen wir dann nach Hause.‹

Auch am Angriff auf Getafe am 30. Oktober 1936, bei dem Hunderte Spanier getötet wurden, waren deutsche Piloten beteiligt. Zwei Drittel der Ortschaft wurden völlig zerstört, darunter das Krankenhaus und die Schule. Unter den wehrlosen Opfern dieses Bombardements befanden sich 63 Kinder. Sie wurden von den Trümmern ihrer getroffenen Schule erschlagen oder auf dem Schulhof zerfetzt. Dieses Verbrechen ist als »Kindermord von Getafe« in der Welt gebrandmarkt worden.

Voller Begeisterung schrieb Trautloft in sein Tagebuch: ›Die Arbeit, die hier geleistet wurde, ist gewaltig.‹

Als sein Einsatz in Spanien beendet war, stellt er bedauernd fest: ›Der Abschied vom Kriege fällt mir doch schwer‹, brummelte ich vor mich hin. Wie seltsam! Ich soll heimwärts fliegen, als ob der Krieg hier nicht weiterginge, als ob er zu Ende sei. Der Soldat in mir bäumt sich auf, ein bitteres Gefühl steigt hoch. Nur mit Mühe zwinge ich es nieder.«

Wie die Folgen von Trautlofts *sportlichem* Kampf und dem seiner Kameraden am Himmel von unten her aussehen, lese ich in einer Biografie über den Kanadier Norman Bethune, »Arzt auf drei Kontinenten«, von Ted Allen und Sydney Gordon. Das Buch ist zwischen 1954 und 1962 in vierzehn Auflagen von zusammen rund

100 000 Exemplaren im Verlag Volk und Welt, Berlin, DDR, erschienen. Die Bundesrepublik kennt es nicht.

Ich habe es mit dreizehn Jahren gelesen, und es gehört zu jenen Büchern, die mein politisches und historisches Grundverständnis prägten. Mein Exemplar habe ich verborgt und nicht zurückbekommen, also habe ich mir antiquarisch ein anderes besorgt. Für einen Euro. Auf der ersten Seite steht eine Widmung: »Als Anerkennung für eine gute kollektive Zusammenarbeit. Die Kollegen der MTS Götz«. Das Dörfchen mit seiner längst aufgelösten Maschinen-Traktoren-Station liegt zwischen Potsdam und Brandenburg an der Havel.

»An fünf Tagen im Februar bewegte sich ein endloser Zug von Flüchtlingen über die zweihundert Kilometer lange Küstenstraße von Málaga nach Almería. Am Tag wurden die Flüchtenden von der Sonne verbrannt, in der Nacht froren sie, sie litten Hunger und Durst. Die Flugzeuge der Faschisten beschossen sie mit Maschinengewehren, in Küstennähe patrouillierende Kriegsschiffe feuerten Kanonen auf sie ab, sie fanden nirgends Schutz auf dem schmalen Landstreifen zwischen der Küste und den Bergwänden der Sierra Nevada. [...] Wo die Straße hätte sein sollen, schleppen sich auf einer Länge von mehr als dreißig Kilometern menschliche Wesen dahin, ein gigantischer Tausendfüßler, ihr Klagen und Schreien mischt sich mit den grotesken Tönen der leidenden Tiere. [...] Eine schweigende, abgehärmte, gequälte Flut von Menschen und Tieren, die Tiere ihren Schmerz hinausbrüllend wie menschliche Wesen, die Menschen stumm wie Tiere.«

Der in den USA lebende Schweizer Robert Cohen (»Exil der frechen Frauen«) und der in Deutschland lebende Amerikaner Victor Grossman (»Madrid – Du Wunderbare«) fassen andere Augenzeugenberichte über die Tragödie auf der Straße von Málaga zusammen: »Sie sind zu müde zum Reden«, schrieb ein junger englischer Ambulanzfahrer, »von ihrer Prozession steigt unaufhörlich ein klagendes Stöhnen auf, Aiii! Aiii! [...] Die Straße ist übersät mit verlassenen Besitztümern, mit Pfannen, Matratzen und anderem Hausrat. Ein Maultier stirbt vor Erschöpfung an der Deichsel seines Wagens. [...] Es ist unfassbar, dass dieser Anblick unserem

Jahrhundert entstammt. [...] Plötzlich stehen Frauen mitten auf der Straße, die uns ein kleines Mädchen mit blutüberströmtem Gesicht entgegenhalten. Die eine Gesichtshälfte ist zerschmettert, der Kopf hängt an einem gebrochenen Hals.«

Auch Alfred Kantorowicz schildert den endlosen Strom: »Familien auf Eseln, Greise an Krücken schleppen sich auf siechen Füßen vorwärts, bis sie vor Entkräftung an den Wegrändern zurückbleiben. Kinder sterben in den Armen der Mütter, man lässt sie liegen, weiter, nur weiter, lasst die Toten ihre Toten begraben.«

Die Zeitung *Humanité* berichtet, die Faschisten selber seien von diesem Geschehen überrascht worden. Mit ihren tieffliegenden Flugzeugen hätten sie den Flüchtlingen zunächst nur Angst einjagen wollen, damit sie auf die Felder zurückkehrten, um ihre alten und, wie die Faschisten hofften, demnächst wieder neuen Herren zu ernähren. »Erst als diese Taktik nichts nützte, begannen die Junkers und Capronis die Fliehenden zu beschießen.«

Arthur London, Tschechoslowakei: »Diese Flucht war ein wahrhaft apokalyptisches Schauspiel. Man sah hier eine Frau, die über dem Leichnam ihres Sohnes weinte, dort angsterfüllte Kinder, die sich an die Hand der toten Mutter klammerten. [...] In ihrer Verzweiflung verfluchten die Menschen das Meer, die Erde, den Himmel, den Krieg, den Faschismus, alles das, was ihr Unglück verursachte, alle diejenigen, die an ihrem Leiden Schuld trugen. Sie verfluchten ihren Gott, der über diese blutbesudelte Erde und diesen todbringenden Himmel herrschte. Sie verfluchten die Menschen, die ihren Qualen gegenüber gleichgültig blieben. Durch den Flüchtlingsstrom – einige Jahre später wälzte sich ein ähnlicher unter denselben todbringenden Flugzeugen über die Straßen Frankreichs – rückten die aus Valencia kommenden Freiwilligen der XIII. Brigade vor.«

Und Ernest Hemingway schreibt: »Die totalen faschistischen Staaten glauben an den totalen Krieg. Das heißt, anders ausgedrückt, dass jedesmal, wenn sie von Streitkräften besiegt werden, sie sich an unbewaffneten Zivilisten rächen. In diesem Krieg wurden sie seit Mitte November am Parque del Oeste geschlagen und am Pardo, sie wurden bei Carabanchel geschlagen und an der Jaramafront. [...] Und jedesmal, wenn sie auf dem Schlachtfeld geschlagen wurden, retteten sie die merkwürdige Sache, die sie Ehre nennen, indem sie Zivilisten morden.«

Prophetische Sätze aus dem Jahre 1937. Wenige von den nicht-exilierten Deutschen werden sie 1939 gekannt haben. Und viele mögen sie siebzig Jahre später, im Jahre 2009, bezogen auf die Zeit dazwischen, noch kaum für die Wahrheit halten.

In Spanien hat sich nach dem Ende der Franco-Diktatur niemals ein verantwortlicher deutscher Politiker für jene unbezweifelbaren Kriegsverbrechen entschuldigt, die auf das Konto der »Legion Condor« gehen.

Einzig der ehemalige Bundeswehrgeneral Gert Bastian und seine Lebensgefährtin, die Friedensaktivistin und Grünen-Politikerin Petra Kelly, haben das Gedenk-Museum in Gernika besucht und dort öffentlich um die von der »Legion Condor« aus sicherer Höhe in risikofreiem Flug getöteten Opfer getrauert.

Dann war der Krieg in Spanien zu Ende, ehe der Weltkrieg begann, und die Piloten der »Legion Condor« sind quasi gleich nach Polen *durchgestartet*.

Suche ich den Namen Trautloft im Internet, so finde ich im Zusammenhang mit ihm eine Bauanleitung für das Modell einer *Bf 109 E-1*, eine Maschine, die er einst geflogen hat. Literaturhinweise aus dem Jahre 2009 und eine Biografie des Piloten werden mitgeliefert:

| | |
|---|---|
| Falk, Wolfgang: | Falkenjahre |
| Obermaier, Ernst: | Die Ritterkreuzträger der Luftwaffe |
| Bd. 1 Jagdflieger | |
| Prien, Jochen et al.: | Jagdgeschwader 77 (Bd. 1) |
| Prien, Jochen et al.: | Die Jagdfliegerverbände der Luftwaffe |
| (mehrere Bände, noch nicht abgeschlossen) | |
| Ring, H./Ries, K.: | Legion Kondor |
| Trautloft, Hannes, Bob, Ekkehard, Held, Werner: | Die Grünherzjäger – Bildchronik des JG 54 |
| Trautloft, Hannes: | Des Jägers Schießfibel |

Dann heißt es über den Piloten:

»Hannes Trautloft ist eine der großen erzieherischen Persönlichkeiten der Jagdwaffe, dessen Verdienste nicht an der Zahl der Luftsiege gemessen werden können. Sein Name ist untrennbar mit dem von ihm 3 Jahre lang geführten Jagdgeschwader 54 verbunden. Das grüne Herz symbolisiert die Verbundenheit mit dem grünen Herzen Deutschlands, Thüringen. Hier wurde Hannes [!] am 03.03.1912 in Groß-Obringen (bei Weimar) geboren.

Am 01.04.1931 kam er zur Deutschen Verkehrsfliegerschule in Schleißheim, schulte 1932 vier Monate in Lipezk/UdSSR, trat dann in das Heer ein und kam 1934 als Leutnant zur Jagdfliegerschule Schleißheim. (Für die Ausbildung der Flugzeugführer zu Beginn der 30er Jahre ist die Lektüre von Wolfgang Falks Buch ›Falkenjahre‹ sehr erhellend!)

Vom 28.07.1936 bis 03.03.1937 weilte er als Staffeloffizier und Staffelführer in Spanien. Dort erzielte er fünf Luftsiege und wurde für seine Leistungen mit dem Spanienkreuz in Gold mit Schwertern ausgezeichnet. (Für den Spanieneinsatz der Luftwaffe ist das Buch von Ring/Ries sehr empfehlenswert!) Nach verschiedenen anderen Kommandos übernahm er am 01.07.1938 die 12./JG 132, aus der schließlich die 2./JG 77 wurde (vgl. Prien JG 77). Mit ihr nahm er am Polenfeldzug Teil, wo er einen Luftsieg erzielte. Am 22.09.1939 wurde er mit der Führung der I./JG 20 (spätere III./JG 51) betraut und führte sie in Frankreich (zwei Luftsiege) und gegen England (drei Luftsiege), bis er am 25.08.1940 zum Kommodore des JG 54 ernannt wurde. Er führte das Geschwader bis zum 06.07.1943 gegen England, auf dem Balkan und in Russland. Das Ritterkreuz wurde ihm am 27.07.1941 nach 20 Luftsiegen verliehen. Bis Ende 1941 hatte er 26 Luftsiege, 1942 kamen 19 hinzu und am 15.02.1943 erzielte er den 50. Abschuss. Am 06.07.1943 wurde er Inspizient Ost beim General der Jagdflieger und am 27.11.1943 Inspekteur der Tagjäger. Ab dem 27.01.1945 war er Kommandeur der 4. Flieger-(Schul)-Division, bis er am 10.04.1945 abgelöst wurde, da er der obersten Luftwaffen-Führung wegen seines Freimutes zu unbequem geworden war.

Hannes Trautloft erzielte auf 560 Feindflügen 58 Luftsiege, davon fünf in Spanien. Er verstarb am 12.01.1995 in Bad Wiessee bei München.

Das Modell:

Auch der Bau dieses Modells beruht auf dem Wunsch, eine bestimmte Maschine zu bauen. Als ich zum erstenmal Fotos von dieser *Bf 109 E-1* in Priens JG 77 Chronik (Bd.1 S.69f.) sah, wusste ich, dieses Flugzeug musst du mal bauen. Hannes Trautloft war zu dieser Zeit Staffelführer der 2./JG 77. Eigentlich ist es ja fast ein Sakrileg, Hannes Trautloft nicht auf einer Maschine des JG 54 zu bauen, aber das kann man ja vielleicht noch mal nachholen. Es hat einige Jahre gedauert, und ich hatte schon mit dem Gedanken gespielt, mal ein Hobbycraft-Modell zu bauen, da brachte Hasegawa genau diese Bf 109 in einem Sonderbausatz heraus. Natürlich musste ich mir das gute Stück kaufen, sobald es in Deutschland erschienen war.«

Diesen Text las ich am 1. Februar 2009 auf dem Bildschirm meines Computers. Am Seitenleitwerk des naturgetreuen Modells prangte unübersehbar das Hakenkreuz. Ich dachte darüber nach, wie dieser Modellbauer seine ganze Sammlung von Naziflugzeugen voller Stolz den Freunden zeigt, ja, das waren doch wirklich *tolle* Maschinen damals!

Als ich am gleichen Tag abends beim Fernsehen saß, blieb ich an einer Sendung des Mitteldeutschen Rundfunks hängen. Dort ging's um die *gute alte Tante Ju.* Mehrere sehr alte Herren erzählten in diesem unerträglich wichtigtuerischen Stammtisch-Ton, den wir alle im Ohr haben, von ihren Erlebnissen mit diesem »zuverlässigsten aller Flugzeuge im Zweiten Weltkrieg«. Dazwischen geschnitten waren Fotos dieser Männer, die sie als sehr junge, sich ihrer Verantwortung bewusste Soldaten mit unschuldigen, glatten Gesichtern zeigten. Und dauernd die Bilder von den Einsätzen des Flugzeugs: Wie es Verpflegung abwirft, wie es Waffen transportiert, wie es Verwundete ins Hinterland befördert, in Schnee und Hitze. Nie, wozu es natürlich vor allem benutzt wurde (übrigens entgegen den Wünschen seines Konstrukteurs Hugo Junkers, aber: »mitgegangen – mithangen«): beim Bomben abwerfen. Auf einem der alten Filmbilder stehen fünf dieser Maschinen nebeneinander. Die großen Hakenkreuze am Seitenleitwerk sind nicht zu übersehen.

Ob Trautloft irgendein Dorf in seinem *Grünen Herzen Deutschlands* nach der *Wende* und vor seinem Tode 1995 noch einmal besucht hat? Was würden die Leute und vor allem die Jungens zwischen sechzehn und dreißig zu der schweren Limousine gesagt haben, die da plötzlich auf der Dorfstraße auftauchte? (Oder war's ein schnittiger Sportwagen?) Ist der Bundeswehrgeneral im Ruhestand abends in die Schänke gegangen und hat allen ein Bier spendiert? Und dann der hoffnungsfrohen Jugend, die an seinen Lippen hing, etwas darüber erzählt, wie's damals *wirklich* war? Das hatten die Jungs bis dahin so nicht gehört. Und wie sie alle über seine *heiteren* Luftwaffenanekdoten gelacht haben mögen.

Zuvor waren sie als Zwölf- oder Vierzehnjährige von ihrer Klassenlehrerin an einem Wandertag alle zusammen durch das ehemalige Nazi-Konzentrationslager Buchenwald geführt worden. Lustig war das nicht.

Nun jedenfalls stand fest, General Trautloft *musste* einfach ihr Held sein, ihm wollten sie nacheifern, dagegen hatte jetzt die Erinnerung an den Ausflug mit der ehemaligen Lehrerin keine Chance mehr. – Ich möchte keinem von den jungen Leuten in den thüringischen Dörfern Unrecht tun, Thüringen ist auch meine Heimat. – Aber es könnte doch so gewesen sein. Trautloft war ein angesehener Mann, immerhin ein General der Bundeswehr im Ruhestand. Und irgendwo müssen sie doch auch herkommen, die zahlreichen Jungnazis in meiner Heimat.

Noch ein anderes von Hitlers »Flieger-Assen« aus der Mörderbande »Legion Condor« setzte seine Karriere nach 1945 in der Bundesrepublik ungebrochen fort: Oberst Johannes Steinhoff, vormals Kommodore des Jagdgeschwaders 77, für seine Teilnahme am Luftkrieg in Spanien von Hitler mit dem höchsten faschistischen Orden dekoriert. Als Bundeswehr-General war er ab 1966 Inspekteur der Luftwaffe und zuletzt Viersterne-General bei der Nato. Noch immer gibt es Bundeswehrobjekte, die seinen Namen tragen. Wer von den Älteren unter uns erinnert sich nicht seines von Verbrennungsnarben gezeichneten gruseligen Gesichtes?

In Griechenland hat es während des Zweiten Weltkriegs rund sechzig, sowohl das Völkerrecht als auch das Kriegsrecht verletzende Massaker und sogenannte Sühneerschießungen gegeben.

Mehr als zweihundert Strafverfolgungsanträge zu Verletzungen des Völker- und Kriegsrechts durch die 4. SS-Polizei-Panzergrenadier-Division und ihre Mordtaten in diesem Lande wurden gegen Täter und befehlsgebende Täter gestellt. In der Bundesrepublik Deutschland hatten sie juristisch gesehen allesamt berechtigte Aussichten auf Erfolg. – Nicht in einem einzigen Fall ist es zu einer Verurteilung vor einem westdeutschen Gericht gekommen, und die Ahndung derartiger Kriegsverbrechen blieb nicht selten allein ostdeutschen Gerichten vorbehalten.

Da war zum Beispiel der Prozess gegen den in Gransee wohnhaft gewesenen Heinz Barth, der am 10. Juni 1944 als SS-Obersturmführer der Waffen-SS und Zugführer im SS-Panzer-Grenadier-Regiment 4 »Der Führer« mit unmittelbar persönlichem Tatbeitrag am Massaker im französischen Oradour beteiligt war.

Barth wurde am 7. Juni 1983 vom Stadtgericht Berlin (Hauptstadt der DDR) zu lebenslänglicher Haft verurteilt, kam jedoch wie andere in der DDR verurteilte und 1990 noch in Haft befindliche Nazi-Verbrecher nach der »Wiedervereinigung« alsbald auf freien Fuß. Ihm wurde eine Rente als »Kriegsopfer« zugebilligt. In der Bundesrepublik sind seine Mittäter und seine für dieses und andere Verbrechen der 2. SS-Division »Das Reich« verantwortlichen Vorgesetzten einer völkerrechtlich gebotenen Strafverfolgung entzogen worden.

Fälle dieser Art ließen sich in beliebig langer Reihe fortsetzen.

Sind die Ideologien von damals wirklich restlos überwunden, wie es in dem erschütternden Text über die Ereignisse von Dístomo am Ende vorsichtig heißt?

# Dístomo –
## Ort der Märtyrer – Ort des Friedens

»Ereignisse des 10. Juni 1944:

Um 08.15 Uhr starten fünf deutsche Militärlastwagen in Levádia mit dem Zielort Dístomo. Auf ihnen befinden sich 76 Männer der 2. Kompanie des 7. Regiments der 4. SS-Polizei-Panzergrenadier-Division sowie ein Unteroffizier der Geheimen Feldpolizei. Es handelt sich um eine ›Aktion zur Freikämpfung der von Banditen gesperrten Straße Levádia-Aráchowa‹.

Mit 15 Minuten Vorsprung waren zwei andere LkWs in Levádia abgefahren. Bei diesen handelte es sich um zwei beschlagnahmte griechische Lastfahrzeuge mit griechischen Fahrern, auf denen sich ein sogenanntes Zivilkommando befand, das heißt 14 deutsche Soldaten, 4 Unteroffiziere und ein Dolmetscher der Geheimen Feldpolizei, welche zur Irreführung der griechischen Widerstandskämpfer sich so verkleiden mussten, dass der Eindruck entstehen sollte, es handle sich bei ihnen um griechische Schwarzmarkthändler.

Doch auch diese führten schwere Waffen mit sich. Und unterwegs töteten sie, völlig grundlos, bloß zu ihrem Vergnügen, durch gezielte Schüsse Tiere und Menschen, die in den Feldern neben der Straße ihrer täglichen Arbeit nachgingen.

Am Kreuzweg Levádia-Aráchova-Dístomo schließen sich um 08.50 Uhr zur Unterstützung der Aktion die 10. und 11. Kompanie desselben Regiments an, welche aus Ámfissa und Aráchova kommen. Dieser gewaltige Konvoi fährt, mit dem Zivilkommando als Vorhut, gegen zehn Uhr morgens in Dístomo ein. Noch bevor sie den Ort erreichen, verhaften sie zwölf junge Bauern, die in ihren Feldern mit der Ernte beschäftigt sind und sich beim Anblick der deutschen Militärmacht in einem Erdbunker verstecken, binden sie fest und stellen sie dann am unteren Dorfplatz von Dístomo eng zusammengebunden vor das Schulhaus.

Beim Anblick dieser Ereignisse sind die Bewohner von Dístomo sehr besorgt. Sie bangen um die zwölf Geiseln. Eine ungeheuerliche Angst breitet sich aus. Trotz Krieg und Besatzung und wiederholten Raubzügen der Deutschen durchs Dorf spüren sie, dass sich jetzt etwas ganz Ungewöhnliches anbahnt, etwas Erschreckendes.

Der Befehlshaber, SS-Hauptsturmführer Fritz Lautenbach, lässt den Pfarrer und den Gemeindepräsidenten zu sich rufen und fragen, ob in der Gegend griechische Partisanen tätig sind. Der Unteroffizier der Geheimen Feldpolizei, Georg Koch, schreibt am 12.6.1944 in seinem Bericht ›Aktion zur Freikämpfung der Straße Lewadia-Arachowa am 10.6.44‹: ›In Dístomon wurde durch den Bürgermeister und den Popen von Stíri in Erfahrung gebracht, dass am 9.6.44 gegen 10.00 Uhr ca. 30 Banditen aus Richtung Desfina in Dístomon erschienen und gegen 15.00 Uhr des gleichen Tages in Richtung Stíri wieder abgezogen sind.

Am 10.6.44 gegen 10.00 Uhr sollen dann die Banditen aus Stíri in Richtung Kiriaki abgerückt sein. Ferner wurde noch in Erfahrung gebracht, dass der unter dem Decknamen bekannte Bandenführer ›Mawrojannis‹ vom III/34 ELAS Rgt. anscheinend bei den Kämpfen bei Desfina gefallen ist [...]‹

Dann fordern die Deutschen Lebensmittel. Die Bewohner bringen das Allerbeste, das sie auftreiben können, um die Deutschen zu beschwichtigen, sie menschlich zu stimmen, damit sie die zwölf als Geiseln festgehaltenen jungen Landsleute freilassen.

Aber nichts dergleichen geschieht. So müssen die Einwohner von Dístomo schicksalsergeben mit großer Besorgnis die folgenden Geschehnisse erdulden, ohne auch nur den geringsten Einfluss auf diese Ereignisse nehmen zu können.

Die Deutschen setzen nun Wachtposten an den wichtigsten Stellen rings um das belagerte Dorf ein. Nachdem um 14.30 Uhr die 10. Kompanie aus Dístomo abgerückt war, beschließt Lautenbach, mit einer leichten motorisierten Kolonne ›zur Erkundung des Geländes und der Wegeverhältnisse‹ weiter vorzurücken in Richtung Stíri, dem kleinen Ort, der sich zwischen Dístomo und dem berühmten Kloster von Ósios Loukás befindet. Wieder fahren die beiden beschlagnahmten griechischen Fahrzeuge mit den als Zivilisten verkleideten Soldaten, dem sogenannten Zivilkommando, voraus, zur Irreführung möglicher Angreifer, und in einiger Entfernung folgen die übrigen Fahrzeuge der kleinen deutschen Kolonne.

Drei Kilometer von Dístomo entfernt, noch bevor sie Stíri erreichen, geraten die Deutschen in eine Falle, in einen Hinterhalt der Partisanen, die sich am Berghang vor Stíri im Gebüsch verschanzt halten und den Feind erwarten. Die Irreführung mit den beschlagnahmten Fahrzeugen und dem als Schwarzmarkthändler verkleideten Mordkommando haben die Deutschen selbst enttarnt und sich verraten, als sie unterwegs auf Tiere und Bauern schossen, die in den Felder neben der Straße friedlich ihrer täglichen Arbeit nachgegangen waren. Die Partisanen wurden von ihren Spähern informiert, dass es sich bei den Verkleideten um schwerbewaffnete SS-Kommandos handelte, und so werden diese hier vor Stíri mit dichten MG- und Gewehrsalven empfangen. Bei diesem Überraschungsangriff werden einige Deutsche und der eine griechische Lkw-Fahrer getötet.

Ein Gegenangriff ist erst möglich, nachdem die alarmierten, in Dístomo verbliebenen übrigen deutschen Fahrzeuge und Soldaten nachrücken.

Das Gefecht schwillt an und dauert anderthalb Stunden. Dann ziehen sich die Partisanen mit nur geringen Verlusten auf die Berghöhen zurück. Den deutschen Offizieren erscheint ›eine [...] weitere Verfolgung der Banditen als unverantwortlich, [...] da die Kampfgruppe sehr geschwächt war‹. Mit acht Toten und 14 Verwundeten kehren sie nach Dístomo zurück. Die besiegten, in die eigene Falle getriebenen und gedemütigten ›deutschen Übermenschen‹ werden sich auf ihre ganz eigene, nicht nur jedes Kriegs- und Völkerrecht missachtende, sondern jeder Moral und militärischen Ehre spottenden Weise rächen.

Es ist 17.30 Uhr. Es wird allen befohlen, sich in ihre Häuser zu begeben. Dann werden als Erstes die zwölf gefesselten Geiseln vor die Schulhausmauer gestellt und kaltblütig niedergeschossen.

Danach ergießen sich die Deutschen gruppenweise wie tollwütige Wölfe in alle Richtungen durch die Gassen auf die Häuser zu. Die Haustüren werden eine nach der andern eingetreten. Diese deutschen SS-Soldaten sind von Besessenheit, Hartherzigkeit und Gnadenlosigkeit erfüllt. Sie sind wilde, blutrünstige Bestien. Die europäische Kultur, der sie vermeintlich angehören, ist spurlos verstoßen, aus ihrem Herzen geächtet. Sie üben nicht bloß ihre Art von Rache aus, sie töten nicht ›Untermenschen‹ in Überzahl, um ihre im Gefecht gefallenen Kameraden zu ›sühnen‹. Durch den Wahn des Übermenschentums verblendet, in ihrer aller Fesseln beraubten germanischen Barbarei total enthemmt und bis zuinnerst jeder menschlichen Regung beraubt, vernichten sie alle Spuren des Lebens, löschen jede menschliche Regung aus – um sich und in sich.

Sie töten Greisinnen und Greise, Männer und Frauen, sie durchbohren und zertreten Kinder und Säuglinge in ihren Wiegen. Dem Pfarrer trennen sie den Kopf ab, jungen Frauen, die sie zuerst vergewaltigen, schneiden sie die Brüste ab und stecken diese den zertretenen Säuglingen in den entstellten Mund. Die hemmungslose Mordlust paart sich mit jeder Form von tierischem Gelüste und sittenlosem Trieb.

Sie berauben die Häuser, zünden die wohlhabendsten an, vernichten alles Hab und Gut, das sie nicht abtransportieren können, töten die Tiere. Einziges Ziel ihres barbarischen Vorbeizugs ist Tod und Verwüstung. Und diese kurzen Schilderungen sind bloß kleine Details ihres widerlichen Treibens während einer knappen Stunde, die als eine der dunkelsten Seiten, als einer der tiefsten Abgründe menschlicher Ehrlosigkeit in die Weltgeschichte eingehen wird: Das deutsche Massaker in Dístomo.

Einige deutsche Soldaten stellen sich zum stolzen Gruppenbild auf, blutgesättigt, befriedigt von ihrem triumphalen Tun.

Der Tag neigt sich, ein großer Teil des Dorfes ist noch unbehelligt. Doch die Deutschen werden ihr verruchtes Werk unvollendet zurücklassen, denn mit der Dämmerung meldet sich auch die Angst vor der Dunkelheit und die Furcht vor möglichen Überfällen der Partisanen auf dem Rückweg. Um 18.30 Uhr rücken sie nach Levádia ab.

218 Opfer – 47 Kinder vom Säuglingsalter bis zwölfjährig, 91 Frauen, 60 Männer, 10 Ehepaare.

Langsam bedeckt die einbrechende Dunkelheit die eiskalte Stille im entseelten Dorf. Kein Ton, kein Atemzug. Tote, zerfleischte Leichen neben- und übereinander. Die wenigen Verwundeten würgen ihr Stöhnen herunter und streicheln die leblosen Körper ihrer Liebsten.

Nach der ersten Todesnacht von Dístomo erblickt die Sonne ein fürchterliches Bild. Klagen, Schmerzensschreie und Verwünschungen. Gestöhn und entsetzliches Gelächter von jenen, deren Geist den großen Schmerz nicht ertragen konnte. Peinigendes Geheul, Jammern und Wehgeschrei.

Doch der Schmerz muss eingedämmt werden, er hat der heiligsten Pflicht den Toten gegenüber zu weichen. Tagelang gräbt man den harten Boden auf in den Gärten und Vorhöfen, in den nahen Feldern und im Friedhof, um die lieben Toten zu beerdigen [...]

Dístomo, ein Ort zwischen Delphi und dem Musenberg Helikon, eine friedliche, gottergebene Gemeinde, erlebte dieses unfassbare Massaker, diese Apokalypse während einer Zeit des fürchterlichen Niedergangs der Europäischen Kultur, als ›die Wölfe schwiegen, weil die Menschen johlten.‹

In der heutigen Zeit, jetzt, da die Ideologien überwunden scheinen, wollen wir uns jene geliebten Gestalten vor Augen führen, die uns damals ohne Abschied verlassen mussten. Sie sprechen zu uns. Sie fordern uns auf, erneut an den Menschen und an seine Möglichkeiten zu glauben. Sie bitten uns, dem Menschlichen in unserem Innern einen gewichtigen Platz einzuräumen. Damit wir wieder träumen können unter dem Sternenhimmel und die zeitlosen Schritte des Friedens wahrnehmen.«

Der Tatkraft einer meiner ehemaligen Kolleginnen im Aufbau-Verlag ist es zu verdanken, dass die Verlagsleitung vor einiger Zeit der Veröffentlichung eines Taschenbuches zustimmte, das zu einem Bestseller im heutigen Deutschland nicht werden konnte. Es ist eine Sammlung von Augenzeugenberichten. Hundertundein Männer und Frauen erzählen von ihren ersten Kriegstagen, als sie noch Kinder waren und die Deutschen in Weißrussland einfielen. Auf 320 Seiten berichten die inzwischen altgewordenen Kinder und überlebenden Opfer vom Erschießen, Erhängen, Totschlagen.

Im Buch lese ich die Drohung eines deutschen Offiziers: »Wer weint, wird erschossen!« Das sagt er zu zwei Kindern, die nachts im Nebenzimmer leise um ihre getöteten Eltern weinen, die der Offizier zuvor vor ihren Augen erschossen hat und die ihn jetzt beim Einschlafen stören. Die Kinder weinen dann nicht mehr über ihre toten Eltern.

Ein russischer Junge erinnert sich:

»Einmal kam ein Deutscher zu mir und stellte seinen Fuß auf meine Schuhputzkiste, seine Stiefel waren schmutzig, und der Schmutz war alt, verkrustet. Da wir mit solchen Stiefeln schon zu tun gehabt hatten, besaß ich einen speziellen Spachtel, um erst den Dreck abzukratzen, bevor ich die Schuhkrem auftrug. Ich nahm den Spachtel, schabte nur zweimal, und das gefiel ihm nicht. Er trat gegen die Kiste und in mein Gesicht.

Ich war überhaupt noch nie im Leben geschlagen worden, Jungenprügeleien nicht mitgerechnet, das ist ein Kräftemessen anderer Art, davon gab es an Leningrader Schulen mehr als genug. Aber noch nie hatte mich ein Erwachsener geschlagen.

Kim sah mein Gesicht und schrie: ›Guck ihn bloß nicht so an! Tu das nicht ... Er bringt dich um ...‹«

Wie kommt ein deutscher Soldat dazu, einem russischen Kind mit dem Stiefel ins Gesicht zu treten, so dass ein anderes Kind um dessen Leben fürchtet? Wer hat diesem *einfachen* deutschen Soldaten so etwas beigebracht? Sein Vater, seine Mutter? Hat er keine Geschwister, Neffen, Nichten? Wie lange ist es her, dass er selbst ein kleiner Junge war?

Für seine banale Tat am Rande ist er später nie bestraft worden, von keinem Menschen und durch kein Gericht. Nie wird er davon erzählt haben, nicht weil er sich geschämt hätte, sondern weil er es einfach schnell vergessen hat.

Aber die *treue Kameradschaft* untereinander und den *Schlamm auf den Straßen*, der seine Stiefel so schmutzig gemacht und die Autos am Vorwärtskommen gehindert hat, das hat er nicht vergessen. Und er wird, wenn er die deutsche Heimat jemals wiedergesehen hat, selbst Kinder gezeugt haben, vielleicht einen Sohn. Was tut der jetzt, was denkt der über seinen Vater und den Krieg? Was weiß er überhaupt von seinem Vater und dessen Krieg, außer dem, was irgendein Guido Knopp ihm beizubringen versucht hat?

Nimmt man die Zahl der hundertundein Augenzeugen in diesem Buch, weiß man, es könnten leicht auch tausend und ein Zeuge sein mit ebenso vielen Berichten, keiner davon ein Märchen aus gleich vielen Nächten. Oder 100 000 und einer.

In Weißrussland lebten vor dem Zweiten Weltkrieg zehn Millionen Menschen. Etwa acht bis neun Prozent aller während des Krieges ermordeten europäischen Juden stammten von dort. Am Ende des Krieges waren fast alle Städte des Landes zu hundert Prozent zerstört. Die Industriebetriebe waren um 85, die Industriekapazität um 95, die Saatfläche um 45, der Viehbestand um 80 Prozent zurückgegangen. Es gab bei Kriegsende drei Millionen

Obdachlose. Erst gegen Ende der 1980er Jahre war die weißrussische Bevölkerung wieder auf ihre Vorkriegszahl gewachsen.

Zwei Millionen Kinder bei zehn Millionen Einwohnern, die Zahl ist nicht zu hoch veranschlagt. Um sie alle in dem Taschenbuch »Die letzten Zeugen« von Swetlana Alexijewitsch zu Wort kommen zu lassen, wären 6,4 Millionen Seiten nötig. Ein Buch, von seiner ersten bis zur letzten Seite einen halben Kilometer dick. Das wäre dann die Chronik der Schande unserer Großväter und Väter nur allein aus der Sicht der Kinder von Weißrussland.

# Ich habe den Büdner umgebracht

Die Bitterkeit kroch Stanislaus auf die Zunge. »Wir
haben keine Zukunft. [...] Mörder haben keine Zukunft.«
»Sie!« Feldwebel Zauderer stand wieder am
Fenster. »Ich bin kein Mörder – verstehn!«
»Niemand hier herum fragt danach,
was Sie persönlich von sich behaupten.
Sie sind hier. Das genügt. Sie sind nicht
ohne Mord hierher gekommen.« [...]
»Sie haben den Menschen Zauderer getötet,
sonst wären Sie nicht hier.«
»Und Sie?«
»Ich habe den Büdner umgebracht!« [...]
»Ich bitt Sie, wir sind Soldaten, Büdner.«
»Mörder!« schrie Stanislaus. »Wir haben nichts zu hoffen.«

*(Erwin Strittmatter, Der Wundertäter. Erster Band)*

1998, als ich an meiner Strittmatter-Biografie schrieb, hatte ich, aus-
gehend von den relativ wenigen Dokumenten aus dem Schulzenhofer Archiv, die mir bekannt waren, keine Veranlassung, Strittmatters
Kriegszeit gegenüber Misstrauen zu empfinden.

Eva Strittmatter hatte den Brief ihres Mannes an einen Kriegska-
meraden herausgesucht. Er stammt aus dem Jahre 1947, und sein
Wortlaut befindet sich allein deshalb in Schulzenhof, weil es Strittmatters Gewohnheit gewesen zu sein scheint, von dem, was er mit
der Maschine schrieb und abschickte, Durchschläge anzufertigen,
die er bei sich behielt:

»Ich kann mir immer noch nicht vorstellen, dass sie alle nicht mehr
leben sollen, mit denen man einst gute Kameradschaft unterhielt,
all die guten Kerle von der damaligen 1. Kompanie. Man kommt
sich jetzt manchmal allein und verlassen vor. – Bei Dir wird es
ja anders sein, denn Du hast inzwischen wieder neue Kameraden
bekommen und auch unter denen werden nette Kerle sein. – Wie

gefällt Dir überhaupt das Leben bei der neuen Polizei? Bist Du zufrieden?

Als ich auf der Rückfahrt von Halle das Städtchen Eilenburg passierte, sah ich unsere einstigen Baracken noch wie früher liegen. Die ganze schwere, aber oftmals auch schöne Zeit zog mich noch einmal an. Und als eine Hundertschaft Polizisten, die aus Halle kam, den Zug verließ, um in Eilenburg Station zu machen, habe ich wahrhaftig gewünscht, wieder unter ihnen zu sein. […] Mir fehlt eben die Kameradschaft. Ich wohne hier so ziemlich abgeschnitten von aller Welt an der neuen polnischen Grenze. – Nun, aber das wird wohl für mich nie wiederkommen. – Oder meinst Du, dass es Zweck hätte, wenn ich mich an meinen alten Standort Halle wenden würde, um wieder eingestellt zu werden? Entlassen bin ich eigentlich noch gar nicht. – Der Partei oder der SS noch sonst einer ihrer Gliederungen habe ich nicht angehört.

Schreib mir bitte einmal Deine Meinung darüber.«

## 1. Saalfeld

Als am frühen Morgen des 1. September 1939 mit dem heimtückischen Überfall deutscher Truppen auf Polen der zweite Teil des großen Deutschen Krieges im 20. Jahrhundert begann, wird Erwin Strittmatter vielleicht noch für eine Stunde geschlafen haben, ehe er sich zur neuen Schicht in der »Thüringischen Zellwolle« in Schwarza bei Saalfeld auf den Weg machte. Was die nächsten gut fünfeinhalb Jahre bis zum Kriegsende bringen würden, ahnt der wenige Tage zuvor siebenundzwanzig Jahre alt gewordene Chemiearbeiter ebenso wenig wie neunundneunzig von hundert erwachsenen deutschen Männern und Frauen um ihn herum.

Jubelnde Zustimmung und lässige Selbstgefälligkeit bei den Jüngeren – wie wird sich das ganze Volk in ein paar Tagen über jenes polnische Kavallerie-Regiment amüsieren, das sich den in Wellen schnell vordringenden deutschen Panzern mit gefällter Lanze entgegenzustellen versucht! –, Zurückhaltung bei manchen der Älteren, denen der August 1914 und die sich anschließenden vier Jahre Westfront noch in den Knochen stecken, die aber ihren Rachegefühlen gegenüber der endlich zu tilgenden *Schmach von Versailles* nachgeben, bei anderen vielleicht auch Desinteresse, Gleichgültigkeit, sogar unterdrückte Angst.

Ein wenig Nachdenklichkeit breitete sich erst knapp zwei Jahre später aus, nach dem Überfall auf die Sowjetunion und einem mehr zufälligen Blick auf die Landkarte. Dieses Land war für das breite Maul der Sieggewohnten doch ein bisschen zu groß, das hatten viele vorher so genau gar nicht bedacht.

Murrende Proteste waren 1939 jedoch nirgendwo zu hören oder wenigstens leise Zweifel an der Rechtmäßigkeit des ersten Überfalls und all der anderen danach.

Die meisten unserer Eltern und Großeltern, wenn sie nicht oder nicht so heftig durch die Nazi-Propaganda *fanatisiert* waren, werden gedacht haben: Nun ist er da, der Krieg, das ist eben so, Hitler wird schon wissen, was er tut, wir sind kleine Leute, wir verdanken ihm in unserem Alltag manches Gute. Sehen wir zu, dass wir durchkommen.

Mit dem ersten gefallenen polnischen Soldaten beginnt, was mit dem letzten erschossenen deutschen Volkssturmmann endet. Und neben jene erste ermordete jüdische Frau in Polen werden all die toten Frauen und Kinder überall in Europa hinsinken, bis zur letzten Berlinerin, vergewaltigt von einem Rotarmisten. Der wäre jedoch ohne den deutschen Überfall auf die Sowjetunion am 22. Juni 1941 gar nicht als Soldat nach Berlin gekommen. Und er hätte sich für die bei ihm zu Hause in unvergleichbar größerer Zahl begangenen deutschen Verbrechen an Unschuldigen, nicht nur an Frauen, sondern auch an kleinen Kindern, niemals auf diese Art *rächen* müssen.

Später wird man sich auf die *Ritterlichkeit* der deutschen Wehrmachtstruppen herauszureden versuchen. Man wird sich auf die Einhaltung der Haager Landkriegsordnung und der Genfer Konventionen berufen und versuchen, um sich selbst zu entlasten, die eigenen Leute in viele bessere und wenige schlechte einzuteilen. – Den unschuldig gefallenen Toten aber und deren überlebenden Angehörigen müssen die Motive und die Gefühle der Todesschützen gleichgültig sein.

Die Kriegswirklichkeit des Zweiten Weltkriegs betrifft von Anfang an und endgültig nicht mehr einzelne Armeen, sondern ganze Völker.

Es existiert kein Recht, das es dem Aggressor erlaubt, dem Überfallenen vorzuschreiben, wie er sich verteidigen darf und wie nicht. Aus der Sicht des Überfallenen gibt es nicht gute und schlechte Tote, sondern nur Tote und Schuldige.

Zuerst gibt es die geheimen Pläne für den Überfall auf das andere Volk. Dann kommt der Überfall selbst, dann kommen die ersten Befehle. Sie werden ausgeführt. Dann folgt die Umsetzung der Pläne, die zu einem Sieg führen sollen. Dann kommen die Korrekturen der undurchsetzbaren Pläne, dann kommt die Ausarbeitung neuer Befehle, dann werden sie erteilt. Dann werden sie ausgeführt. Am Schluss kommt die Niederlage.

Deshalb – und dem stimmen bis auf den heutigen Tage noch längst nicht alle Deutschen zu – steht vor der Geschichte fest: Weil Deutschland am 1. September 1939 ohne Not und ohne Recht Polen und anschließend die Welt überfallen hat, tragen *alle* Deutschen für *alles* in diesen Kriegsjahren Geschehene und die Art der Erinnerung daran und die Schlussfolgerungen daraus eine immerwährende gemeinsame Verantwortung.

Weil eben gerade kein Unterschied ist zwischen einem in der Stalingrader Schlacht getöteten Russen, einem während der Ardennenoffensive erschossenen Amerikaner und einem massakrierten jugoslawischen Partisanen in Slowenien, haben wir, die Deutschen, dankbar zu sein, dass die Betroffenen uns das von unserem ganzen Volk Angerichtete inzwischen verzeihen konnten und auf eine *kollektive Schuld* nicht pochen. Das ist ein großes Glück, dessen wir uns noch in ferner Zukunft würdig zu erweisen haben.

Dazu passt aber nun gerade nicht, ständig und zunehmend mehr auf die anderen und deren Verhalten im Krieg uns gegenüber hinzuweisen, und zwar so lange und immer wieder, bis fast der Eindruck entsteht, *wir* seien die eigentlichen Opfer gewesen. Das ist arrogant und würdelos.

Erwin Strittmatter wird an diesem Spätsommermorgen 1939 auf dem Weg zur Arbeit kaum an den Krieg und seine möglichen Folgen gedacht haben. Seit einiger Zeit für unabkömmlich erklärt, hat er in der Thüringischen Zellwolle in Schwarza mitzuhelfen, die deutsche Abhängigkeit von der nur noch schwer zugänglichen, kriegswichtigen Baumwolle abzulösen und sie durch den in einem stark gesundheitsgefährdenden Prozess aus heimischem Holz gewonnenen Zellstoff unzureichend zu ersetzen.

Das Werk ist im Rahmen des zweiten sogenannten Vierjahresplans zur unmittelbaren Vorbereitung des Krieges auf wirtschaftlichem Gebiet errichtet worden. In der »Werkgruppe Schwarza« werden 1941 nahezu zwanzig Prozent dieses wichtigen Rohstoffes sowie als Nebenprodukt große Mengen von Schwefelkohlenstoff und später auch Schwefelsäure erzeugt. Er ist als ein SS-Musterbetrieb deklariert worden. Als Vorstandsvorsitzender und Direktor fungiert ab 1937 SS-Brigadeführer Dr. Walther Schieber, Gauwirtschaftsberater der NSDAP in Thüringen und seit 1932 Mitglied des »SS-Freundeskreises Heinrich Himmler«, zu dem Industrielle, Bankiers und höchste SS-Offiziere gehören. Schieber hat trotz seiner martialischen schwarzen Uniform das Aussehen eines sich streng und jovial gebenden großen Kindes. Er ist bei seiner *Gefolgschaft* nicht unbeliebt. Bei Kriegsende wird er wegen gewisser Schiebereien bei seiner Führung heftig in Ungnade gefallen sein.

Strittmatter gilt inzwischen als Facharbeiter, seine Arbeit in der *Zellwolle* ist schwer, gefährlich, gesundheitsschädigend und mit dem Risiko von Fehlleistungen belastet, die leicht als Sabotageversuche auslegbar wären. Er wohnt, von der Familie getrennt, in Bad Blankenburg am Eingang des idyllischen Schwarzatals. Jeden Morgen fährt er mit der Bahn zur Arbeit, einen großen Teil seines Lohnes erhält die Familie.

Die Zellwolle in Schwarza ist ein für damalige Verhältnisse moderner Betrieb. Ein sogenanntes Gefolgschaftsbüro vertritt in beschränktem Maße auch die Interessen der Arbeiterschaft, die Löhne sind für die Zeit nicht ungewöhnlich, es gibt Sonderzulagen, ein Wohnungsbauprogramm, regelmäßige Nazi-Feierstunden, Sportfeste und sogar eine etwas laienhaft aufgemachte Werkszeitung: »Unser grünes Zet«. Die gesundheitlichen Belastungen für die uk-gestellten oder für den Militärdienst zu alten Arbeiter sind enorm, und die Arbeit ist an vielen Stellen nicht ungefährlich. In mehreren Baracken sind Fremdarbeiter untergebracht, im Laufe des Krieges werden sie zunehmend unmenschlicher behandelt.

Obwohl die Werkszeitung natürlich die politischen Verhältnisse in Nazi-Deutschland widerspiegelt, gibt es auch einen redaktionellen Teil für Freizeit und Privatleben mit Gartentipps und Kochrezepten. In diesem »Gemütsteil« veröffentlicht Strittmatter im Laufe der Zeit einige Gedichte.

Im Werksarchiv, heute auf der Rudolstädter Heidecksburg untergebracht, ist »Unser grünes Zet« nicht ganz vollständig vorhanden. In dieser Sammlung finden sich zwischen Januar 1939 und Oktober 1940 sechs Gedichte, erste Veröffentlichungen des jungen, aufs Schreiben versessenen Mannes.

In einem der späteren Lebensläufe nennt Strittmatter sein Leben zu dieser Zeit *unpolitisch* und *idealistisch versponnen*. Die Gedichte bestätigen seine Selbsteinschätzung:

*Vorwinter* »Die Berge recken sich dem Schnee entgegen. / Der Frost liegt grau auf Gräsern und auf Wegen [...] Dein Tag ist kurz, dein Weg führt in die Ferne. / Am Abend schaust du sinnend auf die Sterne, / die flimmern, und du liegst lange wach.«

*Abschied* »Eisern tönt der Schienen Sang: / scheiden, scheiden, scheiden! / Ob auch Seele, sehnsuchtskrank / leiden muss und leiden, / lockt doch tröstlich neue Welt, / überbrückend wehe Fernen. / Mut wächst, Tat winkt schienenwärts. / Scheiden, leiden — lernen!«

*Osterküken* »Ostereier aus Kindertagen / die sich auf trippelnde Füßchen gestellt. / Neugierig schiefes Köpfchentragen, / Stecknadelaugen schaun in die Welt! [...] Ostereier aus Kindertagen / Wundern erwachend sich über die Welt. / Uns lässt ein Jahr durch die Goldgelben sagen, / Dass bald sein Lenz bunten Einzug hält.« — (Direkt neben diesem Gedicht steht auf der gleichen Zeitungsseite ein anderes Gedicht. Sein Autor heißt Ernst Meixner, ebenfalls ein Laiendichter. Es trägt den Titel »Gott strafe England!« – und so ist auch sein Inhalt.)

*Herbstlied* [...] »und das alles, alles wird weiter so sein, / Wird mein Sohn und sein Sohn seh'n wie ich: / Sternenpracht in der Nacht und das Sonnenlicht bei Tag, / Wenn es zitternd durch Baumkronen bricht. / Und das alles, alles wird weiter so sein, / Wenn im Tod meine Stimme erstirbt / Und die Geige in meiner verblichenen Hand / Still zerspringt und vermodert, verdirbt. // Und das Reifen in mir und das Rufen in mir, / Das sich singend die Lippen erzwingt; / Das ist ewig, o Welt, und das danke ich dir, / Wenn das große Ja aus mir klingt. —«

*Frühlingsabend* »[...] Der Kirschbaum herbergt schwirre Käfergäs-
te, / Ein Ruch Holunder um die Zäune streicht. / Leuchtkäfer geben sich Laternenfeste, / Vom nahen Turm der Ruf des Käuzchens
gällt. / Wie stumme Wächter einer Wunder-Welt / Ragt eine Pappel
riesig in die Nacht, / Wo sie mit Sternen stille Freundschaft hält /
Und wispernd über alle Winde wacht.«

Ihr Juniheft von 1940 widmet die Zeitung »dem Gedenken unserer
toten Kameraden«.

Strittmatters Gedicht zu diesem Thema:

*Dem toten Kameraden*

Als du von uns gingst, da liefen
Die Maschinen weiter, weiter
Und wir standen und wir schwiegen;
Denn du wurdest andrer Streiter,
Um den Waffen für das Siegen
Herz und Geist und Mut zu leihn. –

Nun bist du nicht mehr im Sein,
Weil du gingst und gabst das Beste.
Wohl erwarten dich nicht Feste
Und es werden dich nicht droben
Weiße Wunderhimmel loben;
Doch in unsern Hammerschlägen
Und im Knirschen unsrer Sägen
Wirst du mit uns gehen und gehen,
Und aus unsrer Jugend Münder,
Aus den Liedern unsrer Kinder
Wird dir Ewigkeit erstehn.

Die literarische Qualität dieser Gedichte ist nicht überzeugend –
bis zu seinem ersten erfolgreichen Roman »Ochsenkutscher« ist es
für Strittmatter noch ein weiter Weg des Lesens, Probierens, Stu-
dierens, des Einholens und Akzeptierens von Ratschlägen. Sein
Empfinden wird immer das einfacher Menschen sein, aber er wird
lernen, es auszuformen bis zu größter sprachlicher Klarheit.

Eines jedoch wird aus diesen Zeilen deutlich: Es sind erste Gedichte eines Menschen, dessen Streben sich auf Harmonie und Einklang von Mensch und Natur richtet, nicht auf martialische Welteroberungsfantasien und nicht auf das zeittypische Übermenschentum, wie es in der SS, der nazistischen Eliteorganisation, gepflegt wurde.

Meldet Strittmatter sich wegen der Lebens- und Arbeitsbedingungen in der Zellwolle von sich aus zum militärischen Dienst, ist er wegen eines konkreten Vorkommnisses dazu gezwungen oder wird der Wehrpflichtige nach einer Vormusterung durch eine SS-Charge einberufen, weil man ihn an der Front braucht und seine Arbeit in der Zellwolle auch ein Älterer verrichten kann?

Die seltsame Putzsucht des Gymnasiasten ein Dutzend Jahre zurück – auf dem Klassenfoto von 1926 trägt Strittmatter als einziger von den Schülern einen korrekten Binder – war damals Ausdruck eines Minderwertigkeitskomplexes gegenüber seinen besser *situierten* Klassenkameradinnen und -kameraden. Den hat er überwunden, und in literarischen Gesprächen mit den Damen Ruetz auf dem Beulwitzer »Edelhof« war es gelegentlich schon um kulturell *Höheres* gegangen, schließlich war er dort deutlich mehr als ein zuverlässiger Kraftfahrer gewesen.

Noch gehört er, wie seine ganze Familie, zu den *kleinen Leuten*, denen die Verhältnisse bisher nicht die Möglichkeit gegeben haben, es im Leben wirklich zu etwas zu bringen. Das könnte sich jetzt verhältnismäßig schnell ändern. Schon auf einem Foto aus dem Jahre 1935 trägt Bruder Heinrich stolz den Gefreitenwinkel an seiner Uniform, und in einem viel späteren Fragebogen wird Erwin Strittmatter die NSDAP-Mitgliedschaft seines Vaters (ab 1942, in einer anderen Biografie ab 1944) mitteilen.

Eva Strittmatter erwähnt in ihrem 2008 erschienenen Interviewband aus der Kenntnis von Briefen, die Strittmatter in jener Zeit an seine Eltern schrieb, er habe sich bei Kriegsbeginn freiwillig melden *wollen*. Ob er das auch getan hat und zu welcher militärischen Formation, geht aus dieser Mitteilung nicht hervor. Und bis jetzt ist auch kein schriftliches Beitrittsgesuch aufgetaucht, ob zur Wehrmacht, zur SS oder zu einer Polizei-Einheit.

Soll das Verhalten unserer Väter und Großväter politisch, moralisch, charakterlich bewertet werden, müssen wir unser heutiges, sehr viel umfassenderes Wissen beiseite lassen. Dieses Wissen wurde schließlich mit einer Unzahl von Toten bezahlt, und inzwischen ist fast ein dreiviertel Jahrhundert mit gewachsenen Erkenntnissen und Erfahrungen vergangen. Es sind allerdings noch immer genügend Menschen unter uns, für die ein solches Wachstum nur begrenzt oder gar nicht zutrifft. Das erfahren wir heute jeden Tag.

Deshalb haben wir uns zu bemühen, jenes Denken nachzuvollziehen, das damals die Köpfe unserer Väter und Großväter beherrschte, die als einfache Menschen nicht schlechter und nicht besser waren, als wir es sind in unserer, mit den vielfältigsten, oft einander widersprechenden Informationen überschwemmten Zeit voller neuer Ungerechtigkeiten.

Ich höre gerade die eher beiläufige Fernsehnachricht, ein Trupp militanter jüdischer Siedler habe auf palästinensischem Grund und Boden in dunkler Nacht die Olivenhaine der seit Menschengedenken dort ansässigen Bauern mit Motorsägen zerstört und alle Olivenbäume, Existenzgrundlage der Bauern und uraltes Symbol des Friedens noch dazu, bis auf die Wurzeln absägt. »Haben *wir* denn Steine auf die Fremden in unserem Land geworfen? Oder haben gar die Bäume *selbst* mit Steinen geworfen?« Das fragt einer der betroffenen alten Bauern.

Wie auf Abruf seh ich eine Theaterbühne vor mir und hör ein Lied – und kann die Erinnerung nicht verdrängen: »... die Oliven gedeihn, der Krieg ist vorbei ...«, Aristophanes' »Der Frieden«, bearbeitet von Peter Hacks, dem deutschen sozialistischen Dramatiker, die Inszenierung des Franzosen Benno Besson am Deutschen Theater in Berlin, irgendwann in den sechziger Jahren. In der Hauptrolle der später zum jüdischen Glauben konvertierte deutsche Schauspieler Fred Düren. Das berühmt gewordene Lied von André Asriel, dem österreichischen Juden. Das hab ich vor fast einem halben Jahrhundert gehört und gesehen, und es ist sofort wieder da. »... die Oliven gedeihn, der Krieg ist vorbei ...« – Was soll ich tun mit der aktuellen Meldung von gestern und dieser Erinnerung?

Die Mehrheit der jungen Männer, quer durch alle Schichten, fand sich 1939 freiwillig und ohne jedes Schuldbewusstsein zur Teilnahme am Krieg bereit und war doch nicht von vornherein schlecht und verdorben.

Fast jeder von ihnen hatte nach dem Ende des Ersten Weltkriegs die Worte vom gedemütigten *Volk ohne Raum*, vom *äußeren Feind* und vom *Schutze des Vaterlandes* im Munde geführt.

Das hätte auch für Strittmatter zu gelten in Bezug auf die bisher unbewiesene Feststellung, er habe sich für die damals neu gegründeten Einheiten der Waffen-SS beworben. Zu dem Zeitpunkt, als das geschehen sein soll, wie es einer der mit diesen Vorgängen befassten Historiker genau zu wissen angibt, hatte die SS-*Elite in Schwarz oder Feldgrau* ihre schrecklichen Kriegsverbrechen noch nicht begangen. Die sadistischen Mordtaten, zum Beispiel als Wachmannschaften in den Konzentrationslagern, hatten durchaus nicht in aller Öffentlichkeit stattgefunden. Wenn jedoch jemand etwas davon wusste oder ahnte und darüber sprach, konnte er allzu leicht selbst im Konzentrationslager landen.

Heute, natürlich, die Enkel ... Aber wie viel wissen sie eigentlich wirklich, wie vieles ist ihnen *mit aller Kraft* beigebracht worden und ohne immer wieder relativierendes Wenn und Aber?

Auch ein damals junger Mann wie Erwin Strittmatter mit seinem speziellen sozialen Hintergrund wird anfangs von den bereits innerhalb der Grenzen Deutschlands begangenen Gräueltaten der SS kaum gewusst haben. Gleich vielen seiner Altersgenossen hatte er Hitlers programmatisches Buch *Mein Kampf*, in dem alles geschrieben steht, was geschehen wird und dann auch geschah, nicht gelesen: Es ist ja als Buch auch kaum lesbar.

Die geflüsterten Gerüchte von antisemitischen und antikommunistischen Ausschreitungen und Gräueltaten wird er – gleich vielen – in ihrem schrecklichen Ausmaß nicht begriffen haben. Und das in der Öffentlichkeit vor allem größerer deutscher Städte *sichtbar* brutale Verhalten der SA – der ja auch nicht wenige Deutsche angehörten – wird er deutlich *anstößiger* gefunden haben als jenes nach außen hin *schneidige* Auftreten von Himmlers Schwarzer Truppe SS.

Was die SA in ihren *Sturmlokale* genannten Folterkellern (zum Beispiel in der Berliner Arbeiterkneipe Demuth, Berlin-Köpenick,

Pohlestraße 13) mit ihren Gefangenen trieb, war draußen gut zu hören und zu sehen.

Sicher hat Strittmatter im thüringischen Saalfeld vom Lager Buchenwald bei Weimar gewusst – hinter vorgehaltener Hand war es ihm mitgeteilt worden, und immerhin war er nicht selten mit dem Auto der Schwestern Ruetz in die *Gauhauptstadt* gefahren.

In jener Vielzahl von Dörfern hingegen, in denen nur wenige oder gar keine Juden lebten und wo es widerständige organisierte Kommunisten, Sozialdemokraten und Christen der Bekennenden Kirche nicht gab, war die Situation anders als in vielen der größeren Städte: Die SS trat auf dem Lande kaum in Erscheinung, und auch die SA fiel mangels organisierter Gegner nicht negativ auf, eher im Gegenteil. Das gilt nicht nur für die frühe Nazizeit, sondern mindestens auch noch für die erste Zeit des Krieges, als die Massendeportationen der jüdischen Mitbevölkerung noch nicht so perfektioniert waren.

Es ist ein großer Unterschied zwischen einer verkündeten Parole *Der Jude ist unser Unglück* und dem, was zu deren praktischer Umsetzung geschehen konnte. Wenn man den brutalen Abtransport des freundlichen Schulkameraden, dessen Eltern und kleiner Schwester vom Straßenrand her und unter den Augen hämisch grinsender Nachbarn miterlebte, war es doch etwas anderes, als wenn die jungen, sympathischen SA-Männer eines Dorfes sich beim Löschen einer in Brand geratenen Scheune hervortaten. Alles das geschah nebeneinander her, und es geschieht fast immer so, auch heute.

Wie man sich eine *freiwillige* Werbung für die SS vorzustellen hat, beschreibt Heinz Knobloch, Feuilletonist und Bewahrer historischer Ereignisse, aus eigenem Erleben. Er war Anfang 1943 siebzehn, hatte eine Lehre im *Deutschen Verlag* begonnen und wusste schon viel mehr, als Strittmatter drei Jahre früher wissen konnte. Knobloch wird zu einer abendlichen Vollversammlung der Hitler-Jugend bestellt:

»Der Redner vorn machte keine Umschweife: ›Ihr wisst, dass der Führer nächsten Monat Geburtstag hat. Die deutsche Jugend hat beschlossen, ihm diesmal ein besonderes Geschenk zu überreichen. Sie wird ihm eine SS-Division schenken! Die SS-Division ›Hitlerjugend‹! Und ihr habt die große Ehre, dieser Division anzugehören.‹

O weh! Zwar waren wir gemustert worden und wussten, dass wir im Lauf des Jahres eingezogen werden würden. Aber auf diese Weise? Und gar zur SS? Du bist verdammt hilflos in solch einer Situation. Es war nicht das letzte Mal.

Als Geburtstagsüberraschung! Als ob er die sich nicht selber bestellt hätte. So weit dachte ich damals nicht. Sie machten sich die Gläubigkeit junger Menschen zunutze. Vermutlich glaubten manche, Hitler würde am 20. April mit frohem Erstaunen gucken über solche Gabe, die er gut brauchen konnte.

Um sein Angebot verlockender zu machen, bot der Redner an: ›Jeder, der sich für zwölf Jahre verpflichtet, bekommt danach 15 000 Reichsmark ausbezahlt! Wer sich für die Dauer des Krieges verpflichtet, erhält hinterher zwischen 8 000 und 10 000 Mark.‹ Traumsummen für einen Lehrling, der 40 Reichsmark im Monat verdient.

Die Waffen-SS, entstanden 1939 zu Kriegsbeginn, hatte schon mehrfach bunte Kataloge in den Schulen verteilen lassen. Unsere Lehrer forderten uns, teils aus Begeisterung, teils aus Gründen ihrer Selbsterhaltung, regelmäßig auf, uns freiwillig zu melden. Außerdem tauchten immer wieder ehemalige Schüler unseres Gymnasiums als ordensgeschmückte Helden in der Aula auf. Ferner führten Werbe-Offiziere der verschiedenen Waffengattungen ihre Truppe vor. [...]

Schwieriger war es, den Werbern der Waffen-SS auszuweichen. Sie wollten nicht bloß Offiziere, sondern Mannschaften und fragten hartnäckig. [...]

Von den rund dreihundert im Saal kam jetzt vielleicht ein Dutzend nach vorn und unterschrieb. Das war ihm zuwenig. Daher sagte er, jeder solle sich ein paar Minuten mit seinem Nachbarn beraten und dann nach vorn kommen und sich freiwillig melden. Sie wollten nur Freiwillige. Ich wusste, dass ich nicht unterschreiben würde. Ich wollte nicht zur Waffen-SS und bin ihr auch im Herbst 1943 entgangen. Sie sahen mein Gesicht – und fragten mich erst gar nicht. War das etwa keine Auszeichnung?«

Die Werbeaktion für die SS, wie sie Heinz Knobloch schildert, richtete sich an Jugendliche, die immerhin wussten, was sich gerade vor wenigen Wochen in Stalingrad ereignet hatte. – In den Jahren zuvor, 1939/40 werden bei vergleichbaren Aktionen deutlich größere Erfolgsraten zustande gekommen sein.

Alles das ist in seiner Widersprüchlichkeit typisch für die damalige Zeit und darf nicht zu Vereinfachungen Anlass geben.

Damit hat sich übrigens schon 1965 der Dokumentarfilm des russischen Regisseurs Michail Romm beschäftigt: »Der gewöhnliche Faschismus«. So gut wie meine ganze Generation im Osten hat diesen Film gesehen. Wer im Westen kennt ihn wenigstens dem Namen nach? Und wem von den Jüngeren in West und Ost ist er bekannt – als ausgleichende Ergänzung zu Guido Knopps eindimensionalen ZDF-Werken zum Thema Faschismus in Deutschland?

Der Mehrzahl aller Deutschen ging es in der Nazizeit materiell deutlich besser als in den letzten Jahren der Weimarer Republik. Das hatten Staat, Wirtschaft und Banken mit all ihren zurückgehaltenen finanziellen Reserven und stillgelegten Produktionskapazitäten so eingerichtet. Wer sonst soll es denn gewesen sein, der zum Beispiel das Geld für den beinahe *sagenumwobenen* Autobahnbau und die anzukurbelnde Rüstungsindustrie herbeischaffte? *Exportweltmeister* von Waffen waren die Deutschen damals nicht, und der Gewinn in diesem stark expandierenden Wirtschaftsgebiet wurde zu Hause gemacht. Wer also hat mit welchem Geld investiert, und wer hat bezahlt?

Selbstverständlich gilt vor der Welt: Das prinzipielle und allgemeine deutsche Unrecht mit all seinen Folgen kann weder durch ein »Das haben wir nicht gewusst« noch durch ein »Das haben wir nicht gewollt« ungeschehen gemacht werden. Vom Ende her gesehen schon gar nicht. Niemand hat gar nichts gewusst und niemand hat gar nichts gewollt von dem, was nach Hitlers legaler Machtübernahme in Deutschland geschah.

Am 15. April 1940 fertigt ein SS-Untersturmführer eine Karteikarte aus, die Personalangaben zu Erwin Strittmatter und Angaben über Größe, Augenfarbe, Gesundheitszustand, Religionszugehörigkeit usw. enthält. Aus welchem Anlass dies geschah und wozu es diente, ist nicht ersichtlich. Die als Kopie einer aus dem ehemaligen Berlin Document Center der Amerikaner in Westberlin in den Besitz des Bundesarchivs gelangte Karteikarte lässt als Archivdokument nicht erkennen, welcher Herkunft sie zugeordnet war und in welchem ursprünglichen Aktenzusammenhang ihre Archivierung erfolgte. Die Ausfertigung der Karte durch einen SS-Untersturmführer lässt keineswegs zwingend den Schluss zu, sie könne allein auf Strittmatters freiwillige Meldung zur SS oder Waffen-SS zurückzuführen sein, wie dies verschiedentlich spekulativ ins Feld geführt wird.

Es ist deshalb keineswegs mit Sicherheit nachvollziehbar, ob Strittmatter aus eigenem Antrieb zu einer durchaus möglichen Eignungsbesichtigung gegangen ist, aus bestimmten Gründen zu ihr aufgefordert wurde, ob das Ganze Teil einer routinemäßigen militärischen Musterung war oder alles in einem ganz anderen Zusammenhang geschah. Es bleibt unbewiesen bis zur Vorlage eines eigenhändigen Aufnahmegesuchs oder eines anderen glaubhaften Dokuments.

Dass Strittmatter nicht Angehöriger der Waffen-SS oder gar Mitglied der allgemeinen SS war, sollte schon vor allem deshalb als sicher gelten, weil ein späterer Mitgliedsnachweis (zum Beispiel anhand einer SS-Registriernummer) oder irgendjemandes eidesstattliche Erklärung, unter Strittmatters linkem Oberarm die SS-übliche Blutgruppentätowierung oder die Narbe nach deren Entfernung gesehen zu haben, fehlen.

Amerikanische Soldaten und tschechische Polizeibeamte, die Strittmatter im Frühjahr 1945 im böhmischen Wallern aufgriffen und befragten, haben mit Sicherheit nach dieser Tätowierung oder einer Narbe an deren Stelle gesucht und beides nicht gefunden. Sie hätten ihn ohne diesen kontrollierenden Blick keinesfalls sofort wieder freigelassen.

Die Karteikarte trägt in fortlaufender Reihenfolge die Nummer 8204 und ist ausgefüllt von deutscher Beamtenhand. Die Herkunftsorte von Eltern und Großeltern werden verzeichnet.

Diese Rubriken sind im gleichen Wortlaut auch im Deutschen Einheits-Familien-Stammbuch meiner Eltern vorhanden, an sie ausgegeben anlässlich ihrer Eheschließung am 23. Dezember 1939. Sie finden sich in sehr vielen Dokumenten aus der Nazi-Zeit.

Ein Hinweis auf den bei der SS üblichen, über längere Zeiträume zurückreichenden *Ariernachweis* fehlt auf dieser Karte, und so sind dort noch nicht einmal Strittmatters slawisch-sorbische Vorfahren mütterlicherseits vermerkt. Eine gründliche gesundheitliche Untersuchung, wie bei einer gewöhnlichen Musterung üblich, ist anhand dieser Karte ebenfalls nicht erkennbar. Unter Religion steht die altgewohnte bürgerliche Formulierung »o. Glaube«, der Untersturmführer korrigiert sie in seiner entschlossenen steilen Schrift zu »gottlos«. Denn *ohne Glauben* hat ein künftiger SS-Anwärter nicht zu sein, ohne Kirchenzugehörigkeit schon. Er hat in bedingungsloser Ergebenheit dem Führer und seiner *Mission* zu leben.

Wäre derjenige, der diese Karte routinemäßig vorausgefüllt hat, ein SS-Angehöriger oder bei der SS angestellt gewesen, hätte er die Sprachregelung natürlich gekannt. Bei einem »einfachen« Angestellten auf dem Wehrkreiskommando in Saalfeld muss dieses spezielle Wissen nicht vorausgesetzt werden.

In den Spalten »Parteiverhältnis« und »Erbgesundheitliche Angaben« sind Striche eingetragen. Körperbau, Haltung, Hautfarbe, Schädel-, Nasen-, Lippenform und weitere Merkmale ergeben für den *wendischen Kito*, sicher ohne dass ihm das mitgeteilt wurde, eine *SS-spezifische Nichteignungsformel*, die, jedenfalls im Jahr 1940, seine unzureichende *Qualifikation* für die SS ausweist. Es kommt nicht zur Übernahme in die Waffen-SS, und um einen Beitritt zur allgemeinen SS als einer Gliederung der NSDAP kann es in Strittmatters Fall nicht gegangen sein. Die wäre leicht nachweisbar, fällt aber negativ aus.

Es kann davon ausgegangen werden, dass an Strittmatter, einem Mann im 28. Lebensjahr in besonderer sozialer Situation, einem Familienvater von zwei Kindern und mit sehr untypischem politischem Werdegang zu diesem Zeitpunkt (1940) weder als Mitglied der Allgemeinen SS noch der Waffen-SS seitens dieser Organisation irgendein Interesse bestand.

Was kann aber der Anlass für das Anlegen einer solchen allgemeinen Karte gewesen sein, wie sie bekannt geworden ist?

Es wäre theoretisch zwar möglich, dass eine erste Beurteilung von Strittmatters Eignung für die SS auf seine Bereitschaft zurückgeht oder seinem Wunsch folgt, der SS oder der Waffen-SS beitreten zu wollen. Man würde ihm jedoch höchstwahrscheinlich schon *vor* der oberflächlichen körperlichen Untersuchung, wie sie durch die Karte dokumentiert ist, mitgeteilt haben, dass man ihn schlicht nicht brauche.

Diese Variante hat keinen höheren Wert als den einer unbewiesenen und sicher auch unbeweisbaren Vermutung.

Strittmatter arbeitete zu dieser Zeit in einem von der SS geführten Betrieb. Er könnte *gefragt* worden sein, ob er seinen Wehrdienst vielleicht bei der Waffen-SS ableisten wolle, er könnte sich dazu bereit erklärt haben und ist auf eine Eignung vorgeprüft worden. Diese zweite Variante ist aus den genannten Gründen ebenso unwahrscheinlich wie die erste.

Die Karte kann angelegt worden sein, weil Strittmatter in einem SS-Musterbetrieb tätig war und deshalb lediglich oder im Zusammenhang mit Nachforschungen zur Person und im Rahmen »sicherheitspolizeilicher Überprüfungen« von einem SS-Offizier registriert wurde.

Strittmatter hat sich von sich aus zur Schutzpolizei gemeldet. Daraufhin ist versucht worden, ihn unter diesen besonderen Bedingungen und in genau diesem Zusammenhang zum gewünschten, jedoch nicht vorgeschriebenen Eintritt in die SS zu bewegen.

Alle Spekulationen beiseite gelassen: Strittmatter könnte routinemäßig zum Wehrkreiskommando Saalfeld einbestellt und dort vorgemustert oder gemustert worden sein.

Möglicherweise hat der erwähnte SS-Untersturmführer auf dem Wehrkreiskommando an diesem Tag Dienst getan, weil er, und nicht ein Wehrmachtsoffizier, dem Rhythmus eines festgelegten Dienstplans folgend, die Musterung leitete. Oder dieser SS-Mann war als Interessenvertreter seiner militärischen Organisation an der Vormusterung beteiligt, wie das mit anderen militärischen Spezialeinheiten (Panzer-, Flieger-, Marine-Truppen usw.) auch üblich war. Mit der Absicht eines späteren Werbungsversuchs ist Strittmatters grundsätzliche SS-Eignung überprüft worden, so wie es unter den Vertretern spezieller Teilbereiche der Wehrmacht in Bezug auf körperliche Verfasstheit, Bildung, politische Haltung, *rassische* Eignung, Spezialkenntnisse usw. üblich war – auf den Wunsch des zu Rekrutierenden hin oder nicht, dessen Bereitschaft voraussetzend oder nicht.

Durchaus in Konkurrenz zur Wehrmacht war der beisitzende SS-Offizier bestrebt, mögliche SS-Kandidaten aus der Menge der künftigen Rekruten für seine Organisation vorauszuwählen. Das kann mit oder ohne deren Wissen, aber auch auf den direkten Wunsch des zu Musternden hin geschehen sein.

Den strengen Maßstäben des Jahres 1940 mit seinen damals

nicht mehr als 100 000 *reindeutschen* Männern bei der Waffen-SS genügte Strittmatter nicht, jedoch durchaus denen der Schutzpolizei-Einheiten.

Der verschlüsselte Vermerk auf der Karte hat Strittmatters Nichteignung für eine SS-Mitgliedschaft zum Inhalt. Eine durchaus mögliche Vormusterung oder Musterung in Richtung SS, ob er sie persönlich beantragt hat oder nicht, bleibt für ihn folgenlos.

Genau zu dieser Zeit werden vor allem in der militärischen Region, zu der Saalfeld gehört, die Mannschaften für das 1940 in Dresden aufgestellte Polizei-Bataillon 325, Strittmatters späterer Diensteinheit, ausgewählt. Die Rekruten für dieses Bataillon wie für alle Polizei-Einheiten sollen *möglichst* SS-tauglich sein. Zufällige freiwillige Meldungen werden kaum ausgereicht haben, um diesen allgemeinen Wunsch der Polizeiführung zu erfüllen.

Es ist deshalb möglich, dass vorausgewählte Männer darauf überprüft wurden, ob sie für eine Zugehörigkeit zur Waffen-SS oder für eine SS-Werbung innerhalb des künftigen Polizei-Bataillons 325 in Betracht kämen oder welche körperlichen und *erbgesundheitlichen* Gründe sie von einem solchen Werbungsversuch von vornherein ausschlössen.

Vorbedingung für den Eintritt in das Polizei-Bataillon 325 war eine SS-Mitgliedschaft allerdings keineswegs. Das galt für alle Polizei-Einheiten bis zum Ende der Nazi-Zeit, und so waren die wenigsten Angehörigen der Polizei zugleich auch SS-Mitglieder. Allein das höchste Führungspersonal, also die auf diese Posten gesetzten obersten Offiziersdienstgrade und Generäle, waren in der Regel langjährige SS-Mitglieder, auch sie behielten allerdings ihren ursprünglichen Polizei-Dienstgrad und bekamen zusätzlich einen dementsprechenden bei der SS.

In je feinere, oft auch von lokalen Gewohnheiten geprägte Bereiche militärischer Strukturen der Nazi-Zeit man von heute her einzudringen versucht, desto verantwortungsbewusster ist jede nicht eindeutig beweisbare Vermutung zu formulieren. An einem bestimmten Punkt der Nachforschungen, der für die moralische Beurteilung eines Einzelnen von großer Bedeutung sein kann, mischen sich der objektiven Forschung subjektive Faktoren in nicht geringer Stärke bei.

Sicher ist die Methodik des Historikers von generellem Misstrauen gegenüber allem Subjektivem bestimmt, dennoch dürfen am Ende allein nur wirklich Schuldige auch beschuldigt werden.

Schon in der Weimarer Zeit waren kasernierte Polizei-Einheiten gebildet worden, um auch auf diesem Wege die Obergrenze des von den Siegermächten festgelegten Hunderttausend-Mann-Heeres überschreiten zu können. Diese Formationen wurden nach Hitlers Machtübernahme teils in die Wehrmacht integriert, teils blieben ihre militärpolizeilichen Strukturen erhalten.

Am 17. Juni 1936 war die Zusammenfassung der bisherigen Länder-Polizeien zu einer einheitlich strukturierten, dem Reichsministerium des Inneren unterstellten »Deutschen Polizei« erfolgt. Chef der in zwei Hauptämter untergliederten Polizei war von da an der Reichsführer der SS, Heinrich Himmler, dem auch das Deutsche Rote Kreuz, verschiedene andere zivile Einrichtungen, Betriebe und Verlage unterstanden.

Bereits vor Hitlers Machtübernahme war die SS innerhalb der Nazibewegung eine Art parteiinterne Polizeitruppe gewesen, die zum Beispiel während des sogenannten Röhm-Putsches in dieser Funktion handelte. Zwar unterstand die gesamte deutsche Polizei ab 1936 der SS – Teil dieser Organisation war sie jedoch zu keiner Zeit. Und es wäre falsch, jede Rotkreuzschwester, jeden Flaschenabfüller der dazumal SS-eigenen Mineralwasserfirma »Apollinaris« oder eben jeden Polizisten im Nazi-Reich a priori zum SS-Mitglied zu machen, auch nicht, wenn er, wie Strittmatter, später in einer Einheit mit dem Zusatz der Doppelrune Dienst tat.

Neben dem Hauptamt Sicherheitspolizei (Kriminalpolizei, Gestapo, SD) war ein deutlich größeres Hauptamt Ordnungspolizei gebildet worden. Zur Ordnungspolizei gehörten neben anderen kleineren Teilbereichen vor allem Schutzpolizei, Gendarmerie und Gemeindepolizei. Beiden Hauptämtern waren jeweils die zivilen wie auch militärischen Bereiche zugeordnet. Zusätzlich zu den dem Hauptamt Ordnungspolizei unterstellten Schutzpolizei-Einheiten waren später stets auch Angehörige der Sicherheitspolizei im militärischen Einsatz.

Bei befohlenen Vergeltungsaktionen, etwa bei sogenannten Sühne-Maßnahmen nach einem festgelegten Muster, zum Beispiel fünfzig oder hundert willkürlich ausgewählte Einheimische für einen von den Partisanen erschossenen Deutschen zu töten, hatten in der Regel mit juristischer Vollmacht ausgestattete Angehörige der Sicherheitspolizei die Todeskandidaten zu bestimmen, während ausgewählte Schutzpolizisten als Teil der Ordnungspolizei die Hinrichtungsstellen absperrten und noch andere ausgewählte Schutzpolizisten die Erschießungsbefehle ausführten.

Bei Kriegsbeginn 1939 betrug die Gesamtstärke der militärischen Ordnungspolizei ca. 120 000 Mann, bis August 1940 wuchs sie auf fast eine Viertelmillion, blieb aber gegenüber der Höchstzahl von rund zwölf Millionen Angehörigen der Hitler-Wehrmacht vergleichsweise gering.

Um im bevorstehenden Krieg innerhalb Deutschlands und in den besetzten Ländern und Gebieten zusätzliche polizeiliche Aufgaben zu erfüllen, zum Beispiel die Bewachung kriegswichtiger Gebäude und Objekte, Streifendienste, Bekämpfung der Kriminalität, Verkehrs- und Transportüberwachung, Kontrolle der Märkte und des Handels, Gefangenenbewachung und auch die Verhinderung eventueller Arbeitsniederlegungen und Protestaktionen, war schon 1938 beim Einmarsch in Österreich der sogenannte »verstärkte Polizeischutz« gebildet worden.

Von Anfang an war die Ordnungspolizei vor zusätzliche Aufgaben gestellt, die sich aus der diktatorisch-terroristischen, völkerrechtswidrigen und rassistischen Nazi-Politik ergaben: Unterbindung von Schwarzhandel, Bestrafung von Verstößen seitens der Zivilbevölkerung gegen militärische Anordnungen in den besetzten Ländern und Gebieten, willkürliche Festnahmen von Zivilisten zur Zwangsarbeit in Deutschland, Beschaffung von Lebensmitteln für das deutsche Militär (pseudolegal gegen Wertgutscheine oder schlicht als Raub), Razzien, Bewachung von Gefängnissen, zivilen und militärischen Zwangslagern und Ghettos für die jüdische Bevölkerung, Deportation von Juden in Konzentrations- und Vernichtungslager bis hin zur massenhaften Erschießung jüdischer und nichtdeutscher Frauen, Kinder und Männer jeden Alters sowie die Ausführung befohlener willkürlicher Geiselerschießungen im feindlichen Hinterland kämpfender Partisanen und Zivilpersonen. Vor allem für die letzteren Aufgaben wurden sie nicht ausgebildet, und sie wussten anfangs während ihrer Rekrutenzeit auch nicht, was sie erwartete.

In den Aufenthalts- und Umkleideräumen des SS-nahen Nazi-Musterbetriebs Thüringische Zellwolle AG Schwarza (Saale) lag Werbematerial aus, das Angehörige jener schon etwas älteren Jahrgänge, zu denen Strittmatter gehörte, zum Eintritt in die Schutzpolizei aufforderte. Der Dienst bei einer von deren Einheiten war dem Militärdienst in der Wehrmacht gleichgestellt.

Die schon erwähnte Karteikarte mit der Unterschrift eines SS-Untersturmführers ist derzeit das einzige Dokument, das über Strittmatters Weg vom uk-gestellten Mitglied der *Arbeitsfront* zum Polizei-Rekruten beschränkte Auskunft gibt.

Nach seiner Besichtigung durch den SS-Offizier geht Strittmatter noch für fast ein Jahr, bis zum 20. Februar 1941, zu seiner täglichen Schicht.

Es wird wohl so sein, dass Strittmatter, als er in Saalfeld nach regulärer Musterung zum regional organisierten militärischen Polizeidienst einberufen war, annahm, es damit verhältnismäßig gut getroffen zu haben. Vielleicht würde er ausländische Kriegsschauplätze gar nicht betreten müssen, oder seine Tätigkeit dort würde sich in der Bewachung militärischer Objekte und Handelskontrollen erschöpfen – so jedenfalls dachten anfangs zahlreiche seiner Polizei-Kameraden, von denen viele, wie auch er, gemessen an den übrigen Wehrpflichtigen, schon nicht mehr ganz jung waren oder bereits als polizeidiensterfahren galten.

Für das Ausscheiden Strittmatters aus der Thüringischen Zellwolle in Schwarza, könnten drei Gründe in Frage kommen:

1. Er hat den Betrieb nach routinemäßiger Musterung, Einberufung und freiwilliger Meldung zum militärischen Polizeidienst auf dem dazumal üblichen Weg verlassen.

2. Er wurde für den Dienst im neu aufzustellenden Polizei-Bataillon 325 ausgewählt, aus dem SS-unterstellten Betrieb weggeholt und für eine militärische Polizei-Reserve-Einheit rekrutiert, da er die Kriterien dafür von seinem Alter, seiner Bildung und seinem äußeren Auftreten her erfüllte.

3. Er wurde wegen einer Unbotmäßigkeit gegenüber Vorgesetzten aus dem Betrieb entfernt und zum Polizei-Reserve-Dienst einberufen.

Im Archiv der Thüringischen Zellwolle ist ein einmaliger Perso-
nalvorgang einzusehen, der wegen seiner Bedeutung für Betriebs-
frieden und Erhalt der Machtverhältnisse gesondert im Büro der
Werksleitung abgelegt wurde. Es handelt sich um die Personalakte
des 1899 geborenen Otto Arno Hugo Kohl.

Im vorgedruckten Einstellungsbogen sind mehrere Fragen an
die Ortsgruppe Rudolstadt der NSDAP aufgelistet: Wie stand der
Einzustellende vor der Machtübernahme zur Partei? Welchen Organisationen und Verbänden gehörte er vor und nach der Machtübernahme an? Wie ist sein Charakter? In welchen Kreisen verkehrt
er. Was ist seine Staatszugehörigkeit? Und direkt gefragt: »Halten
Sie ihn für würdig und vor allen Dingen für politisch zuverlässig,
um im Werk beschäftigt zu sein?«

Die NSDAP-Ortsgruppe antwortet, Kohl habe vor 1933 der
KPD sehr nahe gestanden und sei kein Mitglied der NSDAP gewesen. Erst nach der Machtübernahme habe er zum *Führer* und seinen Zielen hinfinden müssen. Er genieße einen guten Leumund.

Kohl wird eingestellt.

Inzwischen hat er sich in der Abteilung Spinnerei an einer Spinn-
maschine eingearbeitet und gilt als zuverlässig. Bis zu dem Vorfall
am 5. August 1940. Die Schicht hatte früh 7.00 Uhr begonnen,
und im Laufe des Vormittags »saute das Band«. Bis dahin hatte sich
keiner von den Meistern an den Spinnmaschinen sehen lassen.

Denkbar ist, dass Strittmatter ebenfalls eine solche, etwas ent-
fernter stehende Maschine beaufsichtigt hat. Endlich taucht einer
der Meister auf und fährt den Kohl an: »Was macht ihr faulen
Schweine eigentlich!« Kohl antwortet zunächst ziemlich gelassen:
»Da stellen Sie sich doch selbst her und überzeugen sich, dann können Sie erst reden!«

Wer wen zuerst am Kragen fasst, bleibt unklar. Es kommt zu
Handgreiflichkeiten zwischen dem Meister und Kohl. Der Ober-
meister tritt hinzu. Der fordert Kohl zum Mitkommen auf. Kohl
schlägt vor, einen Wachmann anzurufen. Dann komme er mit. Ge-
genseitige wüste Beschimpfungen der Kontrahenten: »Halten Sie
Ihre Schnauze, Sie Lausejunge!« Kohl wird ein Bein gestellt, oder er
stellt ein Bein, er stolpert.

Kohl sagt später aus, das alles sei »deutscher Volksgenossen« un-
würdig. Er wird zunächst ins Klärwerk versetzt. Dann erhebt er An-

klage vor dem Arbeitsgericht der Deutschen Arbeitsfront. Er nennt für eine spätere Untersuchung des Vorfalls mehrere Zeugen, die Gegenseite tut ein Gleiches.

Die Schuld, jedenfalls eine erhebliche Mitschuld der Vorgesetzten des Kohl an dieser Havarie ist vor der gesamten Abteilung so offensichtlich, dass die Werkleitung sich um eine gütliche Einigung bemüht: Kohl solle seine Anklage vor dem Arbeitsgericht zurückziehen. Das tut er. Der Vertrauensrat des Betriebes entscheidet, dass Kohl im Werk bleibt und ein weiteres Mal versetzt wird, nun wieder auf den besseren Arbeitsplatz an einer Trichterspinnmaschine. Schieber, der SS-Betriebsleiter, wirbt in einer Rede vor seiner »Gefolgschaft« um »sittliches Verhalten untereinander«.

Strittmatters Name taucht in diesem Zusammenhang an keiner Stelle auf. Auch anderswo in den grob aufgearbeiteten Zellwollakten ist ein solcher Bezug nicht zu finden.

Dass er aber, wie jeder Werksangehörige, von diesem Vorgang auf jeden Fall gewusst hat, steht außer Frage. Obwohl es in der *Zellwolle* immer wieder Störungen und kleinere Havarien gegeben hat, scheint es so, dass ihm gerade dieser schwerwiegendste Vorfall für seine spätere Erzählung »Die Katze und der Mann« in »Ein Dienstag im September« als Anregung gedient hat:

»Hardel hatte der Sozialdemokratischen Partei angehört. Das stand in seinen Papieren, er war belastet, ihm durfte kein Fehler unterlaufen. In einer Nachtschicht musste er die Maschine eines erkrankten Kollegen mitbedienen. Er hinkte kontrollierend zwischen vier Maschinen hin- und her, und da geschah's, dass er in einer Rührmaschine die Ätznatronlauge auf den Zellstoff gab, ohne ihn vorher mit Schwefelkohlenstoff geröstet und zersetzt zu haben. Statt seimiger Viskose brodelte in seiner Maschine eine weiße klumpige Masse.

Als Hardel sein Versehen gewahrte, befiel ihn Furcht. Er meldete sich, bevor entdeckt wurde, was er unabsichtlich verdorben hatte, bei seinem Schichtführer krank und eilte in sein Häuschen. Er wollte nicht verhaftet werden, ohne seiner Tochter Lebewohl gesagt zu haben.

Er lauerte die Nacht lang [...] seiner Verhaftung entgegen. Eine schlimme, schlimme Nacht!

Als der Morgen kam, pochte es bei der Haustür. Er verabschiedete sich bleich und zitternd von seiner Tochter und öffnete: Ein Mann der Werkspolizei, ein SS-Mann, stand draußen. Hardel erwiderte den Hitlergruß, um den er sich sonst als alter Sozialdemokrat gedrückt hatte. Er schlug sogar ungeschickt die Hacken zusammen. [...]

›Alles in Ordnung. Kannst arbeiten kommen, wenn du nicht zu krank bist [...]‹ Hardel wusste die Worte noch jetzt nach zwanzig Jahren auswendig. Der Schichtführer hatte den verfahrenen Inhalt der Rührmaschine heimlich in den Abfall gedrückt.«

Steckt, wie so oft bei Strittmatter, in der späteren literarischen Figur des Hardel der andere, der Kohl? Was hat Strittmatter weggelassen, was hinzugedichtet?

Dass Strittmatter selbst als Beteiligter in der Personalakte Kohl nicht vorkommt, besagt nicht viel, und es kann richtig sein, was er zuerst seiner Frau Eva erzählt und später in einem seiner handgeschriebenen *amtlichen* Lebensläufe niederschreibt: In einem Duell der Worte wird vonseiten der beteiligten Meister angedroht, der betreffende Arbeiter solle wegen eines Produktionsfehlers zur Strafe an die Front versetzt werden, und Strittmatter springt ihm mit der spöttischen Frage bei, wieso denn der *Dienst fürs Vaterland* Strafe sein könne? Worauf statt des Arbeitskollegen er selbst seine Unabkömmlichkeits-Stellung verloren habe.

Auch und gerade in diesem NS-Musterbetrieb hat zu jener Zeit an Denunzianten kein Mangel geherrscht, die wie in diesem Fall mitten in der Auseinandersetzung das Verhalten anderer, entfernt Stehender registriert und an entsprechende Stelle weitergeleitet haben können.

Allerdings könnte das alles auch Produkt dichterischer Fantasie sein. Beweise fehlen.

Fakt ist, dass Strittmatters Arbeitsverhältnis mit der Zellwolle am 20. Februar 1941 beendet ist und er vierzehn Tage später als Rekrut und Nichtmitglied der SS vor den Toren der Eilenburger Polizeikaserne steht.

## 2. Eilenburg II

An den Giebeln der Kaserne, wo Strittmatter seine Rekrutenzeit verbringt, prangen übergroße SS-Runen; sie wurden der Stadt 1945 beim schnellen Vormarsch amerikanischer Truppen zum Verhängnis, als die dort fälschlicherweise einen SS-Ausbildungs-Standort vermuteten und die Stadt unter heftiges Artilleriefeuer nahmen.

Wie anderswo im Nazi-Reich gab es auch bei der Polizei SS-Angehörige. Jedoch bei weitem nicht alle der zu militärischen Formationen der faschistischen Schutzpolizei, vor allem nicht alle der zu Polizei-Reserve-Einheiten eingezogenen Mannschaften und Unterführer wurden automatisch zu SS-Mitgliedern, selbst dann nicht, wenn der Einheit – wie im Falle des späteren Polizei-Gebirgs-Jäger-Regiments 18 – die Bezeichnung »SS« verliehen wurde.

Himmler strebte zwar als Reichsführer der SS und Chef der deutschen Polizei längerfristig eine Verschmelzung *seiner* Polizei mit *seiner* SS an, Hitler wusste das aus Gründen der eigenen unteilbaren Machtstellung jedoch bis zu einem gewissen Grade zu verhindern. Wie stark Himmlers Streben nach mindestens gleichberechtigter Teilhabe an der Macht des Diktators war, zeigt nicht zuletzt sein Verhalten am Ende des Krieges, als er dem Grafen Bernadotte die vollständige Kapitulation der Westfront anbietet, um als neuer Reichskanzler an Hitlers Stelle den Kampf gegen die Sowjetunion weiterzuführen.

Strittmatters Polizei-Dienstpass ist bisher nicht gefunden worden. Ob Strittmatter selbst ihn beseitigt hat, ob er sich irgendwann noch in einem der Archive finden wird oder wem er möglicherweise zur Aufbewahrung übergeben wurde, bleibt im Ungewissen. Aus diesem Pass ließe sich Strittmatters Weg durch den Krieg genauer bestimmen und datieren.

Eva Strittmatter jedenfalls teilt aus der Kenntnis eines Briefes von Erwin Strittmatter an seine Eltern mit, die militärische Einkleidung habe am 4. März 1941 stattgefunden. Zu diesem Zeitpunkt sind sowohl der Kommandeur des neuaufzustellenden Polizei-Bataillons 325, die seinem Kommando unterstellten Offiziere und einige der Mannschaftsdienstgrade schon am Ausbildungsstandort.

Zu Letzteren gehört der Fourier Josef Heller (Jahrgang 1908, im Zivilberuf Fleischer), ein für Unterbringung und Verpflegung zuständiger Wachtmeister, der schon seit Januar 1939 im Polizeidienst ist und (als Angehöriger des ebenfalls dem Dresdner Wehrkreis unterstellten Reserve-Polizei Bataillons 45) am 24. Februar 1941 von einem Einsatzort im Generalgouvernement kommend, in Eilenburg eintrifft. Strittmatter und Heller werden für eine lange Zeit zuerst im Stab des Bataillons und später auch im Regiment 18 zusammen ihren Dienst verrichten. Mit Hilfe von Hellers Polizei-Dienstpass ist es möglich, genauere Orts- und Datumsangaben für Strittmatters Kriegsjahre zu ermitteln.

Bei dem Bataillon 325 handelt es sich um ein letztes *neuaufgestelltes* Polizei-Bataillon, das heißt, mit den Rekruten werden nach deren Ausbildung nicht freigewordene Stellen in unterschiedlichen Einheiten aufgefüllt, sondern alle zusammen gehen vom Ausbildungsort aus an die künftigen Einsatzorte ihrer militärischen Einheit. Erst später werden personelle Verluste durch Hinzukommandierungen von frisch ausgebildeten Rekruten ausgeglichen.

Noch ein zweiter Name aus Strittmatters Diensteinheit ist aktenkundig: Auf den Seiten 76-77 seines Buches »Der Einsatz der Ordnungspolizei 1939-1945« druckt Rolf Michaelis im Faksimile zwei Dokumente ab, die einen Wachtmeister der Schutzpolizei namens Wilhelm Hütten betreffen. Hütten (Jahrgang 1912) war wie Strittmatter (ebenfalls Jahrgang 1912) am 1. März 1941 als ungedienter Wachtmeister in den Polizeidienst eingetreten und hatte in der Zeit vom 15. März bis 15. August 1941 zusammen mit Strittmatter am gleichen Ausbildungslehrgang der 1. Wachtmeister-Kompanie des Polizei-Ausbildungs-Bataillons in Eilenburg II teilgenommen.

Wachtmeister-Kompanie bedeutet, dass die Rekruten nicht wie üblich mit dem Dienstgrad eines Unterwachtmeisters (Schütze) oder Rottwachtmeisters (Oberschütze) ihre Ausbildung beendeten, sondern aufgrund ihres Alters oder ihrer polizeilichen Erfahrungen gleich mit dem dritten Dienstgrad, dem eines Wachtmeisters (entspricht dem Rang eines Wehrmachts-Gefreiten), ihre Rekrutenzeit begannen und auch beendeten.

Die erste Kompanie war in jenen Baracken untergebracht, die Strittmatter in seinem Brief von 1947 erwähnte.

Vom Faksimile des Abschlusszeugnisses für Wilhelm Hütten sind die Ausbildungsfächer ablesbar, in denen Hütten und also auch Strittmatter unterrichtet wurden:

1. Körperschulung
2. Waffenausbildung
   Unterführerausbildung
   formale und Kampfausbildung
   Schießausbildung
   Waffenkunde
3. Luftschutz
4. Weltanschauliche Schulung
5. Polizeirecht einschließlich Überblick über das
   Bürgerliche Recht, Gewerbepolizei
6. Verkehrsrecht
7. Strafrecht und Strafprozessrecht einschließlich
   Kriminalistik
8. Praktischer Polizeidienst, Sanitätsdienst
   Deutsch

Hütten erreicht im Fach »Deutsch« ein »fast genügend«, bei Stritt-matter wird die Bewertung dieses Faches deutlich besser ausgefallen sein.

Der Lehrplan ähnelt keineswegs dem einer regelrechten infante-ristischen Kampfausbildung für den Einsatz auf feindlichem Terri-torium. Erst 1942 wird eine Richtlinie zur improvisierten Ausbil-dung für den Einsatz im Osten herausgegeben. »Für den Osten« deshalb, weil dort das bei weitem überwiegende Einsatzgebiet aller militärischen Polizeitruppen lag.

Der vierte Punkt »Weltanschauliche Schulung« wird genau je-nen menschenverachtenden Richtlinien von *Volk ohne Raum, Über-menschentum* und *minderwertigen Rassen* entsprochen haben, die damals für alle deutschen Bildungseinrichtungen galten, von der Volksschule bis zur Universität.

Die nicht mehr ganz jungen Polizei-Rekruten werden 1941 in Eilenburg natürlich auch *geschliffen*, so wie es, gemäß der über-kommenen preußischen Traditionen, in der Nazi-Wehrmacht üb-lich war. Ziel dieser Ausbildung waren neben Erwerb und Training spezieller Kenntnisse und Fertigkeiten auch die selbstverständliche und bedingungslose Unterordnung unter das militärische Befehlssystem.

Auch das zweite, Wilhelm Hütten betreffende Dokument zeigt deutlich den zivildienstlichen Ausgangspunkt für die militärischen Polizei-Bataillone:

»Eilenburg, den 1. März 1941
Polizei-Ausbildungs-Bataillon Eilenburg II
An den Wachtmeister der Schutzpolizei Wilhelm Hütten

Nachdem ich Sie durch anliegende Urkunde zum Wachtmeister der Schutzpolizei ernannt habe, weise ich Sie hiermit in eine freie Wachtmeisterstelle der Schutzpolizei mit den Grundgehaltssätzen 1.860,- bis 1.980,- mit Wirkung vom 1. März 1941 ein.

Günther
Hauptmann der Schutzpolizei und Bataillonskommandeur«

Als Schutzpolizist untersteht Strittmatter der Ordnungspolizei.

In Michaelis' Buch finden sich zahlreiche faksimilierte Dokumente, die diese Sprachregelung eindeutig beweisen.

Noch ein weiteres, Wilhelm Hütten betreffendes Dokument ist von Bedeutung. Das Faksimile findet sich auf Seite 78 des Buches; aus ihm geht hervor, dass Hütten ebenso wie Strittmatter, als Wachtmeister der Schutzpolizei nach gemeinsamer Ausbildung nicht nur gemeinsam ins Polizei-Bataillon 325 übernommen wurden, sondern auch später noch als Oberwachtmeister gemeinsam im Polizei-Gebirgsjäger-Regiment 18 dienten, in dem ihr Bataillon 1943 aufgegangen war.

Nun gehört auch der älteste Sohn der Bohsdorfer Strittmatter-Familie dazu, und er wird bei relativ gutem Gehalt sogar Polizist im militärischen Dienst sein – das macht manche Kränkungen aus der dörflichen Familienvergangenheit vergessen.

Er ist weder Mitglied der NSDAP noch Angehöriger der SS. Der schwer erträglichen Alltagsarbeit in der Zellwolle ist er entkommen, zu seinen nicht gerade harmonischen Ehe-Verhältnissen kann er

Abstand gewinnen, ohne dadurch die materielle Versorgung seiner beiden Kinder mit dem Lebensnotwendigen zu erschweren. Im Gegenteil.

Im »Wundertäter« stellt Strittmatter gleich zu Beginn der Rekrutenzeit des Stanislaus Büdner die gesamte literarische Personage in ihrer vielfältigen sozialen Unterschiedlichkeit vor. Jeder der Vorgestellten ist mit Beginn der Ausbildung schon dabei und bleibt es mehr oder weniger bis zum Ende. Es ist anzunehmen, dass dieser literarische Kunstgriff in enger Beziehung zur Realität steht.

Aus der ersten Kompanie dieses Ausbildungsbataillons wurde also die erste Kompanie des bis dahin allein auf dem Papier existierenden letztaufgestellten Polizei-Bataillons 325.

Alle frisch ausgebildeten Mannschaftsdienstgrade dieser ersten Kompanie sind ehemalige Eilenburger Rekruten. Offiziere, und Unterführer bilden die vorher zusammengestellte Führung des Bataillons. Das bedeutet nun aber: Die für den künftigen Dienst in kompaniebegleitenden Einheiten (Nachrichtenkompanie, Kradschützen-Kompanie, Pionier-Zug, Infanteriegeschütz-Kompanie, u.a.) erhalten ihre speziellen Qualifikationen (zum Beispiel Führerscheine, Bedienungs-Richtlinien) während ihrer Grundausbildung entweder direkt in einem speziellen Ausbildungs-Unterricht, zum Teil durch ihre zukünftigen Unterführer und Offiziere oder erst nach der Ausbildung im praktischen Einsatz.

Der künftige Kommandeur des Bataillons 325 sucht sich schon in Eilenburg unter den Rekruten seine künftigen Stabsmitarbeiter auf der Mannschaftsebene aus, zu denen auch jene zwei Schreiber gehören, die ihm laut vorgegebener personeller Struktur für sein Bataillon zur Verfügung stehen.

Funktion und Dienstgrad sind miteinander verbunden: Schreiber sind Wachtmeister oder Oberwachtmeister (Gefreite oder Obergefreite), genau so, wie Zugführer unter normalen Bedingungen Leutnants oder Oberleutnants sind.

Bei Strittmatter stimmen die für seine Polizeidienstzeit angegebene Schreiber-Tätigkeit und der dazu erforderliche Dienstgrad von Anfang an überein.

Zur Ausbildung in Eilenburg würde die von Strittmatter in seinen späteren Fragebögen angegebene Schreiber-Tätigkeit »von

Anfang an« gut passen: Vom Grunde her war die Eilenburger Polizeischule auf eine Ausbildung im Nachrichtenbereich spezialisiert, was die Tätigkeit eines Bataillonsschreibers mit einbezog.

Auch Strittmatters Vorliebe für den Deutschunterricht (im Abschlusszeugnis des Wachtmeisters Hütten unter Punkt 9 aufgeführt) und weitreichende Kenntnisse auf diesem Gebiet, mit denen der künftige Schriftsteller ganz gewiss unter seinen Mitrekruten auffiel, machten es ebenfalls möglich, ihn relativ früh als Schreiber einzusetzen, wofür er sich von Anfang an interessiert haben wird. Vielleicht taten auch seine literarischen Ambitionen, seine exzellente Sicherheit im Gebrauch der deutschen Sprache, seine für einen Mann seines Alters damals ziemlich seltenen allgemeinen Fertigkeiten in Stenografie und geübtem Maschineschreiben sowie seine auffallend klare und schöne Handschrift, beim Militär ein durchaus ernsthafter Grund für eine Schreiber-Tätigkeit, das Ihre.

Die Wahrscheinlichkeit, dass es sich so verhalten haben kann, ist jedenfalls größer, als anzunehmen, Strittmatter sei erst zu einem späteren Zeitpunkt als Schreiber eingesetzt worden. Woher sollten sonst anfangs die beiden Schreiber für das neugebildete künftige Bataillon 325 gekommen und wohin sollten sie später entlassen worden sein?

Das erforderliche militärische Spezialwissen eines Schreibers muss nicht allzu hoch veranschlagt werden. Auf einem der späteren Fragebögen erwähnt Strittmatter unter seinen unmittelbaren Aufgaben auf diesem »Druckposten«, wie er ihn selbst nennt: »Bearbeiten der Stärke-Meldungen und Verwaltung der Heeresdienstvorschriften.« Nach kurzer Einweisung und nach der Praxis weniger Tage kann der Schreiber, was er können muss, anderes kann er schnell in der Praxis hinzulernen, vorausgesetzt, er ist nur ein wenig gewitzt.

Als Schreiber ist Strittmatter wie jeder Angehörige eines Bataillonsstabs mit einer Dienstpistole ausgerüstet, als Kompanie-Wachtmeister wäre seine Waffe ein Karabiner, der allein zur Teilnahme an aktiven Kämpfen und routinemäßigen Erschießungen geeignet ist.

Alles in allem ist es durchaus wahrscheinlich, dass Strittmatter die Schreiber-Funktion entweder sofort oder sehr bald nach Abschluss seiner Ausbildungszeit übernommen haben wird. Ein genauer zeitlicher Nachweis auch dafür ist jedoch ohne dienstliche oder persönliche Dokumente kaum zu erbringen.

Kriegserinnerungen ehemaliger heute noch lebender Wehrmachtsschreiber, von spätgeborenen Journalisten in Form von Leserbriefen abgedruckt, wie im Verlaufe der Strittmatter-Affäre geschehen, sind als subjektive und keineswegs verallgemeinerbare Wortmeldungen zu werten.

Wiederum ist der Historiker an einem diesmal noch entscheidenderen Punkt zwischen Objektivität und Subjektivität angelangt, als das bei der Frage nach Strittmatters angeblicher freiwilliger Meldung zur SS der Fall war. Ohne ein unbestreitbares Dokument geht es von dieser Stelle aus mit objektiven Erkenntnissen über Strittmatters Kriegsjahre nicht weiter.

War Strittmatter sofort oder nach kurzer Eingewöhnungszeit Bataillonsschreiber (der übrigens seinen Schlaf- und Freizeitplatz durchaus weiterhin bei seiner ersten Kompanie gehabt haben kann) und bleibt, ausgerüstet mit einer Dienstpistole, zurück, wenn die Kompanie in einen Einsatz geht?

Oder muss er mit? Zu welchen Einsätzen? Bewachung, Sicherung des *Tatortes*, Zusammentreiben von Zivilisten, Raub von fremdem Eigentum, Zerstörungen von Häusern? Und weiter: Um gegebenenfalls auf Zivilisten und Gefangene zu schießen? Wer tötet? Wer entschuldigt sich mit vorgetäuschtem Kranksein? Wer entschuldigt sich damit, kein Blut sehen zu können? (Das klingt zwar makaber, wurde aber in der Tat berücksichtigt.) Wer schießt in die Luft? Wer ist abgestellt zur Ausgabe von Verpflegung und Alkohol, wer ist für Nachschub in jeglicher Form zuständig? Wer verbleibt als Wache im Objekt? ... Fragen über Fragen, die beliebig weiter gedacht werden können und auf die es schlüssige Antworten bislang nicht gibt! Auf die Person Strittmatter wie auf jeden anderen Militärangehörigen bezogen wären das juristisch zu untersuchende Probleme, ehe es zu Schuldurteilen kommen könnte.

Was hat Strittmatter gesehen, was hat er gehört und was als Schreiber aufgeschrieben?

Wieder gilt: »In dubio pro reo.« – Besonders dann, wenn in einer zweckbestimmt aufgeheizten Situation in der Öffentlichkeit den einen die einen Nachrichten besser passen als anderen andere.

Es wäre auch möglich, dass Strittmatter und seine Mitrekruten in Eilenburg für einen späteren Dienst zu Pferde trainiert wurden. Eine solche zusätzliche Ausbildung für den berittenen militärischen Polizeidienst, so wie im »Wundertäter« detailliert und auf der Grundlage persönlicher Vertrautheit beschrieben, wäre in Eilenburg möglich gewesen, mindestens ausreichend Stallungen gab es durchaus.

Ein Pferdenarr war Strittmatter seit seiner Kindheit. Außerdem hatte er schon 1937 für kurze Zeit als Pfleger im Pferdestall einer militärischen Dienststelle in Saalfeld gearbeitet. Nachzuweisen ist eine kavalleristische Ausbildung für Strittmatter jedoch nicht, seine Detailkenntnisse könnten auch aus jener Zeit stammen, als das Gebirgsjäger-Regiment 18, zu dessen drittem Bataillon das ehemalige Bataillon 325 später wird, bei seiner Verlegung nach Finnland mit »Tragetieren« ausgerüstet wurde.

Am 15. August 1941 ist Strittmatters Ausbildung in Eilenburg abgeschlossen (dieses Datum ist auch mit dem bei Heller und Hütten angegebenen identisch), und er ist jetzt Angehöriger des Polizei-Bataillons 325 im Range eines Polizei-Wachtmeisters. Das als letztes von insgesamt einhundert dieser Einheiten in der militärischen Zählung auf dem Papier entworfene Bataillon ist nun vorhanden und einsatzbereit. Es gehört entweder zu jenen 31 Polizei-Bataillonen, die ab Herbst 1939 mit etwa 25 000 Rekruten gebildet wurden, oder es war in der Folge einer Rekruten-Austauschaktion zwischen Heer und Ordnungspolizei erst 1940 konzipiert worden.

Am Ende seiner Ausbildung in Eilenburg wird es außerhalb von Strittmatters Vorstellungsvermögen gelegen haben, in Situationen geraten zu können, in denen seine eigenen Kameraden oder andere deutsche Soldaten völkerrechtswidriges Unrecht begehen – oder sogar selbst daran beteiligt zu werden.

Zum Polizei-Bataillon 325 gehörten 693 Mann, ehemalige aktive Polizisten, frisch ausgebildete Polizei-Reservisten und ehemalige Zivilisten, gegliedert in drei Kompanien, in der Regel zuzüglich eines Krad-, eines Panzerspähwagen-, eines Infanteriegeschütz-Zuges sowie eines mit Panzerabwehr-Kanonen ausgerüsteten Zuges. Dazu kommen ein spezieller Nachrichtenzug, eine Transportkolonne, ein Sanitätstrupp und ein Bataillonsstab, bestehend aus sechzehn Offiziers- und Mannschaftsdienstgraden, einschließlich der zwei Schreiber.

Die Schreiber waren auch zuständig für die schriftliche Entgegennahme und Weitervermittlung von Befehlen, für die Registratur, das Führen der Stammrolle (Personalien, Zu- und Abgänge), das Niederschreiben von Lageberichten nach Diktat (gegnerische und eigene Aktivitäten), die schriftliche Anforderung von Lebensmitteln, Ausrüstungsgegenständen, militärischem Gerät u.a.

Kriegstagebücher aller militärischen Einheiten auf den unterschiedlichsten Ebenen galten als deren Aushängeschilder und Chroniken. Sie sollten die Aktivitäten der jeweiligen militärischen Einheiten möglichst detailgetreu widerspiegeln. Es gab sowohl für Wehrmacht und Heer (vom 27. August 1938) wie auch für die Truppen der Heinrich Himmler unterstellten Ordnungspolizei (vom 23. Mai 1940) gültige Bestimmungen zur grundsätzlichen Führung dieses Dokumentes, Formblätter zur akribischen Führung sollten den Tagebuchführern beim Abfassen behilflich sein. Es war genau festgelegt, *wer* berechtigt *war*, in diesem militärischen Dokument Eintragungen vorzunehmen. Den Tagebuchführern waren in der freien Entfaltung spezieller Fähigkeiten bei den Formulierungen des Geschehens keine Grenzen gesetzt. Das Kriegstagebuch galt durchaus als Renommierobjekt eines Kommandeurs und seiner Einheit, und die Tagebuchführung durfte über die Abfassung täglicher Lageberichte weit hinausgehen. In der Regel betreute einer der Schreiber dieses Dokument. Strittmatter war dafür in idealer Weise geeignet.

Obwohl ein Polizei-Bataillon ungefähr der Stärke eines Heeres-Bataillons entsprach, wurde von einer regelrechten militärischen Ausbildung, zum Beispiel des Übens von Sturmangriffen oder Aufklärungsunternehmungen, abgesehen. Das häufig fortgeschrittene Alter wie auch mangelnde Motivation der Wachtmeister machten die Polizei-Bataillone mit Infanterietruppen unvergleichbar.

Wenn im späteren Kriegseinsatz die Angehörigen der drei, später vier Polizei-Kompanien (anfangs ca. 600 der insgesamt ca. 700 Mann des Bataillons) zu Angriffs- und Verteidigungshandlungen sowie zu völkerrechtswidrigen *Vergeltungsaktionen* herangezogen wurden, nahmen die wenigen, dem Stab unmittelbar unterstellten Bataillonsangehörigen daran grundsätzlich nicht teil. Natürlich versuchten sie sich bei überraschenden direkten Angriffen auf ihre rückwärts gelegenen Positionen zu verteidigen.

Die Beschreibung der Stubenkameraden in der Ausbildungsgruppe des Stanislaus Büdner und des Dichters Weißblatt, der eine ist Strittmatters erstes (materialisiertes), der andere sein zweites (ideelles) Alter ego im ersten Band des »Wundertäters«, verschafft dem Leser eine ungefähre Vorstellung von diesen Menschen, die sich von den deutlich jüngeren und völlig anders motivierten jungen Wehrmachtssoldaten beträchtlich unterscheiden.

## 3. Krakau/Oberkrain

Im Dienstpass des Josef Heller gibt es für die anderthalb Monate zwischen dem Ausbildungsabschluss in Eilenburg am 16. August 1941 und dem 29. September 1941 keinen Nachweis über den Aufenthaltsort des Bataillons. Möglicherweise dient dieser Zeitraum seiner eigentlichen Ausstattung und Ausrüstung. Vom 30. September bis 24. Oktober ist das Bataillon zu einer ersten *Befriedungsaktion* in Krainburg/Südkärnten südlich des Karawankengebirges eingesetzt. Seine Aufgaben werden bei diesem Einsatz wohl hauptsächlich in der Objektbewachung bestanden haben, denn der Partisanenkrieg beginnt sich zu dieser Zeit in Slowenien erst zu entwickeln und die Unerfahrenheit des Bataillons im Kampf mit Partisanen und bei *Vergeltungsaktionen* wird durch die Polizeiführung einkalkuliert worden sein.

Für die nächsten acht Wochen, vom 31. Oktober bis zum 20. Dezember 1941 ist die alte polnische Universitätsstadt Krakau nächstfolgender Einsatzort des frisch geschaffenen Polizei-Bataillons 325. In Westgalizien gelegen, war Krakau schon seit der Besetzung Polens im Jahre 1939 zur Hauptstadt des »Generalgouvernements für die besetzten polnischen Gebiete« geworden.

Die Verordnung der Okkupationsbehörden über die Einrichtung eines erweiterten jüdischen Wohngebietes in Krakau war im März 1941 bekanntgegeben worden. Alle Juden hatten ins vergrößerte Ghetto überzusiedeln, das sich am rechten Ufer der Weichsel, auf einem von Weichsel, Rynek, Podgórski, Krzemionki und der Eisenbahnstecke Krakau-Podgórze begrenzten, durch hohe Mauern abgeschlossenen und ununterbrochen bewachten Gelände befand. Dort waren zeitweise rund 20000 Menschen als Arbeitssklaven gefangen. Im Herbst 1941 wurden 2000 Menschen – überwiegend orthodoxe Juden – aus diesem Sammellager verschleppt, selektiert oder direkt am Ort ermordet.

Hier könnten die Polizei-Wachmänner zum erstenmal die Wahrheit über das erfahren haben, was sie in der folgenden Zeit erwartete, denn genau während der Zeit, als diese Erschießungen stattfanden, hat sich das Bataillon 325 in Krakau aufgehalten. Das muss aber keineswegs heißen, dass es dabei zum Einsatz kam, als Beobachter dabei war oder gar mitmachte.

Sollte Strittmatter während dieser Zeit noch nicht Bataillonsschreiber gewesen sein, wird seine Tätigkeit wie die der anderen Schutzpolizisten in zeitlich genau festgelegten Wachdiensten bestanden haben.

Auch im zirka zwei Kilometer nördlich gelegenen alten städtischen Gefängnis Montelupich waren während der deutschen Besatzungszeit zahlreiche Zivilisten, zum Beispiel viele polnische Intellektuelle, inhaftiert. Die meisten von ihnen wurden nicht wieder freigelassen, sondern in Konzentrations- und Vernichtungslager abtransportiert, später vor allem ins nahegelegene Auschwitz-Birkenau. Für Geiselerschießungen zur *Vergeltung* von Partisanenaktionen in Krakau und seiner Umgebung wurden die Opfer meist aus Montelupich geholt.

Obwohl Strittmatter diesen relativ kurzen Krakau-Aufenthalt in keinem seiner späteren Lebensläufe erwähnt, hat er den Einsatz seines Bataillons zur Bewachung des Lagers Podgórze in Krakau miterlebt. Dabei wird es wahrscheinlich zu den im »Wundertäter« geschilderten schrecklichen Gewalttaten anderer Einheiten, vor allem regulärer SS-Verbände gekommen sein:

»Feuer prasselte. Vor dem Zelt fiel etwas nieder. An der Zeltleinwand sah Stanislaus den Schatten eines knienden Menschen. Der Schatten schluchzte und stöhnte. Stanislaus sprang auf.

Vor dem Zelt kniete ein bärtiger Mann. Er sah aus wie der Hohepriester aus der Schulbibel. Sein langer Rock brannte. Er betete.

Rolling rannte herzu, warf den Mann um und rollte ihn durch den Schnee. Das sah roh aus, doch die Flammen am Rocksaum des Mannes verlöschten zischend. Die Pferde erschraken. Sie zerrten an ihren Ketten. Rolling umhüllte den alten Mann mit seiner Schlafdecke. Es roch nach schwelenden Lumpen und sengenden Haaren. Auf dem Kasernenvorplatz prasselte das Feuer der Arier. Die Türen der Kasernenspinde bogen sich darin und knackten. Die Flammen steilten knatternd zum Nachthimmel. Die Sterne zwinkerten frostgrün. Am Feuer erhob sich Gebrüll und Lachen wie von Wölfen in einer Mondnacht. Auf der anderen Seite des Kasernenvorplatzes raste ein Mann mit brennender Kutte in das Nachtdunkel. Stanislaus setzte ihm nach. »Bleib stehn, lass dich löschen!«

Der Mann rannte heftiger, und die Flammen an seinem Rocke wuchsen. Psching, pschiusching! Stanislaus warf sich auf die Erde, als trüge er Gefechtserfahrung im Blut.

Stanislaus hielt Ausschau. Vor ihm lag zausiges Buschwerk. Der brennende Mann war verschwunden. Zwei Kugeln summten heran.

›Hört auf! Das bin ich!‹, schrie Stanislaus.

›Dummkopf – Hierher!‹, rief Rolling. Stanislaus kroch zu ihm ins Gebüsch. Sie lagen an einem Flussufer. [...]

Zwei schwarze Arier hatten Weißblatt gegriffen, der ungeschickt den Kaftan eines brennenden Mannes löschte. ›Was bist du für eine Sau?‹ Sie hoben den halbverbrannten Kaftan hoch und schoben den alten Mann, das Gesäß nach vorn, zu Weißblatt. ›Lecken!‹

Weißblatt tat nicht, was sie wollten. Sie traten ihn. Er fiel über den alten Mann, sprang auf und erreichte das Zelt der Stube achtzehn. [...]

Die Krallenfinger des Rittmeisters nestelten an einem Schriftstück. Sein Gesicht war tot wie ein Sandacker. Es wuchsen weder Zorn noch ein Lächeln darin. ›Also Juden begünstigt, heißt es hier.‹

Schweigen. Weißblatts Stahlhelm wackelte leise. Die glanzlosen Blicke des Rittmeisters wühlten sich noch einmal durch die Sätze auf dem Papier. Dann sah er die Männer an – einen nach dem andern. ›Gewusst, dass es sich um Juden handelte?‹

Rolling antwortete: ›Wir dachten – Menschen.‹«

Obwohl anhand dieses literarischen Textes nicht zuverlässig nachzuweisen ist, auf welchen konkreten Vorgang sich Strittmatter bei der Schilderung dieser Episode bezieht – hingewiesen sei allerdings auf die orthodoxen Juden als Mordopfer –, kann es sich so oder ähnlich in Podgórze am Ufer der Weichsel abgespielt haben.

Es ist anzunehmen, dass frische Polizei-Einheiten wie das Bataillon 325 zunächst nicht an verbrecherischen Aktionen beteiligt wurden und in Situationen, in denen sie nicht unter dem Zwang eines militärischen Befehls standen, eine Beteiligung an Ausschreitungen ablehnten, die andere verübten, in diesem Fall SS-Truppen, von denen es in Krakau zahlreiche, seit längerer Zeit anwesende Einheiten gab, aus denen heraus die fest zusammengefügten, an ihre verbrecherische Aufgabe bereits *gewöhnten* Exekutionspelotons gebildet wurden (»schwarze Arier«, wie Strittmatter sie im Text nennt).

Vom noch kriegsunerfahrenen Stanislaus Büdner teilt Strittmatter bei der Schilderung dieser Szene mit, er habe sich auf die Erde geworfen, »als trüge er Gefechtserfahrung im Blut.«

Am 23. Dezember 1941 ist das Bataillon wiederum in Slowenien und nimmt vom 24. Dezember 1941 bis 12. Januar 1942 zusammen mit den Polizei-Bataillonen 44, 93, 171 und 181 mit den Aufgaben eines Gebirgsjäger-Bataillons an einem großangelegten Einsatz zur Partisanenbekämpfung zwischen Ljubljana (Laibach) und Krajina (Krain) im slowenischen Haupttal nordöstlich der Julischen Alpen teil.

Da Lageberichte und Kriegstagebuch des Polizei-Bataillons 325 aus dieser Zeit als vernichtet gelten, kann über konkrete militärische Aktivitäten für diesen Zeitraum derzeit nichts Verbindliches gesagt werden.

Vermutlich fühlen sich jedoch die dort eingesetzten Wehrmachts- und SS-Verbände zu diesem Zeitpunkt an einer der strategisch bedeutsamsten Zugangsstraßen zum Balkan und ins südöstliche Europa noch immer einigermaßen als Herren der Lage.

Maribor, Hauptstadt der benachbarten Untersteiermark, ist zum Nazipropaganda-Zentrum geworden, fast das gesamte Wirtschaftsleben befindet sich dort traditionell in österreichischer Hand. Mitglieder des nazitreuen deutschen Kulturbundes haben hier die Macht übernommen und die deutschen Besatzer mit offenen Armen begrüßt. Tausende Slowenen werden aus dem Gebiet vertrieben und nach Kroatien, Bosnien und Serbien deportiert.

Kriegsverbrechen an Slowenen im Sinne der Haager Landkriegsordnung und der Konventionen von Genf sind zu dieser Zeit in Oberkrain noch nicht in dem Maße alltäglich wie während des späteren Kriegsverlaufs. Wie in der Untersteiermark versuchen die deutschen Besatzer, mit ihnen sympathisierende Angehörige der

Zivilbevölkerung (wohlhabende Bauern, Besitzer kleiner Fabriken, Bürgermeister, Anwälte, katholische Geistliche) auf ihre Seite zu ziehen, um so zu versuchen, den von den Bergen herab operierenden Partisanen einen Teil ihrer materiellen Basis zu entziehen.

Militärische Aktionen von Partisanen, die unter Führung eines Befehlshabers als sichtbare militärische Einheit handeln und die ihre Waffen offen tragen, sind sprachlich allgemein mit dem Begriff des *Bandenunwesens* belegt. Auf diesem Weg soll Partisanen im Falle einer Gefangennahme der Status von Kombattanten entzogen werden, für die das Kriegsrecht bestimmte minimalhumanitäre Regeln vorschreibt.

Willkürliche Erschießungen von Zivilisten, die oft der unbewiesenen Sympathie mit den *Banditen* verdächtigt werden, und *Sühnemorde* mit hohen Zahlen zufälliger Opfer sind noch nicht so häufig wie nur wenige Monate später, als die deutsche Militärmacht versucht, ihre verhasste Fremdherrschaft im besetzten Land mit verstärkter abschreckend-brutaler Gewalt auch gegenüber der Zivilbevölkerung durchzusetzen.

Ende April 1942 beschließt die militärische Führung unter Hitlers Leitung eine Umorganisierung aller militärischen Polizei-Einheiten. Mit zunehmendem Widerstand in den besetzten Ländern sollen die Polizei-Einsätze *effektiver* werden. Deshalb werden im Bereich der Ordnungspolizei die aus Schutzpolizisten bestehenden, einzeln operierenden Bataillone zu insgesamt 28 Polizei-Regimentern zusammengefasst. Diese neuen Regimenter haben jeweils eine Sollstärke von etwa 2800 Mann, der Regimentsstab umfasste in der Regel 22 Mann.

Das Bataillon 325 wird zunächst in das in der Nähe von Garmisch gelegene Reutte in Nordtirol zurückverlegt und als drittes Bataillon mit zwei anderen, aus Norwegen abgezogenen Gebirgsjäger-Bataillonen (302 und 312) zum motorisierten Gebirgsjäger-Regiment 18 zusammengeschlossen. Mitte Juni 1942 ist die Aufstellung des jetzt auch mit Tragetieren ausgerüsteten Gebirgsjäger-Regiments beendet, und es wird damit begonnen, diese neu zusammengesetzte militärische Einheit wieder an den vorherigen Standort des Bataillons 325 im heutigen Slowenien zu verlegen.

Ende Juli 1942 ist der Stab des 18. Regiments in Kranj (Krainburg) untergebracht. Das Quartier seines dritten Bataillons, eingeschlossen dessen Stab, in dem Strittmatter als Schreiber Dienst tut, befindet sich im Dorf Naklo (Naklas), unweit von Kranj, an der Hauptstraße in die Richtungen Klagenfurt und Villach.

Hier, in Nordslowenien, hat sich die Partisanentätigkeit inzwischen deutlich verstärkt, die slowenische Zivilbevölkerung steht den Deutschen fast einhellig ablehnend gegenüber. Gelegentlich tauchen unidentifizierbare Flugzeuge auf, möglicherweise unterhalten englische Offiziere im Spezialauftrag bereits Kontakte zu den Partisanen. Nur angstverbreitende, brutale Gewalt vermag die militärische Lage einigermaßen zu stabilisieren. Das weiß die oberste militärische Führung sehr genau.

Unter dem Decknamen »Enzian« erteilt Heinrich Himmler am 25. Juni 1942 aus dem Führer-Hauptquartier diesen Befehl:

»Die Bandentätigkeit in den Gebieten Oberkrain und Untersteiermark wird in den nächsten Wochen grundsätzlich bereinigt.

Der Chef der Ordnungspolizei wird angewiesen, dem Höheren SS- und Polizeiführer Alpenland alle notwendigen Kräfte zur Durchführung dieser sich über 4 Wochen erstreckenden Aktion in ausreichendem, den Erfolg garantierenden Maße zuzuführen. [...]

Die Aktion ist insgesamt zweckvoll, hart und rücksichtslos durchzuführen.

Richtlinien:

Standplätze der Banden auskundschaften.

Abriegelung durch Reserve Pol. Btl.

Verfolgung durch Spähtrupps.

Die Strafaktion gegen Dörfer, die sich durch Unterstützung der Banden schuldig gemacht haben.

Die Aktion hat alle Elemente der Bevölkerung, die gutwillig die Banden durch Gestellung von Menschen, Verpflegung, Waffen und Unterschlupf unterstützt haben, unschädlich zu machen. Die Männer einer schuldigen Familie, in vielen Fällen sogar die Sippe, sind grundsätzlich zu exekutieren, die Frauen dieser Familien sind zu verhaften und in ein Konzentrationslager zu bringen, die Kinder sind aus ihrer Heimat zu entfernen und im Altreichsgebiet des Gaues zu sammeln. Über Anzahl und rassischen Wert dieser Kinder erwarte ich gesonderte Meldungen, Hab und Gut der schuldigen Familien wird eingezogen.

Das andere Ziel ist, die gutwillige Bevölkerung von dem Druck der Banden zu befreien und ihnen das Gefühl der Sicherheit im Deutschen Reich zu geben.

Die Durchführung der Aktion wird von den Führern und Männern das Äußerste an Pflichterfüllung und Umsicht sowie aber auch an körperlichen Leistungen und Anstrengungen in dem schweren Gebirgsgelände erfordern. Ich erwarte, dass Führer und Männer von SS und Polizei die in sie gesetzten Erwartungen erfüllen.«

Am 27. Juli 1942 erlässt der Höhere SS- und Polizeiführer im Wehrkreis XVIII, SS-Gruppenführer und Generalleutnant der Polizei Rösener, an seinem Standort Bled (Veldes) diesen, sich direkt auf Himmlers Anweisung beziehenden Befehl an den Befehlshaber der Ordnungspolizei:

»Bei der Verbrennung der Dörfer wird immer noch nicht mit der genügenden Aufmerksamkeit vorgegangen. Bei den letzten Malen ist es vorgekommen, dass u. a. nicht nur Vieh, sondern auch Maschinen, Dreschmaschinen, Häckselmaschinen, Pflüge, Eggen, neue Möbel, ja sogar gerade vom Feld geerntetes Heu und Getreide usw. einfach verbrannt worden ist. Ich befehle daher, dass bei der Notwendigkeit des Abbrennens einzelner Häuser nach folgenden Richtlinien verfahren wird:

1. Nachdem Schutzpolizei und Sicherheitspolizei ihre Aufstellung vollzogen haben, wird die Bevölkerung aus den Häusern geholt. Je nach Größe des Dorfes sind einige Männer zurückzuhalten, während der andere Teil abtransportiert wird.

2. Mit den zurückgelassenen Männern wird das gesamte Vieh, Getreide, brauchbare Möbel, Wäsche, Maschinen usw. sichergestellt und vor dem Verbrennen geschützt. Die Lebensmittel werden alle in einem besonderen Hause aufbewahrt und werden, nachdem alles andere sichergestellt ist, dann auch abtransportiert.

3. Ich dulde es auf keinen Fall mehr und werde den verantwortlichen Einsatzführer bestrafen, wenn mir noch eine Meldung gemacht wird, wo derart Volksvermögen sinnlos den Flammen übergeben wird, wo wir mit jedem Pfund Getreide sparen müssen. Es ist

auch sinnlos, Wäschestücke zu verbrennen, wenn auf der anderen Seite wir Wollsammlungen und sonstige Sammlungen durchführen.

4. Ich behalte mir ab heute die Verfügung über die Lebensmittel nach einem derartigen Einsatz jeweils persönlich vor und ist mir nach derartigen Aktionen eine Liste vorzulegen, aus der ersichtlich ist:

a) welches Vieh und wie viel sichergestellt ist,

b) welches Getreide und wie viel sichergestellt ist,

c) welche Futtermittel sichergestellt sind,

d) welche Lebensmittel sichergestellt sind (Art und Menge),

e) Hausgeräte und sonstige sichergestellte Sachen.«

Dazu existiert im Anhang ein Befehl vom 28. Juli 1942 des Befehlshabers der Befehlsstelle Bled (Veldes) der Ordnungspolizei Alpenland, Generalmajor und Befehlshaber Brenner:

»Da diese Aktionen sicherheitspolitischer Art sind und somit unter Verantwortung des Befehlshabers der Sicherheitspolizei und des SD durchgeführt werden, ist die Aufgabe der eingesetzten Kräfte der Ordnungspolizei:

1. Umstellung und Abriegelung der von der Sicherheitspolizei angegeben Dörfer bzw. Objekte,

2. Vorläufige Festnahme sämtlicher Personen und Übergabe an die Sicherheitspolizei,

3. Bergung aller Sachwerte, Vorräte usw. gemäß o.a. Befehl und Übergabe an die Sicherheitspolizei,

4. Durchführung der Exekutionen bzw. Evakuierung der von der Sicherheitspolizei bezeichneten Personen,

5. Abbrennen der von der Sicherheitspolizei bezeichneten Objekte.

Ich verbiete hiermit nochmals eindringlich das eigenhändige Mitnehmen von Lebensmitteln bzw. deren Verwertung (siehe Ziffer 4. des o. a. Befehls).

Ausgefertigt in 308 Exemplaren, davon 20 Exemplare an das Pol. Geb. Jäg. 18«

Mindestens eins von den zwanzig Exemplaren dieses Befehls erhält auch die Schreibstube des dritten Bataillons des Regimentes 18, Erwin Strittmatter hat es demnach mit größter Wahrscheinlichkeit zur Kenntnis genommen.

Die militärische Sicherheitspolizei (sie entspricht zivilrechtlich der Gestapo) wählt die zu erschießenden Männer aus und fällt damit gewissermaßen die *Urteile,* die Ordnungspolizei vollstreckt sie und erfüllt die weiteren Befehle.

Ob es zu diesem Zeitpunkt und an diesem Ort überhaupt möglich gewesen wäre, sich der Zeugen- oder Teilhaberschaft am konkreten, anfangs nicht vorhersehbaren, gemäß der Haager Landkriegsordnung und den Genfer Konventionen verbrecherischen Geschehen aus Gewissensgründen zu entziehen, müsste auf Strittmatter in seiner persönlichen Situation bezogen werden. Wohin hätte er überlaufen können und mit wessen Hilfe? Und: Würde andererseits ein Versetzungsgesuch irgendwelche Aussicht auf Erfolg haben? Zu welcher Truppe sollte er sich versetzen lassen, um der Zeugenschaft von Verbrechen zu entgehen?

In den folgenden Einsatzmonaten wird zunehmend deutlicher: Die slowenische Zivilbevölkerung steht mehrheitlich auf Seiten der Partisanen, Kampfhandlungen nehmen zu, Material wird knapp, die Grenze zum benachbarten Italien ist durchlässig, die Zusammenarbeit der deutschen und der italienischen Zivil- und Militärbehörden mangelhaft, was den Partisanen Nachschubvorteile bringt und militärische Ausweichmanöver erlaubt.

Ein Organisationsbefehl vom 5. September 1942, erlassen am Standort Bled, weist zwar noch immer die Aufstellung von kollaborierenden Selbstschutzverbänden als Ortssicherungen an (»Bei der Auswahl der Männer wird darauf Bedacht genommen, dass sie besitzgebunden und so beschaffen sind, dass ihre Zuverlässigkeit außer Zweifel steht.«) – Einfluss auf die militärische Gesamtlage hat dieser Befehl zu diesem Zeitpunkt sicher nur in geringem Maße.

In zweitägigem Abstand von deutscher Seite verfasste Lageberichte geben nicht nur einen detaillierten Einblick in die Partisanen-Aktivitäten im Einsatzgebiet des Regiments 18 und seiner Untereinheiten, sie machen auch deutlich, was der Bataillonsschrei-

ber Strittmatter so oder ähnlich sowohl in den regelmäßigen Lageberichten als auch im individuell geführten Kriegstagebuch des
Bataillons zu Papier gebracht haben muss. An erster Stelle stehen
die Aktivitäten der Partisanen, darauf folgen die *Vergeltungsmaßnahmen* von deutscher Seite. Militärisch organisierte Partisanen
werden nach wie vor als *Banditen* bezeichnet, auch um die Außer-
kraftsetzung des Kriegsrechtes ihnen gegenüber zu begründen:

»Lagemeldung vom 11. Juli 1942:

Tötungen von Kollaborateuren,
Überfälle auf einzelne Meldefahrer,
Raub von Lebensmitteln, Vieh, Bekleidung,
Absägen von Fernsprechleitungsmasten,
Unbrauchbarmachung von Maschinen und Fahrzeugen,
Durchschneidung von Wehrmachtskabeln.
– Eigene Tätigkeit
    Die Ortschaften Gradisce und Koreno [Koritno] wurden durch
Feuer vernichtet. Die Männer über 15 Jahre erschossen und die
übrige Bewohnerschaft ausgesiedelt, da mehrere Männer dieser
ZGemeinden sich bei den Banden befinden und durch ihre An-
gehörigen laufend mit Nachrichten und Lebensmitteln versorgt
wurden.
    Aufklärungen, Banditenkampf.«

»Lagemeldung vom 27. Juli 1942:

In Cesnjica [Bohinjska Češnjica], Gemeinde Eisnern, wurden von
Banditen mehrere größere Raubüberfälle durchgeführt, wobei ihnen mehrere 100 kg Leder, 1 Schreibmaschine, Pferde, Groß- und
Kleinvieh, Pferdegeschirre und Wagen sowie Rauchwaren in die
Hände fielen. Am Ortsausgang von Cesnjica wurden die Fernsprech-
leitungen in einer Länge von etwa 50 Metern durchschnitten und
die Drähte entfernt. [...] Auf der Straße Veldes [Bled]-Krainburg
[Krajn], nächst Meisteritz [Mišače zwischen Radovljika und Otoče,
nur ein paar Kilometer von Naklo, dem Standort des III. Bataillons
entfernt, dessen Schreiber Strittmatter war], wurde 1 PKW. der Pol.
Skistreifenabt. von Banditen überfallen. Der Kompanie-Chef der

1./Pol.Skistreif.Abt. und 1 Wachtmeister erschossen, 1 Wachtm. verwundet. Die Toten wurden beraubt und der Wagen in Brand gesteckt.

Als Vergeltungsmaßnahme wurden von der Skistreif.Abt. die an der Überfallstelle befindlichen Häuser, aus denen geschossen wurde, niedergebrannt und die Männer erschossen.

Gez. Brenner«

Vergleicht man die Partisanen-Aktionen mit dem Verhalten der deutschen Seite, fällt auf, dass sich die Kriegsführung der Partisanen aus humaner Sicht von jener der Besatzer deutlich unterscheidet: Ein alleinfahrender PKW wird, wie hier geschildert, von Partisanen angegriffen. Im Gefecht fallen ein Kompaniechef und der Fahrer, ein mitfahrender Wachtmeister wird verwundet. Den Toten werden zuerst Waffen und Munition, aber auch die Stiefel und möglicherweise Kleidungsstücke abgenommen, der Verwundete bleibt liegen, bis dessen eigene Leute eintreffen. Erschossen wird er nicht (aus Sicht der Partisanen hätte ohne Mühe dargestellt werden können, er sei im Kampf gefallen), der Wagen brennt. Die Partisanen ziehen sich vor der deutschen Übermacht zurück.

Als *Vergeltungsmaßnahme* werden die an der Stelle des Überfalls befindlichen Häuser, aus denen angeblich geschossen wurde, kurzerhand niedergebrannt, die Männer erschossen. Daraus folgt: Es gibt nur einen Zeugen des Vorfalls, den verwundeten, noch lebenden Wachtmeister. Und der soll sagen können, wer aus welchen Häusern geschossen hat? Und selbst eine genaue Aussage würde keinesfalls den Tod einer Anzahl von Männern und das Abbrennen von Häusern rechtfertigen.

Willkürliche, in einem Gemisch aus Angst und Wut vorgenommene Vergeltungsmaßnahmen in Feindesland sind verboten. Auch aus gelegentlicher Einsicht des Aggressors sind sie nutzlos, denn sie verstärken den Hass der Überfallenen auf den Aggressor und verwandeln diesen Hass zeitweise vielleicht in Angst, bei nächster Gelegenheit jedoch in konkrete militärische Handlungen. – Nicht erst bei der Niederschrift dieses Satzes fällt mir auf, dass er später für Korea und Vietnam ebenso gilt, wie er sich gegenwärtig im Irak, in Afghanistan und Palästina bewahrheitet.

Am 29. Juli 1942 berichtet Generalmajor Brenner aus seinem

Kampfabschnitt, und einer der ihm zur Verfügung stehenden Schreiber (Strittmatter ist es nicht) hat es zu Papier gebracht: »Als Sühnemaßnahme für die in den letzten Tagen verübten Überfälle auf Kraftwagen der Ordnungs- und Sicherheitspolizei, wobei Todesopfer und Verwundete zu beklagen sind, wurden an den Tatorten 95 Banditen erschossen.«

Jeder einzelne Fall eines bei einer *Sühnemaßnahme* auf diese Weise zu Tode gekommenen Slowenen steht außerhalb des Kriegsrechts, aber es sind eben allein während der wenigen, hier herausgegriffenen Tage in dieser Gegend 95 Fälle, die als willkürliche Morde seitens des Aggressors bezeichnet werden müssen. Diese Art von Notiz müsste jedesmal vervollständigt werden durch ergänzende Auflistungen von in Konzentrationslager deportierten und dort zumeist ermordeten Frauen, ins *Reich* verfrachteten Kindern, von vielfältigem Raub und zahlreichen Brandschatzungen.

Obwohl die Wehrmachtsführung nach dieser besonders »zweckvollen, harten und rücksichtslosen Aktion«, wie Himmler sie gefordert und ausgelöst hatte, zumindest in Slowenien (Oberkrain) einen vorübergehenden Rückgang der Partisanentätigkeit registriert, ist der slowenische Widerstand nicht gebrochen. Aufzeichnungen über weitere Kämpfe weisen nach, dass jeweils Teile des Regimentes 18 auch an direkten militärischen Kämpfen mit Partisanen beteiligt sind:

3.-5.8.42 Kämpfe im Blegasmassiv ca. 30 km nordwestlich Ljubljana [Laibach]
10.-14.8.42 Kämpfe auf dem Hochplateau der Jelovica (40 km nordwestlich Ljubljana
19.-21.8. Kämpfe auf dem Krvavec (25 km nördlich Ljubljana)
8.-9.9.42 Kämpfe auf dem Hochplateau der Jelovica (40 km nordwestlich Ljubljana
13.9.-14.9.42 Kämpfe im sogenannten Herzogwald

Ein erbeuteter »Kurzer Unterricht für Partisanenführer. Herausgegeben von der Hauptführung der Slovenischen Volksbefreiungs-Partisanentruppe« legt Zeugnis ab von der weiteren Konzentration des Widerstandes auf dem Wege hin zu einer regelrechten, schlagkräftigen, auch mit Hilfe englischer Berater militärisch immer zweckvoller organisierten slowenischen Untergrundarmee.

Das Regiment 18 wird in dieser relativen Ruhepause aus Slowenien abgezogen. Es wird erst am Ende des Krieges, aus Ungarn
kommend, wieder hierher zurückkehren, um sich, getrieben von
der Roten Armee, am 10. Mai 1945 in Celje (Cilli) in der Untersteiermark etwa achtzig Kilometer östlich von Kranj unter großen
Opfern endlich aufzulösen wie ein böser Spuk. Strittmatter ist dann
schon seit längerem nicht mehr Angehöriger dieser Einheit.

Jetzt liegt jedoch noch eine wechselvolle Zeit beim dritten Bataillon dieses Regiments vor ihm. Zunächst wird das Regiment Anfang
Oktober nach Bayern, in den ursprünglichen Aufstellungsraum
Garmisch und Reutte (Nordtirol) zurückverlegt, um dort eine Zu-
satzausbildung unter winterlichen Bedingungen zu erhalten.


## 4. Karelien

Auf höheren Befehl, seiner Bedeutung wegen möglicherweise direkt
aus dem *Führerhauptquartier* übermittelt, wird das Regiment mit
Tragetieren ausgerüstet und Ende 1942/Anfang 1943 (in Hellers
Polizei-Dienstpass ist der 1. Januar 1943 vermerkt) an die kare-
lische Front in Finnland verlegt, um dort Gebirgstruppen der Waffen-SS abzulösen.

Mit der Truppenkonzentration ganz im Norden des europäischen
Kriegsschauplatzes verfolgt die deutsche Militärführung hauptsächlich zwei strategische Ziele: Insbesondere für die sich abzeichnen-
den gewaltigen Materialschlachten auf dem Territorium der Sowjetunion ist Hitlerdeutschlands Rüstungsproduktion zwingend auf Ei-
senerzlieferung aus dem neutralen Schweden angewiesen. Deshalb
werden Truppen zunächst nahe der schwedischen Grenze konzentriert, um für einen in der Planung befindlichen Einmarsch oder
jedenfalls als mögliche Absicherung dieser Erz-Transporte zur Verfügung zu stehen.

Anfang 1943 liegt das Regiment 18 deshalb zunächst in einem
Bereitstellungsraum am nördlichen Ende des Bottnischen Meerbu-
sens auf breiter Linie in der Umgebung der finnischen Städte Oulo
und Kemi und der Gemeinde Tervola, nur wenige Kilometer von
der schwedischen Grenze entfernt.

Dort ist das Regiment mit Partisanenaktionen nicht konfrontiert, und möglicherweise tritt bei den Männern auch eine vorübergehende innere Entspannung ein. Im »Wundertäter. Erster Band« – zwölf Jahre nach Kriegsende veröffentlicht – spielt Strittmatter an verschiedenen Orten und in verschiedenen Lebenssituationen, in die er seinen literarischen Helden Stanislaus Büdner stellt, immer wieder durch, wie den Zwängen der schlimmen Lage zu entrinnen sei. Es sind Gedanken, die Strittmatter vielleicht schon Anfang 1943, ganz sicher natürlich in den Jahren der Niederschrift des Romans beschäftigen:

»Ein Kiefernzweig wippte. Es raschelte. Stanislaus vernahm Geflüster. Sein Herz begann zu pochen. Jetzt war vielleicht schon ein Gewehr auf ihn angelegt. Die letzten Sekunden seines Lebens waren herangekommen. Sollte er schrein? Sollte er bitten? Sollte er beten? Er duckte sich tiefer ins Heidekraut, bekam herben Honiggeruch in die Nase und fühlte die Wärme des sonnendurchstrahlten Sandes auf seinen Handflächen. War sein Leben so überaus viel wert? Hatte es nicht Zeiten gegeben, wo er geneigt gewesen war, es einfach abzulegen wie einen zertragenen Anzug? Gab es einen besseren Ort totzugehn und zu zerfallen, als diese blühende Einsamkeit unter dem Pol der Erde? Wenn ein Schuss für ihn in einer Gewehrkammer bereitlag, müsste er jetzt – genau jetzt auf ihn zufliegen. Jetzt war er willig und bereit. In Sekunden konnte es anders sein. Die Lebenslust war so unberechenbar, konnte sich, eh man sich's versah, wieder mit Macht in das Herz stürzen und alle Glieder beherrschen.

Es fiel kein Schuss. Der Tod hatte einen guten Tag. Auch er lauschte wohl auf Gottes Orgelspiel, lächelte und übersah eine Gelegenheit, leichte Beute zu machen.«

Im Gespräch Büdners mit dem Dichter Weißblatt, dem anderen, dem literarischen Doppelgänger Strittmatters in der Kriegszeit, erklärt Büdner, man müsse »Böstaten« verhindern: »Weißblatt begann zu lachen. Sein Lachen klang wie das Gemecker einer Ziege. ›Böstaten? Wer will wissen, was Böstaten sind?‹«

An anderer Stelle im Roman macht sich der Zementarbeiter Rolling vorsichtig an seinen Plan, zu den Russen überzulaufen. Er überredet Büdner mitzukommen, Weißblatt, der Dichter, der einen

Roman gegen den Krieg schreiben will, soll auch mit. Am Ende fehlt Büdner der Mut – »Er war schwach – ein schwacher Mensch, wie man so sagt: hin und her gerissen.« – Aber wenigstens sichert er Rollings Desertion militärisch ab, und sie gelingt – jedenfalls im Roman.

Die zweite Aufgabe für die deutschen Militäreinheiten in Finnland besteht darin, möglichst weit in nordöstlicher Richtung vorzudringen, um die Murman-Bahn dauerhaft zu unterbrechen. Über den eisfreien Hafen Murmansk und die Bahnlinie in Richtung Leningrad werden seit November 1941 im Rahmen des US-amerikanischen Lend-Lease Act bedeutende Kontingente von Militärgütern zum sowjetischen Alliierten transportiert.

Im »Wundertäter« heißt es in diesem Zusammenhang: »Manche murmelten einen Namen, der nichts und alles für sie bedeutete: ›Petsamo‹.«

Petsamo, im russisch-finnischen Winterkrieg 1939 an die Sowjetunion gefallen, dann von 1940 an wieder in finnischem Besitz, ist ein Stützpunkt der deutschen Luftwaffe am nördlichsten Punkt Europas, von dem aus nach dem Überfall auf die Sowjetunion im Juni 1941 so gut wie folgenlose Bombenangriffe auf Murmansk und die Bahnlinie stattfanden. Von Norwegen her war Eduard Dietl, Generaloberst der Wehrmacht und Kommandeur der 20. Gebirgsarmee, in das Gebiet vorgerückt.

Jakob Knab ist Gründer und Sprecher der »Initiative gegen falsche Glorie«. Sein Mut verdient Bewunderung. Der folgende Text von ihm ist dem Internet entnommen:

*» Taten und Ehrungen des Wehrmachtsgenerals Eduard Dietl*

Dietls schuldhafte Verstrickungen in den Vernichtungskrieg der Wehrmacht sind offenkundig: Der Kommissarbefehl wurde auch an die Befehlsstelle Lappland (Dietl) weitergegeben. Im Bereich der 20. Gebirgsarmee (Dietl) wurden im Herbst 1941 sowjetische Kriegsgefangene »ausgesondert« und dem Sicherheitsdienst der SS zur Ermordung übergeben.

Generaloberst Dietl war für die Feldstraflager in Finnland und

Nordnorwegen truppendienstlich verantwortlich. Am Ende einer Rede vor Strafsoldaten am 16. Juni 1942 drohte er ganz unverhüllt mit der Ermordung von unwilligen oder körperlich zu schwachen Soldaten (›Wer nicht mitkommt, der fällt!‹). Ungeklärt ist allein die Zahl der Morde (Genickschüsse) an erschöpften Strafsoldaten.

Am 30. Januar 1943, dem 10. Jahrestag der Machtübernahme, wurde auch Dietl das Goldene Ehrenzeichen der NSDAP verliehen. Die verwundeten, verhungernden und erfrierenden deutschen Soldaten vor Stalingrad durften erst am Tag danach kapitulieren. Goebbels ordnete an, die Niederlage ›psychologisch zu einer Kräftigung unseres Volkes‹ zu nutzen. Am 18. Februar 1943 verkündete er im Sportpalast Berlin den ›totalen Krieg‹. Dietl telegrafierte ihm die ›uneingeschränkte Sympathie der Front‹.

Zum 20. Jahrestag des Hitler-Putsches (Marsch auf die Feldherrnhalle München) inszenierte das Regime Kampfkundgebungen mit Ritterkreuzträgern und Kriegshelden. Höhepunkt dieses Propagandafeldzuges war die Durchhalterede, die Dietl auf den Stufen der Feldherrnhalle München hielt: ›In der Schicksalsstunde unseres Volkes hat die Heimat die gleiche Parole wie die Front: Härte und Glaube. Der Krieg ist der unerbittliche Läuterer der Vorsehung. Ich erkläre feierlich: Ich glaube an den Führer!‹ Dieses öffentliche Bekenntnis zum ›Führer‹ verkündete Dietl auch in Rosenheim, Ingolstadt und Graz.

Am 23. Juni 1944 verunglückt Generaloberst Dietl bei einem Flugzeugunfall tödlich. In Hitlers Tagesbefehl aus dem Führerhauptquartier zum 1. Juli 1944 heißt es: ›Als fanatischer Nationalsozialist hat sich Generaloberst Dietl in unwandelbarer Treue und leidenschaftlichem Glauben seit Beginn des Kampfes unserer Bewegung für das Großdeutsche Reich persönlich eingesetzt. Ich verliere deshalb in ihm einen meiner treuesten Kameraden aus langer, schwerer, gemeinsamer Kampfzeit. Sein Name wird in seiner stolzen Gebirgsarmee weiterleben ...‹

Dieser Übergang vom Heldenkult zur landläufigen Traditionspflege steht auch in den Diensten der Verdrängung und Entlastung: ›Von der Jugend bis zum Tode ging dieser aufrechte, ehrliche und tapfere Mann unbeirrbar den Weg, der ihm durch Veranlagung und Erziehung und durch die Reinheit seiner heimischen Bergwelt vorgezeichnet war. Ein gütiges Geschick hat ihn unbesiegt und ungeschmäht von uns genommen, aber die Erinnerung an ›unsern Dietl‹ lebt weiter, nicht nur zwischen Bodensee und Graz, sondern überall dort, wo wahres Menschentum seinen hohen Wert behält.‹

Dies sind die letzten Zeilen des Buches ›General Dietl‹ (München 1951). Sie stammen aus der Feder des oberbayrischen Heimatdichters Max Dingler. Als Vorlage hatte Dingler die NS-Propagandaschrift ›Kamerad Dietl‹ aus dem Jahre 1942 gedient.

Am 20. Mai 1964 genehmigte der damalige Bundesminister der Verteidigung, Kai-Uwe von Hassel (CDU), den Namen ›Dietl-Kaserne‹ für die bisherige ›Jägerkaserne‹ in Füssen. Im Oktober 1965 wurde die ›Dietl-Kaserne‹ in ›Generaloberst-Dietl-Kaserne‹ umbenannt. Im Januar 1982, anlässlich der Benennung einer Straße in Dietls Geburtsort Bad Aibling, begann der öffentliche Meinungskampf um Dietl. Im Juli 1987 forderte eine Bürgerinitiative in Kempten die Umbenennung der ›General-Dietl-Straße‹. Und im Namen von Pax Christi forderte ich im Februar 1988 die Umbenennung der ›Generaloberst-Dietl-Kaserne‹ in Füssen. Wütende Reaktionen ließen nicht auf sich warten: So nannte der scheidende Standortälteste von Füssen Ende März 1988 die Befürworter der Umbenennung ›unzufriedene, ja beinahe unmündige Staatsbürger‹.

Indes: Meine Eingabe an den Deutschen Bundestag wurde am 24. November 1992 wie folgt beantwortet: ›Nach Auffassung des Petitionsausschusses kann durch Aufklärung des BMVg [Bundesministerium der Verteidigung] bzw. der Truppe Verständnis für die Umbenennung der Kaserne geweckt werden. Eine Umbenennung wäre zugleich ein Beitrag zur ›Aufarbeitung der jüngsten deutschen Vergangenheit‹.

Der örtliche CSU-Abgeordnete Kurt Rossmanith hielt am 18. Januar 1993 dagegen: ›Sehr geehrter Herr Bundesminister, lieber Volker, ... Ich glaube, ich muss nicht ausdrücklich betonen, dass ich mich mit allem Nachdruck für eine Beibehaltung des bisherigen Namens der Füssener Kaserne ausspreche. Generaloberst Dietl war und ist für mich auch heute noch Vorbild in menschlichem und soldatischem Handeln ... Dein Kurt‹ (Von Januar bis Juni 1998 war Rossmanith Vorsitzender des Untersuchungsausschusses zur Aufklärung der rechtsradikalen Entgleisungen in der Bundeswehr.)

Wer gegen diese Neuauflage falscher Glorie öffentlich Stellung bezog, stieß auf erbitterten Widerstand in Form von anonymen Anrufen, Zuschriften und Drohungen. Die ersten Morddrohungen am Telefon waren am schlimmsten, so meine persönlichen Erfahrungen. ›Du Drecksau bist im Fadenkreuz‹, röchelten unbekannte Anrufer ins Telefon. ›Ein Wort noch, und wir bringen deine zwei Buben um‹, las ich anderntags in anonymer Post. Seinerzeit nannte ich diese Mischung aus Borniertheit, Verstocktheit und Aggression den ›Würgegriff des gesunden Volksempfindens«. Einem kritischen Allgäuer Journalisten wurde die Autoscheibe eingeworfen und ein Brief zugestellt: ›Juden-Freund pass auf!‹

Der siebenjährige Krieg um ›Dietl‹ endete so: ›Bundesminister der Verteidigung Volker Rühe (CDU) hat am 9. November 1995 entschieden, die Generaloberst-Dietl-Kaserne in Füssen und die General-Kübler-Kaserne in Mittenwald neu zu benennen. Die Kaserne in Füssen wird den Namen Allgäu-Kaserne, die Kaserne in Mittenwald den Namen Karwendel-Kaserne tragen ... Tradition der Bundeswehr muss verantwortungsbewusste Auswahl aus der Geschichte sein, die sich am Werterahmen des Grundgesetzes orientiert. Daher stützt sich die Bundeswehr vor allem auf die freiheitlichen Werte der deutschen Militärgeschichte.‹

Auf der Kommandeurstagung in München hatte Volker Rühe am 17. November 1995 kundgetan: ›Die Wehrmacht war als Organisation des Dritten Reiches in ihrer Spitze, mit Truppenteilen und mit Soldaten in Verbrechen des Nationalsozialismus verstrickt. Als Institution kann sie deshalb keine Tradition begründen.‹«

Mit Erlass vom 24. Februar 1943 verlieh Himmler, der als Reichsführer der SS und Chef der Deutschen Polizei die Verschmelzung von SS und Polizei und eine Übernahme dieser Regimenter in die Waffen-SS anstrebte, allen Polizei-Regimentern den Zusatz »SS«, gleich, ob sie zur Waffen-SS gehörten oder ihr unterstellt waren.

Zu einer faktischen Übernahme kam es jedoch vor dem Ende des Nazi-Reiches nicht, und es galt nach wie vor die grundsätzliche Regelung: Der weitaus größte Teil aller Schutz- und Ordnungspolizisten blieb außerhalb der SS, und auch mit dem Zusatz »SS« ist das Polizei-Gebirgsjäger-Regiment 18 nicht Teil der SS oder der Waffen-SS geworden.

Nicht nur Hitler persönlich, auch die Wehrmachtsgeneralität bemühte sich, Himmlers militärischen Einfluss zu begrenzen.

Das inzwischen der SS-Gebirgsdivision »Nord« unterstellte Regiment 18 wird an der östlichen Standortgrenze der Division bei Kestenga (Kiestinki) eingesetzt. Und so gibt es von Mitte März bis Mitte April 1943 doch noch Feindberührung mit sowjetischen Partisanen-Einheiten, die praktisch aus dem Nichts heraus operieren und nach kurzen Gefechten wieder im Nichts verschwinden.

Allerdings ist die Bedeutung der Murman-Bahn für den Materialnachschub der Roten Armee aus den USA inzwischen zugunsten des Hauptwegs für diese umfangreichen Transporte auf der Pazifik-Route über den Iran teilweise in den Hintergrund getreten. Und so erfolgt die Abberufung des Regiments 18 aus Finnland, es wird jetzt anderswo nötiger gebraucht.

Ein Brief Himmlers an den für das Gebiet Oberkrain zuständigen Gauleiter Rainer in Klagenfurt gibt Auskunft über das Eingreifen des Oberkommandos der Wehrmacht in Himmlers Zuständigkeitsbereich, den der natürlich ehrgeizig verteidigt:

»Ich bestätige Ihr Fernschreiben vom 17.6.1943 [...] von dessen Inhalt ich dem Führer Kenntnis gegeben habe. Der Führer betonte erneut, dass die Bandenbekämpfung einzig und allein die Angelegenheit des Reichsführers SS ist. Er sagte mir zu, erneut zu überprüfen, ob mir nicht das Gebirgs-Polizei-Regiment »Franz« [gemeint ist das an dieser Stelle nach ihrem Kommandeur benannte Regiment 18] aus Karelien wieder freigegeben werden könnte. Ich hoffe, das Regiment zur Verfügung zu bekommen und würde es dann sofort in die Oberkrain verlegen [...]«

Für den Polizei-Soldaten Strittmatter würde sich auch in der Realität seines Karelien-Aufenthaltes, im undurchdringlichen, sumpfigen Wald ohne Orientierungsmöglichkeiten und genau umrissenem Zielort, keine Chance zur erfolgreichen Desertion ergeben. Auf eigene Faust und von der eigenen Truppe unbehelligt einen der weit verstreut liegenden Standorte der Roten Armee zu erreichen, scheint so gut wie unmöglich. Ob Strittmatter zu dieser Zeit Gedanken an eine Flucht überhaupt durch den Kopf gegangen sein werden, ist zu bezweifeln. Die Desertion bleibt erst vierzehn Jahre später seiner literarischen Figur Rolling vorbehalten.

Auch hier, im nördlichen Europa, ist es Strittmatter unmöglich, sich dem Schrecklichen zu entziehen, das er in Krakau und Slowenien gesehen hat. Nun steht ihm eine weitere Fortsetzung bevor.

## 5. Griechenland

Im Juli 1943 wird die Rückkehr des Regimentes aus Finnland befohlen, am 31. Juli ist es wieder in Danzig, dem Ausgangspunkt für seinen Aufenthalt in Karelien. Von hier aus erfolgt, entgegen Himmlers Versprechungen gegenüber dem Klagenfurter Gauleiter, nicht die Verlegung nach Slowenien, sondern über Graz, Belgrad, Skopje, Saloniki nach Griechenland.

Vor der Ankunft des Militärtransports mit dem dritten Bataillon am 14. August 1943 (Laut Hellers Polizei-Dienstpass am 15. August) in Lianokladi bei Lamia könnte es irgendwo in den Schluchten des Balkans zu jenem Überfall jugoslawischer Partisanen auf den Zug gekommen sein, den Strittmatter im »Wundertäter« beschreibt:

»Die Lokomotive bremste scharf. Die Waggons polterten und prallten aufeinander. Es gab einen Knall. Alles kollerte durcheinander: Männer, Tornister, Kochgeschirre. Seitengewehre klirrten, Karabiner klackten. Die Finsternis war mit groben Geräuschen angefüllt. Es knallte scharf auf dem Waggondach. Feuerbündel spritzten umher. [...] ›Gemeinheit‹, brüllte jemand, ›ist hier vielleicht die Front?‹ Nein, hier war die Front nicht, aber es knallte und splitterte. Die Teerpappe eines Waggondaches brannte. [...] Wohin sollte Stanislaus schießen? Er sah keinen Feind. Auf der Felswand drüben lagen doch Leute seines Bataillons. Sollte er sie beschießen? So also sah der Krieg aus? In den Instruktionsstunden, beim Exerzieren gab es stets klare Linien: Hier wir – dort der Feind. Alle Feindumgehungen glückten, jedes Exerziergefecht endete mit einem Sieg. [...] Weißblatt fuhr hoch. Die Stille war ihm verdächtig geworden. Er fühlte sich allein gelassen von all den Kameraden, mit denen er sonst nichts im Sinn hatte. Geschichten fielen ihm ein, wo Männer in die Hände des Feindes gefallen und zu Tode gemartert worden waren. Auf diese Weise wollte er nicht sterben. Er hatte manchmal nichts mehr für das Leben übrig; das war mehr als wahr, aber er wünschte sich einen besonderen Tod. Gewisse Bedingungen mussten erfüllt sein! Jetzt lag er in diesem Loch, und in ihm lag ein ungeschriebenes Buch; ein Buch, das alle Erkenntnisse enthalten sollte, die Weißblatt auf dieser verfahrenen Welt gemacht hatte. Die Gedanken um dieses Buch wärmten seinen kleinen Mut ein wenig an. [...] Hier Weißblatt, der Dichter! [...] Das Gefecht kam wieder nach vorn. Stanislaus und der Tote lagen hinten. Vorn? Hinten? Was hatte das zu bedeuten in dieser verwirrten Welt! Eine Stimme schrie sich heiser: ›Sanitäter! – Sanität!‹

Eine schwache Stimme rief: ›Mein Gehirn quillt heraus!‹«

Strittmatter zieht im Roman das Resümee dieses Gefechts:

»Sie benötigten mehr als zwei Waggons für die zusammengetragenen Toten. ›8 Pferde oder 48 Mann‹ stand an den Güterwagen. Über die Anzahl der Leichen, die eingeladen werden durften, war an der Waggonwand nichts vermerkt. [...] Beetz [Büdners Kompaniechef] behauptete zudem, das Bahngleis sei nicht durch eine Sprengladung hochgegangen, sondern mit Hacken und Schaufeln zerstört worden. Eine ganz gewöhnliche Bauernarbeit. Zehn lumpige, verlauste, serbische Bauern hätten das Bataillon durcheinandergebracht und kopflos gemacht.«

Zurück aus dem Roman über die Wirklichkeit des Krieges hinein in unsere Gegenwart ergibt sich eine Frage, die nicht verschwiegen werden darf: Was werden Strittmatter und seine Mannschaftskameraden 1943 – mitten im noch unentschiedenen Krieg – nach einem so schmählichen Versagen im Überraschungskampf mit möglicherweise nur zehn serbischen Partisanen über diesen Feind gedacht haben?

So viele Tote ... Kameraden, gute Freunde! Ach, der ist tot und der auch, und gerade gestern noch hat er lachend gesagt ... Hinterhältige Banditen!

So könnten sie gejammert und geflucht haben.

Ist in ihnen in dieser Situation überhaupt außer für Hass, Sühne,

Rache noch Platz für etwas anderes? Für menschliches Verständnis? Wo bleiben Mut und Nachdenklichkeit? Wandelt sich Feigheit und Gleichgültigkeit zur Tat? Zu welcher Tat, bezogen auf die Partisanen, die völlig im Recht sind mit ihrem Überfall aus dem Hinterhalt?

*Darf so* überhaupt gefragt werden? Was geschieht mit Soldaten, wenn der Krieg *entfesselt* ist und *unaufhaltsam* auf seinem Todesweg dahinstürmt? Welche Gedanken und Empfindungen bestimmen das Denken und Handeln gegenüber dem *Feind*: Hass? Sühne? Rache? Mut? Feigheit? Flucht? Nachdenklichkeit? Widerständische Tat?

Und wo steht der Mensch auf der anderen Seite der Front, der Bruder, der nichts tut, als sein überfallenes Land und seine Leute zu verteidigen mit den Mitteln, die ihm zur Verfügung stehen? Auf den kein anderer zugehen kann als der, der ihn überfallen hat?

Fest steht: Es war jedem deutschen Soldaten, gleich in welcher Einheit oder bei welcher Waffengattung, zu jeder Zeit möglich, sich vom Befehl der Teilnahme an einem Massaker oder einer *Sühne*-Erschießung freistellen zu lassen. – Höchst selten wurde allerdings von dieser Möglichkeit Gebrauch gemacht. Allein schon diese Tatsache führt das sogenannte Argument vom *Befehlsnotstand* ad absurdum.

Insbesondere in Griechenland hat es immer wieder Desertionen von Soldaten gegeben, und der ehrenvolle Weg in eine alles Elend mit einem Schlag beendende Gefangenschaft war auf dem Weg über griechische Partisanen und deren immer festere Verbindungen zu englischen Stellen nicht so kompliziert und gefahrvoll wie anderswo. Ehrenvoller Weg in die Desertion deshalb, weil jeder betroffene Deutsche mit dem Zeitpunkt seiner Entfernung von der Truppe aus dem ständig eskalierenden Mordgeschehen heraus war, selbst nicht mehr töten konnte oder musste. Jedenfalls nicht mehr tötete.

Aber was, wenn er noch immer, gleich Millionen anderer, an *Wunderwaffen* und *Endsieg* glaubte? Wenn er um das Schicksal seiner zurückgelassenen Angehörigen zu Hause bangte? Wenn er zu viel Angst vor einer ungewissen Zukunft hatte, bezogen im doppelten Sinne auf ein Nachkriegs-Naziregime oder ein, angesichts der eigenen Schuld vorgestelltes, mit gleicher Münze heimzahlendes Siegerregime der Kriegsgegner?

»Genießt den Krieg, der Frieden wird schrecklich« – eine unter Soldaten weitverbreitete Parole jener Jahre. Die Entscheidung zur Desertion war auch dort, wo sie sogar relativ leicht umzusetzen gewesen wäre, alles andere als einfach.

Mehrere Gründe können für die offensichtlich kurzfristige Umlenkung des Polizei-Regiments 18 nach Griechenland maßgeblich gewesen sein: Da das Mittelmeer schon nach Rommels verlorener Schlacht bei El-Alamein im Juli 1942 nicht mehr unter Kontrolle des deutschen Militärs zu halten war, musste die Wehrmachtsführung jederzeit mit einer Landung der Alliierten in Griechenland, am Rande des europäischen Kriegsschauplatzes, rechnen.

Die militärische Schlagkraft der in vielen Teilen des Landes kämpfenden griechischen Partisanengruppen war in relativ kurzer Zeit stark gewachsen. Deutschen und Italienern stand jetzt eine schlagkräftige, gut geführte regelrechte Partisanenarmee gegenüber.

Die Motivation der italienischen Truppen, gegen diese von Engländern und Amerikanern beratene und mit Waffen unterstützte Untergrundarmee zu kämpfen, ließ nach, und bei den Italienern wuchs die Neigung, die Fronten zu wechseln.

In einer Sitzung des Großen Rates hatte König Viktor Emanuel III. am 25. Juli 1943 Benito Mussolini entmachtet, dessen Inhaftierung angeordnet und den politisch unerfahrenen Marschall Badoglio als ersten italienischen Ministerpräsidenten der postfaschistischen Zeit eingesetzt. Die neue Regierung versuchte, eine Balance zwischen den Ansprüchen der Alliierten, die schon Sizilien besetzt hatten, und dem Bündnispartner Deutschland herzustellen. Badoglio bekämpfte zunächst Forderungen vonseiten des Militärs nach einem Kriegsende mit der Verhängung des Belagerungszustandes und der Einrichtung von Internierungslagern. Aber er begann auch – entgegen dem Willen des Königs – mit zaghaften Säuberungen unter den Faschisten. Als die Alliierten ihre Bombenangriffe auf italienische Städte forcierten, nahm Badoglio geheime Waffenstillstandsverhandlungen mit ihnen auf.

Deren Ergebnis wurde am 8. September 1943 verkündet und bedeutete einen Frontenwechsel, der allerdings stattfand, ohne dass die italienischen Soldaten sofort darüber informiert wurden. Von da an hatte das italienische Heer auf alliierter Seite zu kämpfen.

In Lianokladi angekommen, wird das SS-Polizei-Gebirgsjäger-Regiment 18 in der Nähe des Ortes Arachowa sofort in Kampf-handlungen mit Partisanen verstrickt und setzt fort, was schon in Slowenien sein Auftrag gewesen war.

Ab dem 14. August 1943 werden die einzelnen Bataillone des Regimentes dann zunächst an unterschiedlichen, teilweise weit voneinander entfernten Orten eingesetzt.

Das dritte Bataillon, in dessen Stab Strittmatter einer der Schrei-ber ist, wird ab 18. August 1943 vorübergehend der Division Bran-denburg unterstellt. Es nimmt an *Säuberungsaktionen* in Plataiai, Neokhórion, Domvrena teil. Auch am 27. August geht es in Thibia auf Partisanenjagd.

Anfang September wird das Bataillon jedoch aus der Division Brandenburg wieder herausgelöst und nach dem 18. September 1943 der 11. Luftwaffen-Division unter Generalleutnant Drusa unterstellt. Es übernimmt Küstenverteidigungsstellungen in Glyfada bei Athen.

Am 17. September 1943 wird das Bataillon mit Hilfe der U-Jagd-flottille 21 und der Küstenschutzflottille »Attika« auf Euboea und den Kykladen-Inseln abgesetzt, um Italiener in Stärke einer Division zu entwaffnen und nach dem Festland zu verbringen. Die 10. Kom-panie wird zu diesem Zweck und zur Sicherung des Nordteils der Insel Euboea entsandt. Ein Oberleutnant setzt mit einem Zug der 12. Kompanie auf einem Schnellboot nach Syros über und nimmt die Insel ein. Er wird dort zum Inselkommandanten ernannt.

Am 23. September 1943 besetzt die zum dritten Bataillon gehö-rende 12. Kompanie unter der Führung von Hauptmann Spann die Insel Andros, hier wird eine verzweifelt weiterkämpfende Trup-pe junger italienischer Offiziere mit MG-Feuer und Handgranaten niedergekämpft. Auf der kleinen, ziemlich isolierten Insel Levitha findet ein Gefecht mit einer englischen Invasionstruppe statt. Wei-ter geht es auf andere Kykladen-Inseln: Paros, Delos, Amorgos, Ios, Andipáros. Die Entwaffnung und Gefangennahme noch verblie-bener italienischer Truppen erfolgt hier offensichtlich ohne große militärische Auseinandersetzungen.

Es ist unklar, ob das dritte Bataillon schon auf dem Festland auf-geteilt wird und jeweils einzelne Truppenteile die Inseln besetzen, oder ob das Bataillon insgesamt von Insel zu Insel weiterzieht und überall einzelne bewaffnete Gruppen zurücklässt.

Der Bataillonsstab und ein Zug von etwa 30 bis 40 Mann landen auf Naxos, der vom Festland schon ziemlich weit entfernten, mit über vierhundert Quadratkilometern größten Kykladeninsel. Hier sind sie nur sehr wenige deutsche Soldaten, und sie werden für etwa drei Monate bleiben.

Die Insel Kephallonia übrigens liegt westlich des Peloponnes, etwa fünfhundert Kilometer von Naxos entfernt. Dort ist im September 1943 die Edelweißdivision der Deutschen Wehrmacht damit beschäftigt, rund 5000 italienische Soldaten, die jetzt nicht mehr Verbündete sind, kaltblütig zu ermorden. Manche Historiker sprechen von einer noch wesentlich höheren Zahl Getöteter.

So gesehen hat Strittmatter für diesen Fall sogar *Glück*, dass er nicht Wehrmachtssoldat, sondern Militärpolizist ist und es auf Naxos in diesem Zusammenhang *besser* getroffen hat. Im »Wundertäter« beschreibt er, wie es Stanislaus Büdner dort ergeht:

»Die Tage vergingen. Die Insel lag weiß im blauen Meer. Der Himmel war hoch. Die Sonne stieg am Morgen aus dem Wasser, durchreiste das blaublaue Himmelsfeld und sank am Abend wieder ins Wasser. Der Krieg war weitab. Stanislaus und seine Kameraden hätten nicht gewusst, dass es ihn noch gab, wenn da nicht Hauptmann Beetz aus Bamberg, Leutnant Krell aus Halle und der graue Kasten bei den Funkern gewesen wären. Diese drei Dinge führten ihnen den Krieg immer wieder vor Augen, und sie hämmerten ihnen ein, dass sie auf Wacht für Deutschland säßen.

Wenn Stanislaus keine Wache im Hafen oder auf irgendeinem Wachpunkt der Insel hatte, nahm er ein Fischerboot und ruderte hinaus. Er fing Fische, ließ sich von der Sonne bescheinen oder brütete und dachte über sein Leben nach. Er hatte Zeit, viel Zeit. Einmal war sein Leben von Wünschen getrieben worden. Nicht selten hatte sich auch die Liebe, jene geheimnisvolle Kraft, seiner bemächtigt, seine Wünsche verwirrt und seinen Lebensfaden zerzaust. Alles das gab es jetzt nicht mehr. Er war wohl nur noch eine leere Kiste, die hin und her geschickt wurde, ein Kadaver, den man auf Umwegen zu Grabe fuhr.

Es kam ein Schiff aus Piräus. Es brachte Proviant und Post. Keine Post für Stanislaus. Er war mit niemand mehr in Deutschland verbunden. Für wen stand er also hier auf Wacht? Für das Großdeutsche Reich, bitte. – Das Schiff fuhr wieder ab.«

Beinahe unmittelbar danach folgt in Strittmatters Roman eine andere Szene, die in ihrer Widersprüchlichkeit in beabsichtigtem Widerspruch zu dieser Szene steht:

»Sie durchkämmten die Insel. Sie zerzausten die Stille der Nacht mit Zurufen und Zoten. Sie durchsuchten Häuser und Höhlen, durchwühlten die Hütten der Hirten. Sie suchten mit preußischer Gründlichkeit sogar zwischen den Schafherden. Sie schossen sich Schafe für ihre Küche. Sie knallten einen Widder ab. Kraftczek nahm sich das Gehörn für die Wand in der Stube hinter seinem Laden. ›Die wo nicht hier waren, möchten denken, es ist ein Springbock und in Afrika geschossen.‹

Sie untersuchten in den Hirtenhütten jeden Schafspelz und vergaßen, manchen wieder hinzulegen. Daheim ging's auf den Winter zu. Sie fanden alles, Schafsbutter und Hirtenkäse, Dickmilch und Olivenöl, aber die Höhlen mit den Einfahrten für die Füchse fanden sie nicht. – Die ganze Nacht Geschrei, Gejohl und Gelichter in den Bergen, und am Morgen brachten sie zwei verdächtige Hirten in den Hafen. Man rief die Hirten plötzlich auf italienisch an. Sie reagierten nicht.

›Dös beweist einen Dreck‹, sagte Hauptmann Beetz und gab sich erfahren. ›Ausziagn, die Haderlumpen, die! Welcher Scheiß in der Hose hat, muss der Italiener sein.‹

Alles lachte, aber sie zogen die Hirten aus. Sie fanden nichts in den Hirtenhosen und lachten wieder. [...]

Die nackten Hirten starrten die bewaffneten Männer an. Was mochte der Hauptmann über sie entscheiden haben? Einer der Hirten kniete nieder, faltete die Hände und streckte die Arme mit bittender Gebärde zu den Soldaten hin. Kraftczek stellte sein Widdergehörn an den Olivenkübel. Er zeigte auf den Himmel, faltete seinerseits die Hände und fragte. ›Maria?‹

Der Hirt nickte. Kraftczek gab ihm die Hose zurück. ›Tu dir was um. Die Mutter Gottes möchte sonst einen schönen Begriff von dir kriegen.‹

Da aber hüpfte einer mit einer Schuhcremeschachtel aus dem

Haufen. Schuhcreme Merke ›Erdal‹, deutsche Wertarbeit. Die Hirten sollten sich umdrehn. Schon hob das Johlen an, da sprang Stanislaus hervor und entriss dem Rohling die Dose. ›Weh, wenn du das wagst!‹ Stanislaus und der dürre Kamerad aus Bochum standen sich gegenüber wie Wölfe. Es wurde still. Kraftczek setzte sein Widdergehörn ein zweites Mal gegen den Olivenkübel, tippte an seinen Gefreitenwinkel und schrie: ›Alles herhören! Ablassen! Hier spricht ein Dienstgrad!‹

Das Gejohle war fertig. Der Bann war gebrochen. Stanislaus kümmerte sich nicht mehr um den dürren Soldaten. Er gab dem Hirten ein Zeichen. Die Hirten verneigten sich, rafften ihre Kleiderbündel und rannten nackt, wie sie waren, den Bergen zu.«

Wie überall auf den Inseln war die deutsche Besatzung auf Naxos zu schwach und auf zu große Räume verteilt, um eine einheitliche Versorgung zu gewährleisten.

»Die Besatzungen mussten sich daher in der Hauptsache aus dem Lande verpflegen und waren im Übrigen auf Unterstützung durch die Marine angewiesen, mit Hilfe derer auch eine gewisse Verbindung zwischen Bataillons-Stab und Inselbesatzungen aufrechterhalten werden konnte«, stellt Hermann Franz, der Regimentskommandeur, in seinen Erinnerungen fest.

Er berichtet auch, dass drei Mann von Naxos aus mit einem Boot Befehle des Bataillonsstabs und Post für die Leute zu der nur etwa zwei Seemeilen entfernt gelegenen Insel Paros hätten bringen sollen. Unterwegs sei das Boot von einem plötzlich auftauchenden englischen U-Boot gekapert und versenkt worden. Später hätten Angehörige dieser Polizisten aus Ägypten von den auf diese Weise in Gefangenschaft geratenen Kameraden Post erhalten.

Diese Kaperung und den militärischen Alltag auf Naxos beschreibt Strittmatter in seiner Erzählung »Grüner Juni« sehr ausführlich.

Sieht man vom späteren Kriegsende ab, war die Möglichkeit zur Desertion für Strittmatter nie so günstig wie während seines Aufenthaltes auf Naxos. Es bestand die Möglichkeit, binnen weniger Stunden und unterstützt von Einheimischen, gefahrlos in sichere englische Gefangenschaft zu gelangen.

Später wird Strittmatter in einem Fragebogen darüber Auskunft geben, und im »Wundertäter« beschreibt er das vorzeitige Ende der Soldatenzeit für Stanislaus Büdner und sein anderes Alter ego, den Dichter Weißblatt. Strittmatter schreibt, wie Büdner und die anderen Soldaten auf einer Insel von Kugeln italienischer Truppen empfangen werden. Die Insel kann in der Realität Andros geheißen haben. Sie kämpfen den italienischen Widerstand nieder; den italienischen Capitano, der ihn geleitet hatte, finden sie nicht.

»Sie besetzten die Insel. Sie nahmen die Italiener fest. Es waren nicht mehr viele. Man brachte sie auf die Schiffe und befragte sie: ›Weiterdienen beim deutschen Heer oder Gefangene?‹ Die meisten wollten Gefangene sein.«

An einem der kriegsfernen Inselabende treffen Weißblatt und Stanislaus mit einem griechischen Priester zusammen. Während Stanislaus zuhört, kommt es zwischen Weißblatt und dem Priester zu einem Gespräch:

»›Der Mensch ist also verantwortlich für alles?‹ fragte Weißblatt. Der Priester nickte und formte mit seinen Armen die Ründe der Erde nach.
›Für Sturmflut?‹ fragte Weißblatt.
›Bessere Deiche, sichere Schiffe‹, sagte der Priester.
›Für Seuchen?‹ fragte Weißblatt.
›Mehr Menschenliebe, bessere Medizin‹, sagte der Priester.
Sie glichen zwei Kartenspielern: Der eine spielte ein Blatt aus, der andere stach. Die Mädchen am Fenster lauschten, beugten sich gespannt in das dunkle Stübchen hinein. Weißblatt lächelte und schien seine letzte Karte auszuspielen. ›Der Krieg?‹
Stanislaus zuckte. Das war seine Frage.
›Die Gesellschaft in Ordnung bringen‹, sagte der Priester. Er sagte es gleichmütig und mit weiser Kühle wie alles zuvor.
›Sozialisten? Marx? Kommunisten? Materialismus?‹ fragte Weißblatt triumphierend.
›Alles das‹, sagte der Priester. [...]
Weißblatt lachte hektisch. ›Hähä, Kommunisten – Russland. Gott im Gerümpel. Priester arbeitslos.‹
Der Priester blieb ernst. [...] ›Wenn Gott im Gerümpel, war er

nicht das Leben. Das Leben ist Gott. Gott ist das Leben.‹ Der Priester stand auf. Er wartete nicht mehr auf Weißblatts Antwort.«

Wem dieser Dialog vielleicht zu holzschnittartig erscheint, der möge bedenken: Als Strittmatter seinen Roman 1957 veröffentlichte, lagen heftige, auch militärische Auseinandersetzungen zwischen der Mehrzahl der griechischen Partisanen, ihrer regelrechten ELAS-Armee und der britischen Militärmacht sowie ein erbitterter Bürgerkrieg in zwei Phasen, die Zeit der Truman-Doktrin und das Hin und Her der sowjetischen Interessen im südöstlichen Mittelmeerraum hinter dem Land. – Die spätere brutale Diktatur der Obristen allerdings stand ihm noch bevor.

Der erste Teil von Strittmatters »Wundertäter« geht mit der Desertion von Büdner und Weißblatt zu Ende. In Büdner ist der sinnliche, in Weißblatt der intellektuell-schöpferische Teil ihres Erfinders Erwin Strittmatter konzentriert. Als Mönche verkleidet, verlassen beide den Krieg:

»Drei Tage später gingen zwei Mönche durch die Pforte des griechisch-orthodoxen Klosters einer Insel, deren Namen sie nicht kannten. Das Kloster war ein weißer Bau im Gefels. [...] Sie sahen lange schweigend zu einer Insel hinüber, die fern lag und blau war, so blau und fern wie der deutsche Wald manchmal, wenn der Morgen heraufzieht.

Und als der eine Mönch danach den anderen ansah, gewahrte er, dass dieser weinte. ›Was weinst du?‹

›Ich habe keinen Grund, vor Freude zu weinen.‹ [...]

›Wissen möchte ich doch‹, sagte da der eine der Mönche, ›ob sie uns geliebt haben.‹

Der andere Mönch antwortete nicht sogleich. Er war jetzt sicher, dass das Boot draußen kleiner wurde und von der Insel wegstrebte. Da sagte er: ›So, wie wir sind, ist das nicht zu verlangen.‹«

»Ende des ersten Bandes«, steht unter diesem letzten Satz.

Für den Wachtmeister Erwin Strittmatter allerdings ist die Gelegenheit zur Desertion vorübergegangen. Den Krieg für sich zu beenden, fehlt ihm noch immer der Mut.

Das dritte Bataillon kehrt Anfang des Monats Januar 1944 auf das Festland zurück, es wird etwa hundert Kilometer nördlich von Athen in der Stadt Levádia wiederum dem Befehl seines Regimentes unterstellt. Das Regiment hat die Aufgabe, Böothien, das Gebiet nördlich von Athen, unter seiner Kontrolle zu halten und die Verbindung zwischen der Hauptstadt und Thessaloniki in Richtung jugoslawischer und bulgarischer Grenze in diesem Abschnitt zu sichern. Die einzelnen Einheiten agieren über einen ausgedehnten Bereich verteilt, oft als Straßenposten in Zug- oder Kompaniestärke mit relativ großer Eigenverantwortung.

Während vor allem das erste Bataillon für die mitleidslosen, hinterhältig organisierten Judendeportationen aus Athen und für die brutalen Versuche mitverantwortlich ist, den Widerstandskampf in der griechischen Hauptstadt zu brechen, sind die beiden anderen Bataillone ständig in Kämpfe mit der Partisanenarmee der ELAS verwickelt.

Mit völkerrechtswidrigen Geiselexekutionen versucht das Regiment, überall Angst und Schrecken zu verbreiten. Aber die militärische Schlagkraft der gutorganisierten Partisaneneinheiten wächst ständig.

In Sammellagern werden unschuldige Zivilisten gewissermaßen *auf Vorrat* interniert. Wenn nach Partisanenaktionen Geiselerschießungen fällig werden, hat man die Erschießungskandidaten gleich bei der Hand: Zumindest die deutsche Organisation funktioniert reibungslos.

Es existieren Anordnungen zur Verhältnismäßigkeit bei Geiselerschießungen: Wie viele tote griechische Geiseln für wie viele tote Deutsche (eins zu fünfzig, eins zu hundert etc.). Die Polizei hält sich in der Regel an diese Festlegungen. – Die SS und die Wehrmacht oft nicht. Sie erschießen mehr Geiseln, als sie sollten ... Wer ist grausamer: Wehrmachtsangehörige oder Polizisten?

Und immer noch gilt, was die ganze Zeit über gegolten hat: Zu Erschießungen werden entweder in dieser Tätigkeit *geübte* Kommandos herangezogen, oder junge Offiziere bzw. erfahrene Unterführer stellen sie aus dem Kreis der ihnen Untergebenen zusammen, indem sie *geeignete* Schützen auswählen. Wer es nicht aushält, wem zum Beispiel immer wieder *schlecht wird* beim Erschießen, der muss es nicht tun. Er muss nicht befürchten, deshalb vor ein Kriegsgericht gestellt zu werden. Das Kommando wird zur Erschießung so aufgestellt, dass die persönliche Identifizierung Täter – Opfer erschwert ist. Es könnte zum Beispiel auch *daneben* oder *in die Luft* geschossen werden. Die Erschießungskommandos sind mit Karabinern bewaffnet. Mit Pistolen ausgerüstete Stabsangehörige werden zu Erschießungen nicht herangezogen.

Der Historiker Ralph Klein schreibt in seinem Aufsatz über das SS-Polizei-Gebirgsjäger-Regiment 18:

»Am 5. Januar 1944 wurden zwei Angehörige der schweren Kompanie des Polizei-Gebirgsjäger-Regiments von Partisanen in Vrastamides [wahrscheinlich ein strategischer Punkt an der Straße Athen-Thessaloniki] getötet, einer wurde verletzt. Daraufhin ordnete Polizei-Oberleutnant Wendl vom dritten Bataillon [Strittmatters Einheit] die Exekution von 120 Geiseln aus dem Gefängnis von Levádia an. Wendl blieb unnachgiebig gegenüber dem Drängen der Bevölkerung, die Exekution dieser im November 1943 willkürlich verhafteten Personen nicht durchzuführen. In seinen Augen handelte es sich um Kommunisten. Verzweifelt zogen Angehörige und andere Einwohner des Ortes zum Militärkommandeur Rungel, um von ihm die Aufhebung des Exekutionsbefehls zu erreichen. Aber auch dieser Polizei-Gebirgsjäger lehnte ab. Er betrachtete die vor ihm knienden Bittsteller als kommunistische Versammlung, die er gewaltsam auflösen ließ. Dennoch reduzierte Rungel die zu Exekutierenden auf 50. Sie wurden am folgenden Tag, dem 8. Januar 1944, außerhalb von Vrastamides von einem Exekutionskommando des Polizei-Gebirgsjäger-Regiments erschossen.«

Folgt man einer griechischen Auflistung, so werden allein im Monat Januar 1944 bei siebzehn Exekutionen als Vergeltungsaktionen mehr als fünfhundert Zivilisten erschossen oder erhängt, rund dreißig Dörfer werden geplündert und anschließend niedergebrannt, ohne dass die Täter-Einheiten bisher bekannt geworden sind. Und so geht es unvermindert weiter fast bis zum Ende des Jahres, als die deutschen Okkupanten endlich aus dem Land getrieben sind.

Ist es nicht eine große Gnade seitens des griechischen Volkes, wissbegierigen deutschen Studiosus-Reisenden heute zu gestatten, wieder auf den Spuren der Antike zu wandeln? Die nicht verjährende Verantwortung, uns dieser Gnade als würdig zu erweisen, bleibt uns Deutschen allerdings erhalten.

Ralph Klein hat den Weg des dritten Bataillons weiterverfolgt:

»Anfang Juni 1944 wurden das II. und III. Bataillon sowie die Polizei-Gebirgs-Artillerie-Abteilung für einen sechswöchigen Einsatz nach Megalópolis auf den Peloponnes verlegt. Gemeinsam mit der 117. Jäger-Division und griechischen Freiwilligen-Verbänden sollten die Polizei-Gebirgsjäger das Taygetos-Gebirge von Nord nach Süd durchqueren und die dort starken Partisanen vernichten. Dieses ›Natter‹ genannte Unternehmen wurde von General Karl v. LeSuire, dem Kommandeur der 117. Jäger-Division und Befehlshaber Peloponnes, kommandiert. [...] Wie zwei Jahre zuvor in Slowenien ruhten große Hoffnungen auf dem Regiment; es sollte helfen, so Speidel, den Peloponnes innerhalb von zwei Monaten zu befrieden. Die Partisanen vermieden jedoch jede direkte Konfrontation mit den deutschen Soldaten, so dass das Unternehmen beendet und die beiden Bataillone auf das Festland zurückverlegt wurden. Sie hatten lediglich zwei Tote und fünf Verwundete zu verzeichnen, während von ihren Angehörigen 72 Griechen erschossen und 63 gefangengenommen worden waren. Da es nicht zu Kämpfen mit Partisanen gekommen war, ist davon auszugehen, dass es sich bei den getöteten und verhafteten Griechen ausschließlich um Zivilpersonen handelte.«

Das Unternehmen »Natter« fand zwischen dem 6. und 20. Juni 1944 im Raum Tripoli-Sparti statt. Ein anderes Unternehmen trug den Namen »Adler« (25. Juni bis 5. Juli 1944) und ist als die größte militärische Aktion der Deutschen Wehrmacht auf dem Peloponnes zu bezeichnen. In beide Einsätze waren Teile des Regiments 18 einbezogen.

Um für die Zeit der Abwesenheit des zweiten und dritten Bataillons des 18. Regiments die *militärische Ordnung* in Böothien aufrechtzuerhalten, war dort vorübergehend auch eine Kompanie eingesetzt worden, die zum SS-Polizei-Panzergrenadier-Regiment 7 gehörte. Diese Kompanie setzte mit ihrem im regelrechten Mordrausch verübten Massaker in Dístomo eines der schrecklichsten Verbrechen des Zweiten Weltkriegs in Griechenland in Szene.

Mitte Juli sind beide Bataillone vom Peloponnes zurück und stehen in Lamia wieder unter dem Kommando des Regiments. Einzelne militärische Aktionen des dritten Bataillons sind derzeit für die folgende Zeit aus dem Gesamtvorgehen des Regiments 18 nicht zu isolieren.

Es scheint auch für diesen Zeitraum festzustehen, dass das dritte Bataillon an verbrecherischen Aktionen im Raum Athen nicht beteiligt war. Ab Ende März 1944 nehmen vor allem Teile des ersten Bataillons an der Deportation der Athener Juden teil. Auf Befehl des Regimentskommandeurs, SS-Brigadeführer Hermann Franz, der inzwischen zum Befehlshaber der Ordnungspolizei (BdO) Griechenland avanciert ist, werden siebenhundert Juden unter dem Vorwand verhaftet, englische Sympathisanten zu sein. Es wird ihnen gesagt, sie kämen zum Arbeitseinsatz nach Deutschland. Sie alle werden in ein Lager gesperrt, von dem aus sie mit etwa tausend anderen Juden unter Bewachung von Angehörigen des Polizeiregiments 18 nach Auschwitz gebracht werden. Vermutlich sind 1067 von diesen Menschen dort sofort vergast worden.

Im August 1944 werden bei einem Partisanenangriff wiederum im Dorf Vrastamites acht Polizisten getötet und vier schwer verwundet. Daraufhin wird das Dorf am 10. August mit schweren Waffen beschossen, von Regimentsangehörigen besetzt, vollständig ausgeplündert, einzelne Häuser werden mit Dynamit gesprengt, 600 Häuser werden niedergebrannt. Die mit der Einwohnerschaft des Ortes nicht in Verbindung zu bringenden Partisanen der ELAS-Armee sind längst über alle Berge. Es ist möglich, dass dieses Dorf später nicht wieder aufgebaut und von der Landkarte gestrichen wurde. Im Jahre 2009 war es jedenfalls auf keiner offiziellen griechischen Karte zu finden.

Diese Aktion findet zwischen dem 5. und 26. August 1944 im Rahmen eines letzten großen militärischen Unternehmens unter dem Namen »Kreuzotter« in Griechenland statt.

Für die Zeit in Griechenland ist der Polizei-Dienstpass des Josef Heller sehr einsilbig geworden. Es gibt nur noch zwei summarische Eintragungen: »1. – 7.2.44, III/18 Kämpfe im Parnassos-Gebirge. 15.8.43 – 30.6.44 Bekämpfung der Bandenbewegung in Griechenland auf den jonischen u. ägäischen Inseln.

Diese Eintragung wird auf den Seiten 28/29 als »Bescheinigung über die Richtigkeit der Zusätze und Berichtigungen« noch verknappter wiederholt: »Bekämpfung der Bandenbewegung in Griechenland, auf den jonischen u. ägäischen Inseln. Kämpfe im Parnassos-Gebirge. 30.6.1944, III./SS- Pol.Geb.Jäg.Rgt. 18«. Die Datumsangabe zu den Kämpfen im Parnassos-Gebirge (1. – 7.2.44) unterbleibt hier ganz. Und ob das 3. Bataillon auf den im Westen Griechenlands liegenden Ionischen Inseln überhaupt im Einsatz war, ist nicht nachgewiesen, aber eher unwahrscheinlich.

Um an dieser Stelle vorzugreifen: Wenn Strittmatter bei der relativ ausführlichen Schilderung seiner Kriegsjahre in dem »Nachtrag zu meinem Fragebogen. Erläuterungen zu meinem Militärverhältnis« vom 12. Mai 1958 schreibt (weiter hinten in diesem Buch im Wortlaut abgedruckt): »Im Hochsommer 1944 wurden wir von den Cykladen-Inseln abgezogen«, so schreibt er ähnliches, wie es fehlerhaft im Polizei-Dienstpass des Josef Heller steht. Da Strittmatter und Heller noch immer in der gleichen Polizei-Einheit dienen, kann eine Formulierung dieser Art auch in Strittmatters eigenem Pass zu lesen gewesen sein, den er 1958 möglicherweise noch zur Verfügung hatte.

Wäre das so, hätte er der SED mitgeteilt, was in seinem Pass stand. Ob er sich der Ungenauigkeit und Oberflächlichkeit dieser Eintragung bewusst gewesen ist oder vergessen oder verdrängt hat, dass er schon im Januar von Naxos zurück war und noch achteinhalb Monate Aufenthalt in Griechenland mit zahlreichen Kriegsereignissen, auch Verbrechen von Angehörigen seines Bataillons vor ihm lagen, wer soll das wissen?

1958, nach achtzehn an Ereignissen übervollen Jahren, stand ihm, dem mehr oder weniger Traumatisierten, der während dieser ganzen Zeit mit niemandem ausführlich und ehrlich über seinen Krieg gesprochen hatte, eine andere Quelle als das eigene Gedächtnis nicht zur Verfügung.

Ab September 1944 lassen sich die deutschen Stellungen in Griechenland nicht mehr halten, am 16. September werden das 1. Bataillon, am 18. das 2. und am 23. September 1944 das 3. Bataillon wiederum in Lianokladi verladen.

Jedes Bataillon hinterließ seine Todesspur. Es will scheinen, als wäre die Gesamtschuld des 1. Bataillons, das für lange Zeit in Athen stationiert war, stärker als die von Strittmatters 3. Bataillon.

Wäre das ein glücklicher Umstand? Was bedeutet Glück in diesem Fall?

Ein Soldat fällt am ersten Tag dieses Krieges, ohne auch nur in die Nähe eines Vorgangs gekommen zu sein, den wir zu Recht ein Verbrechen nennen. Aber er fällt im Krieg. Ein anderer fällt in einer blutigen Schlacht, nachdem er zwanzig Gegner mit Handgranaten getötet hat, ein dritter ist vom ersten bis zum letzten Tag *dabei*, sitzt irgendwo in der *Etappe* und verwaltet Strohsäcke und Essgeschirre. Ein vierter schießt dreißig Flugzeuge ab und wird später offiziell ein Held genannt ...

Der Historiker sollte sich hüten, wenn er mit seiner Beweiskette am Ende ist und nicht alles über Schuld oder Unschuld eines einzelnen Soldaten im Krieg aufgeklärt hat, auf der Basis seines Wissens ein vermutetes Urteil zu fällen.

Er sollte zum Beispiel nicht sagen, *jeder* Angehörige des SS-Polizei-Gebirgsjäger-Regiments 18 habe in Griechenland Verbrechen gegen die Menschlichkeit begangen oder sei dringend verdächtig, solche Verbrechen begangen zu haben. Bis zum Beweis des Gegenteils gilt in jedem Fall die Unschuldsvermutung.

Fest steht allerdings: Der Krieg als Ganzes ist ein Verbrechen, und jeder, der nicht alles unternimmt, ihn zu verhindern, sondern ihn, und wenn auch nur in Teilen, zu rechtfertigen versucht, ist und bleibt mitschuldig. Ohne Not einen Angriffskrieg zu führen und dabei gesetzliche Vereinbarungen und Konventionen einzuhalten oder auch nicht, ist ein prinzipielles völkerrechtliches Verbrechen. Es gibt keinen sauberen, ritterlichen Krieg.

Der Weg des Regiments 18 führt weiter über Jugoslawien, Ungarn zurück nach Slowenien, wo sich seine Reste nach zahlreichen schweren Niederlagen auf der Flucht vor der Roten Armee in alle Winde zerstreuen. Aber da ist Erwin Strittmatter nicht mehr dabei.

Ralph Klein schreibt: »Das SS-Polizei-Gebirgsjäger-Regiment 18 war in dreifacher Hinsicht für Kriegs- und NS-Verbrechen in Griechenland verantwortlich: wegen der Funktion seiner Angehörigen im deutschen Besatzungsapparat, wegen seiner Beteiligung an Massakern und Rachemaßnahmen gegen die Zivilbevölkerung sowie wegen seiner Beteiligung an der Deportation der griechischen Juden. Zu diesen Gewalttaten waren die deutschen Polizeibeamten bereit, obwohl sie keinen Radikalisierungsprozessen unterworfen worden waren. Wenn überhaupt, können die von ihnen 1942 im Kontext der ›Aktion Enzian‹ in Slowenien verübten Kriegsverbrechen als Radikalisierung gewertet werden. Ob ihre dreifache Identität als Polizeibeamte, Soldaten und Gebirgsjäger eine Rolle für die Bereitschaft zur Ausübung entfesselter Gewalt spielte, lässt sich mangels zugänglicher Quellen ebenso wenig feststellen wie die Frage, ob und in welchem Ausmaß die Polizei-Gebirgsjäger gefestigte Nationalsozialisten mit einem entsprechenden rassistischen Gesellschaftsverständnis waren. Sicher ist dies derzeit nur über Hermann Franz, Initiator, Vaterfigur und graue Eminenz des Regiments zu sagen.«

Diese Feststellung gilt für jeden deutschen Soldaten, nicht nur in Griechenland, ob Wehrmachtsangehöriger, SS-Mann oder Polizist, für Befehlsempfänger, Befehlsausführer, vor allem aber für Befehlshaber.

*Hermann Franz – Biografie eines Befehlshabers*
(Dem Internet entnommen)

16. August 1891 in Leipzig-Stötteritz geboren
1905-1911 – Schulbesuch, Abitur
1911 – Eintritt in ein Infanterie-Regiment
Einsatz an der Westfront
Januar 1920 – Eintritt in die Sächsische Landespolizei
1. Dezember 1920 – Beförderung zum Leutnant der Sächsischen
    Landespolizei
1923 – Chef der Schutzpolizei in Plauen
Juli 1923 bis März 1925 – Ausbilder an der Polizeischule Plauen
März 1925 bis Januar 1926 – Besuch einer Höheren Polizei-
    schule
Januar 1926 bis März 1933 – Adjutant des Grenzpolizei-
    Kommandeurs Dienststelle Dresden
1. Dezember 1931 – Eintritt in die NSDAP (Nummer 824.526)
Mai 1933 bis März 1937 – Hiltlerjugendführer

130

Juni 1933 bis Mai 1938 – Polizeidirektor in Plauen
Januar 1939 bis August 1940 – HJ-Führer des Gebietes Elbe
1. August 1940 – SS-Mitgliedschaft (Nummer 361.279)
Juli 1941 bis Februar 1942 – Kommandeur des Polizei-
   Regiments Süd
Februar 1942 bis Mai 1942 – Kommandeur des
   Polizei-Regiments 10
Mai 1942 bis August 1943 – Kommandeur des SS-Polizei-
   Gebirgsjäger-Regiments 18
November 1943 bis Februar 1945 – Befehlshaber der Ordnungs-
   polizei (BdO) Griechenland
14. September 1944 – Beförderung zum SS-Brigadeführer und
   Generalmajor der Polizei (Erster Generalsrang)
24. September 1944 bis 18. November 1944 – Höherer SS- und
   Polizeiführer »Griechenland«
7. Februar 1945 bis 8. Mai 1945 – Kommandeur der Ordnungspolizei in Norwegen (Hauptquartier Oslo)
25. September 1945 bis 1947 – britische Kriegsgefangenschaft
9. Januar 1946 – Verlegung in das Island Farm Special Camp 11
25. November 1947 – Verlegung in das Civil Internment Camp
   (CIC) Adelheide (Hospital), später CIC Settlement No. 1. Der
   Fliegerhorst Delmenhorst-Adelheide diente als Internierungslager für Nazi-Funktionäre (in ihrer Aufgabe vergleichbar mit den
   »Speziallagern«in der Sowjetischen Besatzungszone)
31. August 1948 – Entlassung in das freie zivile Leben

Zu dieser Zeit hat der ehemalige Oberwachtmeister der Schutzpolizei Erwin Strittmatter seine erste feste Anstellung als Redakteur
bei der »Märkischen Volksstimme« in Potsdam bekommen und
arbeitet intensiv an seinem ersten antifaschistischen Roman »Ochsenkutscher«.
   Brigadeführer Franz lebt indes als unbescholtener, später vielleicht sogar gottesfürchtiger Pensionär in Bayern. Dass er seinen
Geburtsort Leipzig-Stötteritz noch einmal wiedergesehen hat, ist
zu bezweifeln. Irgendwann organisiert er sich aktiv in einer Tradi-
tionskameradschaft, dort wird zwar gemeinsam vom Mythos der
Berge gefaselt, nicht gesprochen wird über Verbrechen in Slowenien und Griechenland. Unrecht getan haben immer die anderen,

meistens niemand von den eigenen Leuten. Und bei denen waren es wieder andere und so fort ... Selbst war man unschuldig. Diese Behauptung äußerte man in allem bescheidenen Stolz.

Franz ist geachtet und beliebt, seine Regimentsmemoiren erscheinen und werden nicht nur von vielen der »Ehemaligen« gern gelesen. Am 18. Februar 1960 stirbt er, wahrscheinlich friedlich in seinem Bett.

Gott, wenn es dich gibt, wo warst du in der Stunde des gnadenvollen Todes dieses Mannes? Und wie wirst du entscheiden am fiktiven Tage deines Jüngsten Gerichtes?

## 6. Wallern in Böhmen

Der letzte Abschnitt seiner Kriegszeit beginnt für Erwin Strittmatter bei der Film- und Bildstelle der Ordnungspolizei in Berlin-Spandau, zu der er im September 1944 abkommandiert wurde, nicht lange bevor sein Polizei-Regiment Griechenland verließ.

In dieser Polizeidienststelle arbeitet Strittmatter nach seinen eigenen Angaben im Archiv. Er ist damit beschäftigt, die gesammelten Kriegstagebücher aller deutschen Ordnungspolizei-Einheiten zusammenzustellen, zu katalogisieren und möglicherweise auch durchzusehen. Er ist dorthin abkommandiert worden, weil er sich bei der Führung des Kriegstagebuchs seines Bataillons hervorgetan hat.

Wahrscheinlich ist es der zuständigen sicherheitspolizeilichen Behörde in Berlin aufgefallen, wie ausführlich, korrekt und sauber Strittmatter dieses Dokument führte, in einer Qualität, die weit über das für jeden Tag vorgegebene knappe Formblatt eines Kriegstagebuchs hinausgegangen sein wird. Vielleicht hat er auch an der Fortbildung von Tagebuchschreibern anderer Polizei-Einheiten mitgewirkt. Wenn dazu überhaupt noch genügend Zeit verblieb.

Das sich schnell nähernde Kriegsende und das damit verbundene Ende der Nazi-Diktatur ist durch ein Phänomen gekennzeichnet: Während immer größere Teile des beherrschten Gebietes von den Rändern her verlorengehen und das deutsche Kernland den zunehmenden alliierten Luftangriffen so gut wie schutzlos ausgeliefert ist, funktionieren sowohl der militärische als auch der zivile Alltag immer noch weiter. Gewöhnung und Anpassung waren bis zum Ende stärker als Fanatismus oder Resignation. Am Ende werden die alten Männer vom Berliner Volkssturm zum Schießtraining mit der Panzerfaust und um Schützengräben anzulegen mit der Straßenbahn an die östliche Stadtgrenze fahren. Nach Fahrplan und pünktlich.

Ob Strittmatter in der Spandauer Dienststelle der Ordnungspolizei Partisanenkämpfe, Massaker, Geiselerschießungen, Raub von fremdem Eigentum, Vernichtung von Dörfern, Abtransport von Frauen und Kindern auch in Filmbildern und auf Fotografien gesehen hat, ist unbekannt.

Ob er in diesem halben Jahr bei der Arbeit oder nach Dienstschluss Informationen mit anderen Archivmitarbeitern über das in den Kriegstagebüchern Gelesene ausgetauscht hat? Vieles hatte er selbst gesehen, es war ihm von unmittelbar Beteiligten davon berichtet worden, er hat es aufgeschrieben, und jetzt liest er über ähnliche Untaten bei anderen nach. Spätestens zu diesem Zeitpunkt muss ihm die ungeheure Dimension des Geschehens bewusst geworden sein.

Um eine Vorstellung von der Tätigkeit der Film- und Bildstelle und dem Denken der dort Beschäftigten zu vermitteln, kann ein Auszug aus einer Ergänzung zum Entnazifizierungsfragebogen des Wortberichters Heinrich Baumann dienen:

»Als man entdeckte, dass ich von Hause aus Schriftleiter war, holte man mich in einen Kursus für Polizei-Wortberichter in die Film- und Bildstelle der Ordnungspolizei nach Spandau, im Juni 1944. Als solcher wurde ich dann zu den Polizeitruppen ins Elsass kommandiert. Die 19 Berichte, die ich nach Berlin sandte, wurden alle als zum Abdruck ungeeignet befunden, weil darin zuviel von ›Rückzug‹ und ›Verlusten‹ (wahrheitsgemäß) die Rede war. Die Polizeikriegsberichter wurden, da ja die gesamte Polizei Himmler unterstand, der SS-Standarte Kurt Eggers angegliedert. Ich habe aber direkt mit diesen Leuten nie etwas zu tun gehabt, es sei denn, dass wir Polizeikriegsberichter in Laibach [Ljubljana] dem Kommando ›Adria‹ in Triest zugeordnet waren.

Im Januar 1945 musste ich mich in Berlin zur Verantwortung stellen und wurde verdächtigt, ›geradezu dagegen‹ zu schreiben. Da-

nach wurde ich nach Slowenien geschickt und dort einem Kampf-
propagandazug in Laibach unterstellt. Ich nahm an verschiedenen
Aktionen auch der dortigen Polizeiformationen im Südalpengebiet
teil, verfasste darüber Berichte, indem ich die Strapazen und das stille und tapfere Soldatentum meiner Kameraden in den Anstrengungen des Gebirgskrieges zum Objekt meiner Darstellungen machte.
Auch von diesen Berichten ist keiner für würdig befunden worden,
in den reichsdeutschen Zeitungen zu erscheinen. Dagegen konnte
ich in Laibach auf meinem eigentlichen Gebiet, dem der Kultur,
mancherlei, zunächst privat, dann sogar offiziell tun, indem ich mit
Vorträgen und Aufsätzen, in Berichten und Vorschlägen die Ver-
ständigung zwischen den Völkern auf geistigem Gebiet förderte.
Meine eindeutige katholische Haltung war bis in das Kommando Adria in Triest bekannt, weshalb ich auch von dorther den un-
gewöhnlichen Auftrag bekam, die Verbindung mit dem Bischof
von Laibach, Excellenz Rozmann, aufzunehmen, und auch zum
dortigen Theater- und Opernhaus gute Beziehungen zu halten. So
versuchte ich innerhalb der geringen Möglichkeiten, die einem als
Soldat (ich war einfacher Polizei-Rottwachtmeister) bestanden, das
zu tun, was ich vor meinem Gewissen verantworten konnte. Zuletzt war ich tätig beim Soldatensender Süd-Ost und bin als Angehöriger der Heeresgruppe E am 12.6.1945 aus amerikanischer
Gefangenschaft entlassen worden.«

Ich bin kürzlich darauf aufmerksam gemacht worden, dass Strittmatter während seiner Zeit bei der Berliner Film- und Bildstelle
einen Artikel geschrieben und in der Krakauer Zeitung veröffentlicht hat. In ihm soll von einem Partisanen-Überfall auf einen Ei-
senbahnzug berichtet worden sein. Dabei könnte es sich um die
Schilderung jenes selbsterlebten Überfalls auf dem Balkan handeln,
der auch im »Wundertäter« breiten Raum einnimmt.
Diesen Aufsatz als ein Verbindungsglied zwischen dem eigentlichen Ereignis und dessen späterer literarischer Gestaltung in all
seiner Zwiespältigkeit zu kennen, wäre von Interesse. Ich habe die
zugänglichen Teilbestände der Krakauer Zeitung in der Deutschen
Staatsbibliothek durchgesehen und ihn dort nicht gefunden. Möglicherweise wird er an anderer Stelle aufbewahrt, und es existieren
neben diesem Bericht auch in anderen Zeitungen ähnliche Berichte

von Strittmatter aus seiner Zeit bei der Film- und Bildstelle in Berlin-Spandau. Andere mögen danach suchen.

Wegen der Zunahme alliierter Luftangriffe auf Berlin, wogegen es von deutscher Seite her schon lange keine militärischen Mittel mehr gibt, wird die Film- und Bildstelle im Februar 1945 evakuiert. Man wird den Wachtmeistern und Oberwachtmeistern, die bei dieser Dienststelle beschäftigt oder zu ihr abkommandiert waren, kaum mitgeteilt haben, dass inzwischen in der Führung von Wehrmacht und SS die Furcht gewachsen war, es könne trotz aller Durchhalteparolen in absehbarer Zeit zu einem Angriff der Roten Armee auf Berlin kommen. Gedacht haben sich das die dort Beschäftigten allerdings gewiss seit längerem, hatten sie doch jeden Tag mit Dokumenten zu tun, die Schlussfolgerungen über den bevorstehenden Kriegsausgang und das Ende der Naziherrschaft zuließen. Man wird deshalb damit begonnen haben, untereinander vorsichtige Andeutungen zu machen. So war das unter deutschen Militärangehörigen allenthalben gegen Ende des Krieges, wenn sie einander vertrauten und nicht gar zu einfältig und verhetzt waren.

Es ist möglich, dass auch der Oberleutnant Hein Bethmann, von Beruf Kunstmaler, zu jenen gehörte, mit denen Strittmatter in Spandau durch solche vorsichtigen Andeutungen Bekanntschaft machte.

Ob das Archiv mit der Eisenbahn oder auf Lkws ausgelagert wird, bleibt unklar. Natürlich wird der Transport aus militärstrategischen Gründen in Richtung Süden geleitet, in die von den alliierten Truppen zunächst noch am relativ wenigsten bedrohte Region innerhalb des *Großdeutschen Reiches*. Auf einer der Haupteisenbahnstrecken kann die Reise über Halle, Erfurt, Saalfeld bis Stockheim gegangen sein, dann zu einem ersten Zielpunkt über Sonneberg nach Neustadt bei Coburg.

Strittmatters Angaben, das Polizeiarchiv solle dorthin ausgelagert werden, können auf Mitteilungen von Vorgesetzten beruhen und durchaus die ursprüngliche Absicht gewesen sein. Allerdings kommen schnell vorrückende amerikanische Truppen dem Einsatz einer vergeblich erwarteten *Wunderwaffe* zuvor.

Es ist immerhin die zweite Februarhälfte 1945. Sechs Wochen später, am 31. März, werden die Panzereinheiten des XII. Corps die

Westgrenze Thüringens erreicht haben und zehn Kilometer westlich von Eisenach stehen. In den ersten Apriltagen wird amerikanische Artillerie die Veste Coburg beschießen. Das Archiv kann deshalb nicht in Neustadt bleiben, die Zeit würde nicht einmal mehr zu seiner spurlosen Vernichtung ausreichen.

In den Wirren, ausgelöst von den sich aus westlicher Richtung mit großer Geschwindigkeit nähernden amerikanischen Truppen, verlassen Strittmatter und drei seiner Kameraden den Transport. Oberleutnant Bethmann hat Zugang zu den Reiseformularen der Dienststelle. Dank seiner Fertigkeiten als Grafiker fällt es ihm leicht, die notwendigen Papiere so zu fälschen, dass die vier Deserteure eine Kontrolle durch die Kettenhunde der Feldgendarmerie nicht zu fürchten brauchen.

Als Zielort gibt Bethmann das Städtchen Oberplan (Horní Planá) in Böhmen an. Von da sind es ungefähr 25 Kilometer bis Wallern (Volary). Dort werden sie Anfang März angekommen sein. Falls das belastende Archiv der Film- und Bildstelle den schnell vorrückenden amerikanischen Truppen in die Hände fiele, würden sie jedenfalls nicht mehr in dessen Nähe sein.

Für zwei Monate verstecken sich die vier bei der Familie Sauheitl. Später wird diese Familie ihren Hof verlassen müssen, sie wird nach Bayern umgesiedelt, und die Sauheitls leben dann jenseits der jetzt für lange Zeit geschlossenen Grenze im gut hundert Kilometer entfernten Straubing.

Wenn Hein Bethmann in der Rolle des betroffenen Zeugen vielleicht als befangen hätte gelten können, für die Familie Sauheitl trifft das nicht zu. Strittmatter selbst gibt am 16. Dezember 1949 auf einem seiner späteren SED-Fragebögen die genaue Adresse an: Franz Sauheitl, Straubing, Bernauergasse 8.

Anna Seidel, wie sie sich später nennt, stirbt vierundneunzigjährig. Jahrzehntelang steht sie mit Strittmatter in brieflicher Verbindung. Sie liest alle seine Bücher. Ihrer lebensrettenden Tat rühmt sie sich in der Deutschen Bundesrepublik nicht, und sie bestreitet auch zeitlebens, was sie ganz genau weiß: Sie hat deutschen Deserteuren geholfen, Hein Bethmann, der begabte Maler, und ein zukünftiger Dichter waren unter ihnen.

Wer in der Bundesrepublik aufgewachsen ist und nicht weiß, warum man dort in den frühen Jahren seine Unterstützung von

Deserteuren besser verschwieg, dem könnte ein Gespräch mit der Gräfin Hardenberg vermittelt werden, die sich als Tochter und Sekretärin eines Mitverschworenen des Attentats vom 20. Juli 1944 über jene Zeit, als die Helden von heute noch *Vaterlandsverräter* waren, ihre auf Erfahrungen gegründete Meinung gebildet hat. Sogenannte Kriegsverräter, zu denen auch Unterstützer für Deserteure gehörten, galten in der Bundesrepublik noch bis vor kurzem als »rechtmäßig« verurteilte Straftäter.

Strittmatter selbst schreibt im »Grünen Juni« über die für ihn letzten Kriegstage:

»Es ist Kriegs-Ende, das Ende des zweiten Krieges, den ich erlebe. Ich habe Dokumente gefälscht und mich fünf Monate vor Kriegs-Ende aus dem Soldatenstand entlassen. Ich habe Zivilzeug angezogen, das ich schon ein Jahr lang in meinem Gebirgsjägerrucksack umherschleppte, und ich lebe bei einer deutschen Bäuerin in Böhmen, versteckt und unversteckt, je wie die Verhältnisse es erfordern. Ich gehöre zu den Leuten im Ort, die die weiße Fahne auf den Kirchturm tragen, als die Amerikaner anrücken. Ich werde von meiner Bäuerin hinter Rüben versteckt, als die Deutschen noch einmal zurückkommen und die weiße Fahne vom Kirchturm holen. Und als die Deutschen abziehen, schaffen wir die weiße Fahne wieder auf den Kirchturm, und die Amerikaner ziehen ein. Unheldische Taten, an denen ich beteiligt bin, und ich tue diese unheldischen Taten in der Gegend von Oberplan, in der Gegend, in der der Stifter Bertl, ein weitläufiger Schriftsteller-Verwandter von mir, gelebt hat, der auch kein Held nicht war. [...]«

Der Archiv-Transport geht unterdessen mit Eisenbahn oder per Lkw-Kolonne weiter bis zum Schloss des Fürsten Trauttmansdorff-Weinsberg in Bischofteinitz (Horšovský Týn). Dort werden alle Akten vernichtet.

Während amerikanische Truppen Bischofteinitz am 5. Mai 1945 erreichen, sind sie im 150 Kilometer südöstlich gelegenen Wallern (Volary), einer Internet-Quelle zufolge bereits zwei Tage früher: am 3. Mai 1945. Volary liegt auf jener geraden Linie, auf der sie von Süden her nach Bischofteinitz gelangen.

Werner Liersch zitiert in seinem diesbezüglichen Artikel in der Frankfurter Allgemeinen Sonntagszeitung eine umfangreiche Passage aus dem erschütternden Bericht von Jaroslava Krejsová »Über Wallern kam der Tod«. Dort wird der Endpunkt eines jener Todesmärsche auf den 5. Mai 1945 datiert. Eine wichtige Differenz von zwei Tagen, die mit der Ungeheuerlichkeit des geschilderten Vorgangs nichts zu tun hat und die sich gewiss auch leicht wird aufklären lassen.

Jaroslava Krejsová beschreibt einen jener Todesmärsche, wie sie in den letzten Wochen des Krieges in größerer Zahl durch das noch von den Nazis besetzte Land zogen, von den Resten jener SS-Mannschaften angeführt, die sie zum Zweck der Spurenbeseitigung von den Konzentrationslagern weg, vor den Russen her, in die Nähe der Amerikaner führten. Solange es der SS möglich war, wurden unterwegs vor allem in dünnbesiedelten Gegenden so viele der Häftlinge wie möglich kaltblütig ermordet. Die Wege dieser Elendszüge waren von Leichen gesäumt.

Die Schwester meines Vaters, die in dem kleinen Städtchen an der oberen Saale Postbeamtin war, wurde dort Augenzeugin eines solchen Zuges. Im Ort erinnern heute ein zu DDR-Zeiten aufgestellter Gedenkstein und ein kleiner Ehrenhain an jenen Todesmarsch, der im Frühjahr 1945 durchgezogen ist. Als meine Tante und andere Frauen aus dem Dorf sich zusammentaten und den Häftlingen etwas Brot zustecken und Wasser reichen wollten, haben sie die SS-Männer mit Peitschenhieben und der Drohung, sie alle könnten gleich mitkommen, zurückgetrieben. Als meine Tante mir das erzählte, war ihre Stimme von unterdrücktem Schluchzen unterbrochen. Ich hatte meine herzensgute Tante bis dahin niemals so gesehen.

Solche Todeszüge und Gedenksteine, die daran erinnern, gab es, wie wir wissen, auf dem Gebiet der späteren DDR an sehr vielen Orten. Sie werden heute immer wieder von Neonazis geschändet.

Im letzten Moment, in unmittelbarer Nähe zu den amerikanischen Truppen und doch möglichst entfernt von den wenigen überlebenden Zeugen ihrer Verbrechen, verschwanden die SS-Begleiter, um später auf einigermaßen sicherem Terrain in einem gemütlichen

Dörfchen, zum Beispiel irgendwo in Bayern, Baden-Württemberg, Argentinien, Chile, Uruguay als Saubermänner wieder an der Oberfläche aufzutauchen, erkannt, aber unbehelligt.

Es ist von beleidigender Unredlichkeit, zwischen den SS-Bewachern eines Todesmarsches weiblicher Häftlinge, der seit Ende Januar von Schlesiersee (Sława) beziehungsweise Helmbrechts bei Hof unterwegs war, und dem Aufenthalt von Erwin Strittmatter im Zeitraum zwischen dem Verlassen der Film- und Bildstelle der Ordnungspolizei in Berlin und seiner vorübergehenden Festnahme durch die Amerikaner im böhmischen Wallern irgendeinen unbeweisbaren Zusammenhang auch nur anzudeuten.

Genau das praktiziert Werner Liersch in besagtem Artikel durch einfaches Nebeneinanderstellen nicht ganz zeitgleicher und geografisch ungefähr passender Ereignisse.

Jetzt so zu tun, als hätte man von Todesmärschen noch niemals etwas gehört, und ausgerechnet bei Strittmatter habe es gelegen, darüber aufzuklären, vermag ich nicht nachzuvollziehen. Ich bin für mich stolz darauf, als Lektor in der DDR mitgeholfen zu haben, aus einigen solcher Augenzeugen-Berichte gedruckte Bücher werden zu lassen (Karl Schirdewan, Lilly Segal, Fritz Lettow und zahlreiche andere).

*Man* beharrt auf der Feststellung, Strittmatters Version seiner Desertion sei als »Legende« zu bewerten. Wie lange beharrt man? Bis das Gegenteil bewiesen ist? Welches Gegenteil? Leider sind Hein Bethmann und auch die Sauheitls nicht mehr am Leben. Vielleicht hat Werner Liersch einfach zu lange mit seinen fragenden Enthüllungen gewartet. Man könnte jetzt noch versuchen, in amerikanischen und tschechischen Archiven Einzelheiten zu erforschen. Daran wird niemand gehindert, nicht Werner Liersch und Karl Corino auch nicht. Auch keiner von den erwartungsvoll dabeistehenden Journalisten, die ihren Zeitungen immer wieder neues Material zu liefern haben.

Ich habe bei meiner Internet-Recherche nach der Ankunft von US-Truppen in Wallern einen ganz anderen Fund gemacht, als ich auf die »Geschichte der Verfemung Deutschlands« eines gewissen Dr. jur.et Dr.phil. et Dr.pol. xyz gestoßen bin. Dessen vollständiges Buch kann im Internet gelesen, ausgedruckt und privat weiterverbreitet werden. Dort erfahre ich zum ersten Mal in aller Öffentlichkeit das mir bis dahin Unvorstellbare. Wie sich auf Hunderten von Seiten die Leugnung des deutschen Massenmords an den europäischen Juden liest:

»Die Gräuellügen von der Ausrottung der Juden in den KZ fanden auch ihre Widerlegung durch die Verhältnisse beim Zusammenbruch Deutschlands im Jahre 1945. Als die Lager wegen des Herannahens des Feindes geräumt und die Lagerinsassen in andere KZ verlegt werden mussten, zeigte sich, dass Zehntausende von Juden in Marsch gesetzt werden mussten. Diese Transporte erfolgten während des allgemeinen Zusammenbruches unter den schwierigsten Transport- und Verpflegungsverhältnissen. [...]
Wenn wirklich Tötung und Ausrottung der Juden Plan und Ziel gewesen wäre, wäre es ganz unverständlich, dass es dann 1945 überhaupt noch Juden in den KZ zum Abtransportieren gab.
Dass diese unter den größten Schwierigkeiten stattfindenden Märsche viele Opfer forderten, lag in den besonderen Umständen jener Tage begründet.«

Ich halte mich mit dem Zitieren aus diesem gesetzeswidrigen Werk zurück. Keinesfalls werde ich in antifaschistischer Absicht zur Verbreitung von Holocaust-Lügen beitragen. Allerdings frage ich mich, warum zum Beispiel bildliche Darstellung von Kinderpornografie im Internet zu Recht verboten ist und natürlich auch zu Recht unterbunden wird, die Verbreitung von Hetze dieser Art jedoch offensichtlich nicht, jedenfalls nicht mit dem erforderlichen Nachdruck.
Wer alles mag dieses Buch längst zu seiner heimlichen Bibel gemacht haben? – Mich schaudert. Auch bei der Antwort, dies sei in unserer wunderbaren Demokratie nun eben so und nur schwer zu verhindern.

Ich sehe mir das große Foto genau an, das Lierschs Artikel in der »Frankfurter Allgemeinen Sonntagszeitung« beigegeben ist. Vorn stehen nummerierte Särge. 8. 4. 2. 3. Ungefähr ein Dutzend Männer bringen neue, mit Blumen bedeckte Särge. Links stehen Kinder, Jungen und Mädchen in sommerlichen Kleidern und kurzen Hosen.

Der Frühling 1945 soll traumhaft gewesen sein, überall in Europa.

Die Bäume sind noch kahl. Ein Sarg wird durchs Bild getragen. Über ihm die Köpfe zweier Männer, die miteinander reden. Der eine trägt einen Helm und ist amerikanischer Soldat. Als ich den anderen betrachte, durchfährt mich eine heiße Welle. Ich kenne Fotos von Erwin Strittmatter aus der Zeit kurz nach Kriegsende: Der andere, der Zivilist auf dem Bild, sieht Erwin Strittmatter zum Verwechseln ähnlich. Ist er es?

Ich denke mir: Du hast aus dem Munde von Eva Strittmatter etwas über die Geschichte von den belgischen Zwangsarbeitern gehört, die deutsche Soldaten, unter ihnen Strittmatter, zwingen, ihr eigenes Grab zu schaufeln. Und dann kommen die Amerikaner und retten den Deutschen das Leben. Und ich denke an die Toten des Massakers im belgischen Dinant und wie lange Zeit in seinem Leben Ludwig Renn brauchte, um *alles* aufzuschreiben.

Die Geschichte mit den belgischen Zwangsarbeitern ist ein Entwurf zu einer anderen, unfertig und ungedruckt gebliebenen »Grüne-Juni-Geschichte«. Vielleicht war der vom Kriegsgeschehen traumatisierte Dichter damals nicht in der Lage, für die Öffentlichkeit ganz direkt aufzuschreiben, was er unbedingt hätte aufschreiben sollen? Seine Verstörung sieht man ihm, wenn man genau hinsieht, auf zahlreichen veröffentlichten Fotografien bis ins hohe Alter an. Vielleicht hat auch seine gelegentliche Unleidlichkeit, von der nicht nur Eva Strittmatter immer wieder berichtet, mit nichts anderem zu tun?

In einer Diskussion hat jemand gesagt, der Satz von den Soldaten, die Mörder sind, würde durch seine Strittmattersche Fortsetzung, sie hätten sich selbst ermordet, die Täter zu Opfern machen. Das halte ich für falsch. Einer, der sich durch seine Taten selbst ermordet, verliert dadurch mehr als sein Leben. Er verliert sein Gesicht, seine Würde, sein Menschsein, die Erinnerung der anderen an ihn. Das ist viel schlimmer. Aber es ist Literatur.

Wenn Strittmatter das Massengrab zu schaufeln hatte, in das dann nicht er, sondern die toten jüdischen Frauen des KZ-Marsches gelegt wurden, und er kommt mit seinem Leben davon, dann besteht die literarische Überhöhung dieses Vorgangs darin: Er gräbt das eigene Grab, in das er und sehr viele deutsche Männer seiner

Generation gelegt werden könnten, so geht es ihm durch den Kopf – und wird gerettet.

Am 10. Juni sind tschechische Partisanen in Wallern. Nachdem Erwin Strittmatter von zuständigen amerikanischen Offizieren nach seiner Kriegsvergangenheit befragt worden ist, verhören ihn auch Tschechen.

Danach, mitten in seinem »Grünen Juni«, fährt Strittmatter als freier Mann auf einem amerikanischen Militärlastwagen ohne Zukunftsangst ins amerikanisch besetzte Thüringen, möglicherweise bereits ahnend, dass er es dort binnen kurzem mit den Russen als Besatzungsmacht zu tun bekommen würde. In Bohsdorf jedenfalls, wohin es ihn eigentlich zieht, kann er sich einer Konfrontation mit den russischen Militärbehörden gewiss sein.

Der aus Richtung Hof kommende amerikanische Laster wird die intakte und militärisch gesicherte Autobahn bis zum Hermsdorfer Kreuz und weiter in Richtung Frankfurt benutzt haben. Bei Jena-Göschwitz, wo die Landstraße nach Saalfeld unter der Autobahn hindurch führt, ist er abgestiegen und hat sich auf die letzten gut dreißig Kilometer seines langen Weges durch den Krieg gemacht.

Obwohl Strittmatter mit seiner Frau längst in Scheidung lebt und weiß, dass er heftig um die Kinder wird kämpfen müssen, entscheidet er sich nicht für Monette Büchele, eine Freundin im französisch besetzten Tirol. Verhielte er sich so, wenn er befürchten müsste, von den Russen für irgendetwas zur Verantwortung gezogen zu werden?

In den ersten Julitagen 1945 verlässt das amerikanische Militär Thüringen, erst am 2. Dezember 1945 zieht es sich auch aus Volary zurück.

# Die Partei weiß alles?

Frage: Haben Sie an besonderen Einsätzen teilgenommen?
(z.B. gegen Partisanen):
Antwort: Griechenland, Ägäische Inseln
Ich erkläre, alle Angaben wahrheitsgemäß gemacht zu haben.
Berlin, 9. Juli 58 Erwin Strittmatter

*(Sozialistische Einheitspartei Deutschlands, Fragebogen)*

Bei Kriegsende und nach Flucht, Vertreibung und Umsiedlung aus den ehemaligen deutschen Ostgebieten lebten zirka 66 Millionen Menschen in den vier Zonen und der ehemaligen Hauptstadt Berlin, in den drei westlichen Zonen etwa 47, in der sowjetischen Besatzungszone rund 19 Millionen.

Es steht außer Frage, dass sich so gut wie alle stärker belasteten Nazis schon als das Ende abzusehen war oder kurz danach in die westlichen Zonen abgesetzt hatten. Das betraf die allermeisten der Kriegsverbrecher, hohe Militär-Chargen, SS-Führer, Funktionsträger der NSDAP, Journalisten, Beamte in leitenden Stellungen usw. Sie alle kannten ihre Verbrechen natürlich selbst genau und ahnten deshalb, was ihnen in der sowjetischen Besatzungszone zum Beispiel in den gefürchteten, über einen längeren Zeitraum geführten Speziallagern oder nach einer Überführung in die UdSSR drohte. Nach kurzem Prozess oder ganz ohne ihn und ohne Schuldspruch.

Man war überzeugt, im Westen die größeren Chancen zu haben, ungeschoren davonzukommen. Das reichte von gegenseitigen Entlastungszeugnissen, nachsichtigen Behörden, sympathisierenden Beamten bis hin zu jenen, die mit Hilfe ausgerechnet des Vatikans auf der sogenannten Rattenlinie nach Südamerika und anderswohin in die weite Welt entkamen.

Schon bald war klar, dass im Westen altbewährte Fachleute auf allen Gebieten benötigt und Besitzverhältnisse nicht angetastet würden.

Eine Antwort auf die Frage, in eine politische Zukunft zu gehen, die an Weimarer Verhältnissen ausgerichtet sein würde oder sich in einer sowjetähnlichen Struktur einrichten zu müssen, wird wohl niemandem von den Betreffenden schwergefallen sein. Später, vor allem mit beginnender Adenauer-Zeit, erzeugten natürlich auch die Berufungen tiefverstrickter prominenter Nazis auf hohe und höchste Positionen im Staat die beabsichtigte symbolische Wirkung. Und nicht zuletzt winkten vor allem Hitlers ehemaligen treuen Staatsdienern Wiedereinstellung in den öffentlichen Dienst und in geheime Dienste der Bundesrepublik sowie opulente Pensionen oder hohe Renten nach dem sogenannten 131er Gesetz.

Erste Risse in der Anti-Hitler-Koalition waren schon im Februar 1945 in Jalta sichtbar geworden. Die Koalition begann mit Roosevelts Tod am 12. April 1945 zu zerbrechen.

Im August 1945 befahl Truman den Abwurf der ersten und zweiten Atombombe, deren Drohpotenzial sich eindeutig gegen den Noch-Verbündeten, die Sowjetunion, richtete. Das was der eigentliche, den militärischen Verhältnissen zwischen den USA und Japan völlig unangemessene Sinn dieser gigantischen Explosionen. Er wurde auf der anderen Seite gut verstanden.

Der Verlauf des Nürnberger Prozesses machte ziemlich schnell klar, dass dort zwar die SS wegen ihres Übermaßes an sichtbar gewordener Schuld zur »Verbrecherischen Organisation« erklärt werden konnte, eine gleiche Erklärung bezüglich der militärischen Ordnungspolizei jedoch in Zukunft nicht mehr hinzugefügt werden würde. Diese Parallel-Erklärung unterblieb, nicht weil es belasteten Polizei-Angehörigen gelang, sich gegenseitig zu schützen, sondern weil der aufklärerische und strafende Elan der Prozesse von Nürnberg wegen des beginnenden Kalten Krieges bald und für jeden sichtbar nachzulassen begann und auf den Richtertischen deshalb viel Unerledigtes zurückzubleiben hatte.

Churchills Fulton-Rede vom 5. März 1946 gilt als klares Indiz kommender Konfrontationen.

Das alles bedacht, werden sich bei Kriegsende und nach diesen ersten zukunftsweisenden politischen Zeichen noch annähernd 30 000 ehemalige Angehörige der militärischen Formationen der Ordnungspolizei in der sowjetischen Besatzungszone aufgehalten haben und hiergeblieben sein, fast durchweg Mannschaftsdienstgrade. Bei der Strafverfolgung konzentrierten sich sowjetische Untersuchungsorgane naturgemäß zuerst auf die Unzahl von Verbrechen, die auf dem Territorium ihres eigenen Staates begangen worden waren. Ein solch spezielles, vitales Interesse an der Aufklärung gab es weder auf Seiten der USA noch bei den Engländern. Nazi-Verbrechen an deren eigener ziviler Bevölkerung hatte es nicht gegeben, oder sie waren vergleichsweise gering.

Dort waren keine Frauen und Kinder ermordet, Geiseln erschossen und Dörfer abgebrannt worden. Ein rigoroseres Vorgehen seitens der Engländer und Amerikaner gegen SS- und Wehrmachtsangehörige, die mit westalliierten Kriegsgefangenen nicht nach den Regeln des Kriegsrechts umgegangen waren, macht das deutlich.

Der ehemalige griechische und auch der jugoslawische Kriegsschauplatz erwiesen sich für Ermittlungen seitens sowjetischer Justizbehörden auf Dauer als immer schwerer zugänglich, trotz der kurzzeitigen Folgen des griechischen Volksaufstands und anfänglicher Sympathien zwischen Stalin und Tito in Jugoslawien.

Der Westen hatte es also mit der Entnazifizierung schwerer und leichter zugleich. Die Zahl der belasteten Nazis war unvergleichlich höher als im Osten. Einfacher gestalteten sich die personelle Identifizierung und der Nachweis einer oft beträchtlichen Schuld, vor allem auf jenen Territorien, die nicht zur sowjetischen, sondern mehr oder weniger zur westalliierten Einflusszone gehörten. Die beginnende wirtschaftliche und politische Unterstützung der deutschen Westzonen durch die USA hatte erste deutliche Signale gesetzt: Belastete Nazis bildeten einen nicht unbedeutenden Teil der wirtschaftlichen und wissenschaftlichen Spitzenkräfte, der bürgerlichen Verwaltungselite und der künftigen militärischen Führung, die sich gegenüber dem einstigen militärischen Gegner formiert hatte, der nun erneut und zusammen mit den eigenen Besatzungsmächten mehr und mehr zum *Gegner im Kalten Krieg* geworden war. Ehemalige Nazis stellten darüber hinaus ein unerschöpfliches Wählerpotential für CDU/CSU, FDP und andere bürgerliche Parteien dar, in denen sie, wegen deren antikommunistischer Prägung, eine neue politische Heimat fanden.

Der kleinere, wirtschaftlich schwächere Osten unter den zusätzlich von Krieg und Stalinismus geschwächten sowjetischen Verhältnissen mit seinen größtenteils unerfahrenen deutschen Führungskräften war zum Wettbewerb angetreten. Es lag auf der Hand, dass es Jahrzehnte dauern würde, bis dort in erster und zweiter Generation eine neue Elite mit anderen Auffassungen von der gesellschaftlichen Existenz des Menschen entstanden sein würde.

Heute liegt diese Erfahrung hinter dem Osten Deutschlands, und es ist bekannt, wohin objektive Schwäche, Fremdbestimmtheit, Unerfahrenheit und eigenes Fehlverhalten führten.

In Erwin Strittmatters SED-Personalakten befinden sich mehrere Fragebögen und handgeschriebene Lebensläufe. Im Folgenden sind in chronologischer Reihenfolge jene Passagen zitiert, die sich auf seine Militärzeit und auch die kurzzeitige Festnahme und Inhaftierung im Polizeigefängnis Döbern im Frühjahr 1934 beziehen:

»16. Dezember 1949

*Fragebogen der Sozialistischen Einheitspartei Deutschlands
(genau und ausführlich beantworten. Mit Tinte schreiben)*

*Frage 10: Welcher Partei oder anderen Organisationen gehörten Sie
vor 1933 an?*

*Antwort:* Partei vor 33 nicht. Arbeiter-Touristen-Bund ›Naturfreunde‹, Arbeiter-Rad-und-Kraftfahrer-Bund ›Solidarität‹, Arbeiter-Turn-und-Sportbund mit Unterbrechungen (Lehrzeit) 1928 bis 1933 in Bohsdorf Kreis Spremberg N/L. Im Arbeiter-Rad-und-Kraftfahrer-Bund Ortsgruppen-Schriftführer

*Frage 16: Waren Sie verhaftet oder gerichtlich verurteilt?*

*Antwort:* 1934 vorübergehend in Döbern N/L. verhaftet. Vorwurf: Kommunistische Propaganda

*Frage 17: Machen Sie über Ihre Haftzeit folgende Angaben: In welcher Haftanstalt oder KZ? Von wann bis wann? In welchem Block? Hatten Sie Funktionen und welche? Welches war der Grund der Entlassung? Welche Erklärungen gaben Sie während der Haft oder bei der Entlassung ab? Sind Sie Verpflichtungen gegenüber der Gestapo eingegangen und welche? Gab es ein Partei-Aktiv? Welche Genossen kennen Sie aus der Haftzeit?*

*Antwort:* entfällt. Polizeigefängnis Döbern N/L März/April 1934. Es konnte mir nichts bewiesen werden. Ich wurde mit dem Hinweis entlassen, Propaganda zu unterlassen.

*Frage 18: Gehörten Sie der NSDAP an? Von wann bis wann? Welche Funktionen hatten Sie? Welchen Organisationen oder Formationen gehörten Sie außerdem während der Hitlerherrschaft an? Von wann bis wann? Welche Funktionen, Dienstgrad oder Rang hatten Sie? Waren Sie Anwärter?*

*Antwort:* NSDAP nicht. 1940-41 DAF [Deutsche Arbeitsfront], keine Funktion, Anwärter nicht.

*Frage 19: Waren Sie zur Wehrmacht einberufen? Von wann bis wann? In welchen Truppenteilen waren Sie? Ihr Dienstgrad?*

*Antwort:* Wehrmacht nicht. Res.Pol.Halle/S., 1941-45 Pol.Btl.325 Halle/S., [Die komplette Übernahme des Bataillons als III. Bataillon in das neugebildete ›Polizei-Gebirgsjäger-Regiment 18‹, (spätere Bezeichnung ›SS-Polizei-Gebirgsjäger-Regiment 18‹) ist nicht vermerkt] Film- und Bildstelle der Ordnungspolizei Spandau, Oberwachtmeister.

*Frage 20: Waren Sie ›wehrunwürdig‹? Warum? Wie erfolgte die Einstellung in die Wehrmacht?*

*Antwort:* Einstellungsbefehl

*Frage 22: In welchen Ländern waren Sie als Soldat? In welcher Zeit und in welcher Funktion?*

*Antwort:* Jugoslawien (Ende 1941), Österreich 1942, Finnland (1943), Griechenland (1943 [sic!]), Bataillonsschreiber, Film- und Bildstelle, Archivarbeiten, Kriegstagebuch, Berichte.

*Frage 23: An welchen Gefechten und militärischen Aktionen haben Sie teilgenommen? a) in der Sowjetunion, wann und wo? b) in anderen Ländern, wann und wo?*

*Antwort:* An keinen Gefechten teilgenommen a) in der Sowjetunion nicht gewesen. b) in anderen Ländern nicht an Gefechten teilgenommen.

*Frage 26: In Kriegsgefangenschaft, wann und wo? Genaue Umstände der Gefangennahme schildern. In welchen Lagern gewesen? Welche Tätigkeit dort ausgeübt? Haben Sie an Lagerkursen oder Schulen teilgenommen?*

*Antwort:* Im Frühjahr 1945 wurde meine Dienststelle von Spandau nach Neustadt/Oberfranken verlagert. Ich benutzte die Gelegenheit, um mit gefälschten Papieren nach Böhmen zu entfliehen. Dort hielt ich mich mit 2 Kameraden trotz Verfolgung von Gendarmerie bei einem Bauern versteckt (Bauer Franz Sauheitl, jetzt Straubing, Bernauergasse 8). Bei Kriegsende von Amerikanern und tschechischen Beamten verhört, dann nach Jena entlassen.

*34. Ich erkläre, dass ich alle Angaben wahrheitsgemäß gemacht habe.*

*Beigefügter Lebenslauf:*
[...] 1934 Vorübergehend verhaftet. Vorwurf: Kommunistische Propaganda. Mit Verwarnung entlassen, weil man Nachweis nicht erbringen konnte. Bis 1941 als Landarbeiter, Tierwärter und Fabrikarbeiter tätig. 1941 bis Anfang 1945 zur Res.Polizei eingezogen. Desertiert. [...]«

1949 war Erwin Strittmatter seit zwei Jahren Mitglied der SED. An seine spätere sehr erfolgreiche Schriftsteller-Karriere haben irgendwelche Parteifunktionäre zu diesem Zeitpunkt nicht denken können.

Hätte Strittmatter in irgendeinem Verdacht gestanden, an exponierter Stelle Zeuge von Kriegsverbrechen oder gar an ihnen beteiligt gewesen zu sein: Seine Laufbahn als SED-Mitglied und Schriftsteller wäre zu Ende gewesen, ehe sie begann. Für die SED war Strittmatter zu diesem Zeitpunkt noch keineswegs ein besonders zu entwickelnder *Kader*, an dem ein gesteigertes Interesse bestand. Hätte er bestimmte sensible Angaben unterlassen oder verfälscht, er hätte sich leicht vor Gericht wiederfinden können, und es wäre zum Beispiel zwischen April und Juni 1950 in Waldheim gegen ihn verhandelt worden.

Vor anonymen Denunziationen, wenn es nur den geringsten Anlass dafür gegeben hätte, wäre er keineswegs sicher gewesen. Da hätte er sich dann, im Lichte heutiger Betrachtungsweise, unter Umständen den Ruf eines unbekannten Opfers der Willkürjustiz der SED erwerben können.

Damit kein Missverständnis aufkommt: In Waldheim herrschte Willkürjustiz. Es sind dort auch Urteile gefällt worden, deren juristische Haltlosigkeit außer Frage steht. Dennoch sind in Waldheim eine Vielzahl wirklicher Kriegsverbrecher verurteilt worden.

Die bürgerliche Justiz in der Bundesrepublik hat auf *demokratischem* Wege andere, größere Kriegsverbrecher massenweise durch ihre Netze schlüpfen lassen.

»9. Juli 1958

*Fragebogen der Sozialistischen Einheitspartei Deutschlands*
*(Bitte deutlich und mit Tinte schreiben)*

*Frage 13: Waren Sie oder einer Ihrer nächsten Angehörigen vor oder während der Zeit des Faschismus in Haft? a) In welchen KZ-Lagern, Zuchthaus oder Gefängnis und wie lange?*

*Antwort:* 1934 einige Tage in Schutzhaft, Döbern N/L

*Frage 20: a) Wann erfolgte Einberufung zur faschistischen Wehrmacht oder Arbeitsdienst? / b) Erfolgte Freiwilligenmeldung? / c) Dienstgrad und Einheit? / d) Waren Sie wehrunwürdig? / e) Haben Sie an besonderen Einsätzen teilgenommen (z. B. gegen Partisanen) / f) Haben Sie Kriegsauszeichnungen erhalten? / g) In welchen Ländern waren Sie als Soldat, im Arbeitsdienst oder sonst während des Krieges eingesetzt? In welcher Zeit und welcher Funktion?*

*Antwort:* a) 1941 / b) nein / c) Oberwachtmeister Polizei-Bataillon 325 / d) nein / e) Griechenland, Ägäische Inseln / f) nein / g) Jugoslawien 1941-42, Österreich 1942-43, Finnland 1943-44, Griechenland 1944. An allen Einsatzorten Schreiber beim Bataillonsstab

*Beigefügter Lebenslauf vom 10. Juli 1958:*

[...] Das Gymnasium hatte mich auf bürgerliche Philosophie gestoßen. Ich war ein merkwürdiger eigenbrötlerischer Kauz. 1934
nahm man mich einige Tage in Schutzhaft. Vorwurf: Kommunistische Propaganda. Ich hatte einen Russenkittel getragen. Vom
Kommunismus und Marxismus hatte ich keine Ahnung. [...]

Von 1937 bis 1941 arbeitete ich zuerst als Hilfs-, dann als Facharbeiter in der Thüringischen Zellwolle AG. Nach dem Krach mit
einem Meister wurde meine UK-Stellung als Chemie-Facharbeiter
aufgehoben. Ich wurde als Reserve-Polizist zum Polizei Bataillon
325 nach Halle eingezogen.

Mit dem Polizei-Bataillon kam ich nach Jugoslawien, Österreich, Finnland und Griechenland. Ich arbeitete beim Bataillonsstab
als Schreiber. Zunächst setzte ich auch während des Krieges mein
unpolitisches, idealistisch versponnenes Leben fort. Allmählich jedoch begann ich über Krieg und Misere nachzudenken. In Griechenland, wo wir als kleine Trupps auf den Ägäischen Inseln lagen,
bekam ich das erste Mal Anschluss an griechische Patrioten und
Kommunisten. Sie machten mir den Vorschlag, mich zu verbergen.
Ich zögerte, war noch zu feige.

Im September 1944 wurde ich zur Film- und Bildstelle der Ordnungspolizei nach Berlin abkommandiert. Dort führte ich das
Kriegstagebuch zunächst wieder treu und brav und ohne Skrupel.
Ich sah einige Bombenangriffe auf Berlin. Sie rüttelten mich endlich völlig aus meinem immer noch halbversponnenen Leben. Die
Verlegung der Dienststelle benutzte ich, um mich mit gefälschten
Papieren in den Böhmerwald zu flüchten. Dort hielt ich mich bis
zum Einmarsch der Amerikaner versteckt. Die Amerikaner behan-
delten mich wie einen Zivilisten und schickten mich im Juni 1945
mit dem ersten Zivilistentransport nach Saalfeld, wo meine Frau
mit den Kindern lebte, von der ich inzwischen geschieden war.
[...]

*Nachtrag zu einer Einschätzung durch die Abteilung Kultur beim Zen-
tralkomitee der SED:*

Als Oberwachtmeister beim Polizeibataillon 325 wurde Genosse
Strittmatter im September 1944 zur Film- und Bildstelle der Ord-

nungspolizei nach Berlin abkommandiert, wo er das [sic!] Kriegstagebuch führte. Im Februar 1945 wurde die Dienststelle nach Neuhaus/Oberfranken verlegt. Auf der Reise dorthin desertierte er.«

»12. Mai 1959

*Vorlage der Kulturabteilung beim ZK der SED an das Sekretariat des ZK der SED*

Das Sekretariat beschließt:
Das Sekretariat nimmt den Einsatz des Genossen Erwin Strittmatter als 1. Sekretär des Deutschen Schriftstellerverbandes zur Kenntnis.
Begründung:
[...] zur Frage seiner Militärdienstzeit hat er einen Nachtrag geschrieben. Wir sind der Meinung, dass damit die Unklarheiten in den fraglichen Punkten beseitigt wurden und seiner Bestätigung als 1. Sekretär des Deutschen Schriftstellerverbandes nichts mehr im Wege steht [...] Den Nachtrag zum Fragebogen und die Kurzbiografie fügen wir als Anlage bei.

*Kurzbiografie (Abschrift):*
[...] 1941-45 faschistische Wehrmacht – Oberwachtmeister des Polizei-Bataillons 325. [...] 1934 einige Tage Schutzhaft in Döbeln [sic!]. 1941-45 Reserve Polizei Bataillon 325 Halle und Ordnungspolizei Spandau, Oberwachtmeister in Jugoslawien 1941, Griechenland 1943 [sic!], Finnland 1942.
Griechenland, Ägäische Inseln an besonderen Einsätzen teilgenommen

*Erwin Strittmatter*
*Nachtrag zu meinem Fragebogen*
*Erläuterungen zu meinem Militärverhältnis*

Bis zum Jahre 1941 war ich in der »Thüringischen Zellwolle AG« beschäftigt. Nach einer mehr als zweijährigen Beschäftigung in diesem Werk galt ich dort als Facharbeiter und wurde uk [unabkömmlich] gestellt. Eines Tages hörte ich, wie ein Meister einem meiner Kollegen drohte: ›Wenn Sie hier nicht ordentlich mitmachen, so bringe ich Sie an die Front!‹ Ich mischte mich ein. Es gab eine Auseinandersetzung vor der sogenannten Arbeitsfront, der wir alle automatisch angehörten. Bei dieser Auseinandersetzung wurde dieser Meister zwar formal gerügt, aber kurz darauf wurde meine uk-Stellung aufgehoben. Ich wurde zur Schutzpolizei eingezogen. Ich lege Wert drauf festzustellen, dass es bei der Schutzpolizei Freiwillige und Gezogene, sogenannte Reservisten, gab. Ich kam als Reservist zum Polizei-Bataillon 325 nach Eilenburg, wurde dort ausgebildet. Im Spätherbst 1941 wurden wir in Jugoslawien (damals Oberkrain) zur Objektbewachung in Krainburg eingesetzt. Ich war zu jener Zeit völlig idealistisch versponnen, beschäftigte mich mit bürgerlicher Philosophie (Schopenhauer, Kant usw.) und setzte im Übrigen das fort, was ich schon als Arbeiter betrieben hatte: ein planloses Selbststudium aller möglichen Wissensgebiete. Ich kam gleich nach der Ausbildung in Eilenburg als Schreiber in den Bataillons-Stab. In meiner damaligen Verworrenheit war ich sogar stolz auf diesen »Druckposten« und hielt ihn, weil er mir Gelegenheit verschaffte, meine oben erwähnten individualistischen ›Studien‹ fortzusetzen.

Von Jugoslawien kamen wir nach Reutte (Tirol) und wurden dort zu Polizei-Gebirgsjägern ausgebildet. Von Österreich ging es nach der Ausbildung Weihnachten 1942 nach Finnland und dann ins Hinterland der karelischen Front. Sowohl in Finnland, als auch im karelischen Hinterland lagen wir bis zum Sommer 1943 in Bereitstellung. Wir wurden merkwürdigerweise nicht eingesetzt. Wie ich heute weiß, waren wir für die sogenannte Aktion »Silberfuchs« vorgesehen, die sich gegen Schweden richten sollte. Zu dieser Aktion kam es bekanntlich nicht.

Ich saß nach wie vor im Bataillons-Stab. Zuerst hatte ich die Stärke-Meldungen zu bearbeiten und die Heeresdienstvorschriften zu verwalten. Später wurde mir vom Bataillons-Adjutanten, der nicht sehr federgewandt war, die Kriegstagebuchführung übergeben.

Meinen Dienstgrad Oberwachtmeister erhielt ich automatisch. Bei der Polizei rückte man nach jedem absolvierten Dienstjahr einen Dienstgrad auf.

Aus dem karelischen Hinterland wurden wir über Nacht nach Griechenland verlegt. Italien war aus dem 2. Weltkrieg ausgeschieden.

Wir hatten die Cykladen-Inseln, die bisher von kleinen italienischen Einheiten besetzt waren, zu besetzen. Ich kam auf die Cykladen-Insel Naxos. Meine Tätigkeit beim Bataillons-Stab blieb die gleiche.

Auf Naxos hatte ich den ersten Kontakt mit griechischen Kommunisten. Es waren, wie ich heute weiß, keine klaren Genossen. Sie erwarteten z. B. ihr Heil von England und seiner »Demokratie«. Im Hochsommer 1944 wurden wir von den Cykladen-Inseln abgezogen und sollten zum Hochgebirgseinsatz auf den Peloponnes. Meine griechischen Freunde machten mir das Angebot, mich auf ihrer Insel zu verstecken. Ich war mir nicht sicher, ob die Insel nicht doch wieder von deutschen Truppen besetzt werden würde, und lehnte das Anerbieten feige ab.

Durch meine gute Kriegstagebuchführung (ich sage das von meinem heutigen Standpunkt aus mit Beschämung) wurde ich zur Film- und Bildstelle der Ordnungspolizei nach Berlin-Spandau abgeordnet. Ich arbeitete dort im Archiv und stellte die Kriegstagebücher verschiedener Polizei-Bataillone zusammen. Durch die Begegnung mit den griechischen Genossen wurden mir jedoch meine Lage und die Verwerflichkeit meines Tuns, das ich vorher für ein geschicktes »Drücken« hielt, bewusst. Ich fand andere unzufriedene Kameraden. Wir politisierten viel, doch zu wirklichen Aktionen kam es nicht.

Anfang 1945 wurde unsere Dienststelle wegen der Bombenangriffe auf Berlin nach Neustadt (Oberfranken) verlagert.

Bei dieser Gelegenheit gelang es mir, durch einen Oberleutnant (den Münchner Maler Hausmann) [Zwar ist die Strittmatter-Skizze, die in Wallern entstanden ist, mit »Bethmann« signiert, und Strittmatter gibt diesen Namen für den Oberleutnant aus der Film- und Bildstelle in Berlin-Spandau mehrfach an. Im amtlichen Fagebogen nennt er ihn jedoch »Hausmann«. Er ist davon ausgegangen, dass es sich dabei wahrscheinlich um den richtigen, den bürgerlichen Namen des Malers handelt.] zu Reisepapieren zu kommen, die mir und zwei weiteren Kameraden gestatteten, uns im Böhmerwald bei Bauern zu verstecken.

Wir hatten Zivilkleidung mitgenommen. Ich lebte bis zur Kapitulation der Hitlerarmee bei dem Bauern Sauheitl in Wallern (Böhmerwald).

Ich habe trotz meiner Zugehörigkeit zur Schutzpolizei außer bei der Ausbildung auf dem Schießstand nie eine Gewehr- oder Pistolenkugel abgeschossen. Das gehörte zu meinem ›individualistischen‹ Programm, wenn ich so sagen darf. Es gelang mir auch, es einzuhalten. Dabei weiß ich heute natürlich, wie viel Handlangerdienste ich den Nazis in meiner politischen Unklarheit geleistet habe. Ich stelle das mit Scham fest. Allerdings weiß ich auch, dass dauernde Scham lähmt.

*Nachtrag:*

Da ich weiß, dass diese detailierten Angaben über mein Militärverhältnis benötigt werden, um zu erwägen, ob ich für die Funktion eines 1. Sekretärs im Deutschen Schriftstellerverband tragbar bin, muss ich bemerken, dass ich mich zu dieser Funktion nicht dränge. Meine Zugehörigkeit zu einem Nazi-Polizei-Bataillon wird (besonders auf diesem exponierten Posten) immer eine willkommene Angriffsfläche bieten. Wahrscheinlich werde ich allein viel Kraft dazu verbrauchen müssen, solchen möglichen und durchaus berechtigten Anwürfen klärend und erklärend gegenüber zu treten; ganz abgesehen von den eigenen Hemmungen. Seit meinem Eintritt in die Sozialistische Einheitspartei Deutschlands habe ich mich bemüht, gut in unserem Sinne zu arbeiten und meine Verfehlungen zu tilgen. Ich bitte die Genossen beim Zentralkomitee zu erwägen, ob ich der Partei nicht bessere Dienste leisten kann, wenn ich weiterhin schreibe und mich bemühe, gute Kunstwerke in unserem Sinne hervorzubringen.

*Vermerk zur Vorlage der Abteilung Kultur an das Sekretariat des Zentralkomitees der SED, betr. Einsatz des Genossen Erwin Strittmatter als 1. Sekretär des deutschen Schriftstellerverbandes*

*14. Mai 1959*

Nachdem vom Genossen Strittmatter in einem Nachtrag zu seinem Fragebogen eine Erläuterung zu seinem Militärverhältnis gegeben wurde und die nochmalige Überprüfung der vorhandenen Unterlagen keine wesentlich neuen Gesichtspunkte ergab, wird dem Einsatz des Genossen Strittmatter zugestimmt. [...]«

Insbesondere eine der Äußerungen in seinem Lebenslauf von 1959 anlässlich des Vorschlags der SED-Führung seiner Wahl zum 1. Sekretär des Deutschen Schriftstellerverbandes ist des Nachdenkens wert: Ich schäme mich, sagt er unumwunden, »wie viel Handlangerdienste ich den Nazis in meiner politischen Unklarheit geleistet habe«, aber »ständige Scham lähmt«.

Dieser Satz ist nicht nur das Eingeständnis einer nicht zu leugnenden persönlichen Schuld, in seinem zweiten Teil enthält er die einzig denkbare Art, diese Schuld zu überwinden: nicht in Lähmung zu verfallen, sondern sie aktiv abzuarbeiten. Dafür stehen neun antifaschistische Romane, zahlreiche Geschichtensammlungen, Tagebuchnotizen, Stücke, Reden, Aphorismen und so weiter. Das Lebenswerk eines großen Dichters.

Hat er nicht damit seine *Handlangerdienste* abgearbeitet wie kaum ein anderer?

Mag sein, dass Strittmatter durch sein Verhalten in seinem weiteren aktiven Leben den einen oder anderen Grund für neue persönliche Scham geschaffen hat. Getreu seiner Bohsdorfer Erziehung hat er sich einerseits immer wieder bemüht, im Leben weiterzukommen, indem er sich allzu schnell bereit fand, Forderungen der Oberen nachzukommen. Andererseits war er bestrebt, Lebensfehler mehr oder weniger stillschweigend hinter sich zu bringen. Dann wieder versuchte er, schwierige Lebensetappen auf risikofreien Druckposten zu überstehen. Gelegentliche jähe Ausbrüche warfen ihn zurück. Er war gleichermaßen gelenkt von Stolz, Selbstüberschätzung, Ehrgeiz, Resignation, Unauffälligkeit, Unsicherheit, Zurückhaltung. In allem dem unterscheidet er sich nicht von anderen Menschen.

Je älter er wird, desto unabhängiger wird er von den ihn umgebenden Machtverhältnissen. Diese wachsende Souveränität erarbeitet er sich Stück für Stück durch nichts anderes als seine literarische Arbeit, für die ihn seine Leserinnen und Leser nicht nur materiell belohnen. Manche Zeitgenossen sehen seine Unabhängigkeit mit Missgunst und seine literarische Produktivität mit Neid. In seinen Büchern versucht Strittmatter jedenfalls die grundsätzliche Scham seiner Kriegsjahre zu überwinden, mit allem, was ihm zur Verfügung steht.

Seinen wichtigsten Vorschlag kleidet Strittmatter in einen Nachtrag. Er bittet die Parteiführung, doch zu erwägen, ob es nicht besser wäre, wenn er die Kraft, die er in der künftigen Funktion brauche, um »möglichen und durchaus berechtigten Anwürfen« in Bezug auf seine Militärvergangenheit »klärend und erklärend gegenüber zu treten« in »Kraft zum Schreiben« zu verwandeln. Strittmatter sieht solche Anwürfe voraus, er fürchtet sie nicht und ist bereit, sich ihnen zu stellen, aber hinter den Hemmungen verbirgt sich nichts anderes als Scham und das Trauma des Krieges.

Und die Partei? Der Schriftsteller Erwin Strittmatter ist inzwischen in der Öffentlichkeit des Ostens sehr bekannt. Wie leicht wäre es, der SED über ihn hinweg vom Westen her einen heftigen Schlag zu versetzen. Damit müsste gerechnet werden, wenn es wissentlich etwas zu verbergen gäbe. Und ein bayerischer *Mitwisser* aus dem Mittenwalder Gebirgsjäger-Traditionsverein, wäre – bei Bedarf auch als Anonymus – mitten im Kalten Krieg sicher sehr schnell zur Hand gewesen.

Derartige Angriffe gegen »Nazis in der DDR« zum Zwecke der Delegitimierung des Antifaschismus in diesem Lande sind seit Jahren zur Genüge bekannt. Es sei nur an die zahlreichen Elaborate des geheimdienstlich gesteuerten ehemaligen »Untersuchungsausschusses freiheitlicher Juristen« zum Thema »Nazis in Pankows Diensten« und das »Braunbuch DDR. Nazis in der DDR« von Olaf Kappelt erinnert, erschienen 1981 und 2009.

Aber die SED-Führung bleibt »nach nochmaliger Überprüfung der vorhandenen Unterlagen« bei ihrem Vorschlag.

Erst fünfzehn Jahre später findet sich in den Personalunterlagen auf einer abgetrennten oberen Seite eines DIN A4-Bogens ein einschlägiger Vorwurf. Er stammt von dem damals zweiundsiebzigjährigen Michael Tschesno-Hell, dessen in der KPD der zwanziger Jahre und in der Zeit der Emigration geprägte, nie erlahmende *Wachsamkeit* viele Mitglieder des Schriftstellerverbandes in Potsdam befremdet.

In der Abteilung für Kaderfragen beim ZK der SED – es ist neben der Abteilung für Staatssicherheit die wichtigste Abteilung dort, die außer in Bezug auf den Generalsekretär selbst über das persönliche Schicksal aller anderen Funktionäre an der Parteispitze mitentscheidet – wird unter der Überschrift »Information« festgehalten:

»6. Juni 1974

Anruf des Genossen Naumann [der 1. Sekretär der SED-Bezirkslei-
tung Berlin ruft den Chef der Kaderabteilung des ZK der SED an.
Dessen Sekretärin verfasst eine Gesprächsnotiz]:

1.
Anruf des Genossen Konrad Naumann
    Michael Tschesno-Hell hat Genossen Naumann angesprochen
wegen Erwin Strittmatter.
    Michael Tschesno-Hell brachte zum Ausdruck, dass bei Stritt-
matter irgendwas nicht in Ordnung gewesen sein soll in Bezug über
seine Angaben. Es gäbe Vorwürfe gegen Claudius, Tureck [sic!] und
Strittmatter, viel soll gefälscht sein in den Angaben.
    Genosse Naumann sagte [dem Tschesno-Hell], das wäre bekannt
bei Dir selbst [also beim Leiter der Abteilung Kaderfragen im ZK
der SED] und bei Heinz Wieland.
    Insgesamt geht es darum, dass Genosse Strittmatter kein Antifa-
schist gewesen sein soll. Du [also der Leiter der Abteilung Kaderfragen im ZK der SED] möchtest den Genossen Naumann anrufen.«

Zunächst wäre es interessant zu wissen, was auf dem unteren Teil
der einzelnen Seite gestanden haben mag. Ein »zweitens« mit Bezug
zu jenem »erstens«? Oder das, was dem Genossen Naumann im er-
betenen Telefonat gesagt wurde, oder gesagt werden sollte, oder das,
was Naumann gesagt hat? Es wäre interessant, ob und mit welchen
konkreten Fakten Tschesno-Hell seine vage, auf Gerüchten beru-
hende Unterstellung zu untermauern versuchte. Ob er aus seinen
Vermutungen jemals herausgekommen ist, einem in Anschwärzun-
gen sich ergehenden Konjunktiv der Verantwortungslosigkeit, der
zuvor die Sowjetunion in den Stalinschen Jahrzehnten Hundertttau-
sende Menschenleben gekostet hatte? Bis wann ist Strittmatter noch
kein Antifaschist gewesen oder schlimmer: ab wann keiner mehr?
    Im juristischen Sinne ist der Inhalt dessen, was der *wachsame*
Tschesno-Hell äußert, eine Verleumdung, und ich finde, dass Naumanns den *altgewordenen Heißsporn* abkühlende Reaktion auf diese
Verleumdung korrekt war.

Ein ungerechtfertigtes Parteiverfahren gegen mich, das über Konrad Naumanns Schreibtisch gegangen war, hätte mich einst beinahe aus meinem Beruf heraus direkt auf die Straße katapultiert. Im Nachhinein noch immer über das weitverbreitete unsaubere politische Klima in der DDR traurig, betrachte ich die Kopie dieses hinterhältig anschwärzenden Papiers eines *alten Genossen.*

Dass dieserart verdeckte Methoden, die vorgeben, der Wahrheitsfindung zu dienen, uns auch im heutigen Alltag vertraut geblieben sind, mindert meine Betrübnis nicht.

Was wäre geschehen, wenn Strittmatter damals irgendwann, vorausgesetzt, er wäre psychisch überhaupt dazu in der Lage gewesen, der Öffentlichkeit in eindeutigen und klaren Worten gesagt hätte, was er der Partei immer wieder mitgeteilt hatte: Ich war im Krieg Angehöriger einer Polizei-Einheit und habe die damit verbundenen schrecklichen Dinge mit eigenen Augen gesehen?

Wo hätte das, mitten im Kalten Krieg, veröffentlicht werden sollen? Im »Neuen Deutschland«? Oder als Anhang in der Regimentsbiografie des SS-Brigadeführers Hermann Franz, Strittmatters ehemaligem militärischem Vorgesetzten? Oder in der »Frankfurter Allgemeinen Zeitung«?

Und hätte Strittmatter bleiben oder gehen sollen? Wieder unter das Kommando seines ehemaligen Regimentsführers Franz? Zum Kränze-Niederlegen auf den Hohen Brendten bei Mittenwald?

Was wäre aus seinen literarischen Vorhaben geworden? Aus seinen gesellschaftskritischen Büchern, für die ihn seine Leserinnen und Leser lieben? Mit denen er der DDR in hohem Maße und vor allem kritisch im besten Sinne genutzt hat. Und literarisch sowieso.

Es ist naheliegend, dass die untergegangene DDR und die mit ihr verschwundene kulturelle Identität am wirkungsvollsten zu treffen ist, wenn man auf die kritischen, dennoch *hiergebliebenen* und gerade deshalb weithin geachteten Künstler zielt. Christa Wolf, Stefan Heym, Stephan Hermlin und Erwin Strittmatter, aber auch der dazumal selbstbewusst geführte Aufbau-Verlag waren und sind für diese Auseinandersetzung die am besten geeigneten Subjekte und Objekte. Das wussten Hans-Georg Soldat, Karl Corino, Werner Liersch und wie sie alle heißen mögen schon seit langem. Und sie haben es auch heute nicht vergessen.

Ein ernstzunehmender Verdachtsvorwurf gegen Strittmatter blieb Werner Liersch im fünfzehnten Jahr nach Strittmatters Tod und dem achtzehnten nach der deutschen Vereinigung vorbehalten.

Er passte gut in die veränderten Zeitläufte. Für den letzten Konsum-Optimisten im Osten (»Kommt die DM nicht zu uns, gehen wir zu ihr«) und für nicht wenige aus den Tagen der großen Demonstrationen war nun die seit langem vorhandene, umfassende und angstmachende Wirtschaftskrise nicht mehr nur sichtbar, sondern ständig spürbar geworden. Das mindert die Lebensqualität sehr vieler Menschen.

Diese Krise rührte zum Teil noch aus der Zweistaatenzeit her, durch den Ausverkauf des kleineren, ärmeren Landesteils zugunsten des reicheren war sie zwar verzögert worden, aber gegen die Folgen dieser Verzögerung und jene, die sich aus der in der Zwischenzeit heftig praktizierten *Globalisierung* ergeben hatten, war nun kaum noch erfolgreich anzusteuern.

Es gibt im Osten zwar viele neu asphaltierte Straßen, schön verputzte Häuser und gefüllte Supermarktregale, und mit dem nötigen Geld geht's auch nach wie vor »visafrei bis nach Hawaii«, aber Arbeitslosigkeit, Armut der einen und fantastische Bereicherung manch anderer sind nicht zu übersehen oder zu beschönigen.

Es ist deshalb für die Ideologen von heute notwendig geworden, jeden Rest emotionaler Bindung an die alten Verhältnisse zu beseitigen. Zu diesen starken Bindungen gehören vor allem Bücher und eine in bestimmten Zügen eigene Kultur. Strittmatters Bücher verkauften sich einst ohne große Anstrengungen in Millionenhöhe.

Wie immer ließ sich der Teufel am besten mit Beelzebub austreiben. Aus dem ehemaligen *Unrechtsstaat* wurde in raschem Tempo die *zweite deutsche Diktatur*, und wer in dieser *Diktatur* als schlichter Mensch gelebt hatte und jetzt noch nicht einsichtig war, der musste eben vom Kopf her niedergemacht werden.

Es widerstrebt mir, diese allzu elementaren Sätze aneinanderzureihen, so wahr sie seien oder als wie primitiv sie empfunden werden mögen. Allerdings bin ich völlig sicher, dass die Geschichtsschreibung in sagen wir dreihundert Jahren sich über diesen Zeitabschnitt, der unsere alles beherrschende Gegenwart ist, keineswegs in anderem Sinne äußern wird – nicht allein inhaltlich, sondern noch dazu in der Form einer historischen Marginalie.

Solange kein von Erwin Strittmatter selbst formulierter, glaubwürdiger, schriftlicher Antrag aus den Jahren 1939/40/41 über eine freiwillige Meldung zur Waffen-SS vorliegt – mir jedenfalls ist bis heute keine solche Meldung bekannt –, kann die historische Wahrheit zum Schutze seiner Persönlichkeit nur lauten, dass für die Behauptung, er habe sich 1940 aus eigenem Antrieb darum beworben, in die Waffen-SS einzutreten, kein Beweis vorliegt. Die Beweispflicht des Gegenteils liegt natürlich bei denen, die diese Behauptung aufstellen.

Auch Briefstellen (zum Beispiel in Briefen an die Eltern), in denen Strittmatter erklärt, dieser Organisation beitreten zu *wollen* – mir sind solche Stellen nicht bekannt –, schließen zum Beispiel eine familienbedingte Renommiersucht als einen politisch relativierenden Grund nicht aus.

Im März des Jahres 2009 gibt ein Zeitungsredakteur in seinem Blatt ein Telefonat mit Eva Strittmatter wieder, in dem sie ihm erklärt haben soll, sie habe einem Brief Strittmatters entnommen (es wird sich dabei höchstwahrscheinlich um einen der sogenannten »Mehlboden«-Briefe handeln, Briefe an die Eltern in Bohsdorf, die Bruder Heinrichs Angehörige nach dessen Tod gefunden und dem Strittmatter-Archiv in Schulzenhof übergeben haben), Strittmatter habe sich Anfang des Krieges freiwillig zum Militärdienst gemeldet, »vermutlich zur Waffen-SS«.

Diese Zeitungsnotiz erfüllt keineswegs jene qualitativen Anforderungen, die für ein so relativ wichtiges biografisches Detail zu gelten haben. Erst wenn ein wirklich seriöser, unvoreingenommener Historiker diese Briefe mit eigenen Augen gründlich studiert hat und dessen Schlussfolgerungen jederzeit von anderen Wissenschaftlern überprüft und beurteilt werden können, haben sie überhaupt den Rang einer subjektiven Quelle erreicht. Um dahin zu gelangen, braucht es weder einen Zeitungsjournalisten noch ein Telefonat, und sogar die von mir hochverehrte Eva Strittmatter täte gut daran, sich in Fragen der Interpretation weiterhin zurückzuhalten: der möglicherweise zu starken Subjektivität wegen, die ihr vorgehalten werden könnte, nach allem, was sie mit ihm und durch ihn und nach ihm erlebt und der Öffentlichkeit mitgeteilt hat. Aber es ist und bleibt ihr uneingeschränktes Persönlichkeitsrecht, mit den sogenannten Mehlboden-Briefen zu tun, was ihr beliebt.

Erst wenn diese Briefe allen ernsthaft Interessierten zugänglich wären, ließe sich prüfen, ob das, was in ihnen steht, die Wahrheit ist. Das ist bei einem Schreibenden, für den zeitlebens Dichtung und Wahrheit immer wieder kräftig ineinandergeflossen sind, keineswegs eine überflüssige Frage.

Unter Berücksichtigung dessen wäre eine subjektive Wertung der Motive für Strittmatters Verhalten im Nazi-Reich und den Grad seines politischen Verstandes, seines Wissens, Wollens und Handelns zum damaligen Zeitpunkt möglich. Erhärten ließe sich eine bisher unterstellte Neigung in Richtung SS allein durch objektive Dokumente. Die liegen nicht vor.

Würden wir solcherart Kriterien außer Kraft setzen, müsste man sich von heute her das halbe deutsche Volk hinter Gittern vorstellen. Hatte es doch in seiner überwiegenden Mehrheit mit Gesetzeswirkung vom 30. Januar 1933 eine verbrecherische Organisation unterstützt oder zumindest deren Machtübernahme billigend in Kauf genommen, statt dieser erkennbaren Mörderbande, die aus ihren Absichten keinen Hehl machte und auf deren historisches Konto mehr als fünfzig Millionen Getötete gehen, unverzüglich in den Arm zu fallen. Diesen Gedanken nachzuvollziehen, fällt nicht leicht.

Wurden in der Strittmatter-Affäre bisher nicht oft genug subjektive Haltungen in objektive Tatbestände umgewandelt? Es wird behauptet, hier habe der eine bewusst etwas unterschlagen, vergessen, ausgespart, dort hätten seine Parteigänger mit tendenziöser Absicht objektive Tatbestände geschönt oder verschwiegen. Warum soll das, was der einen Seite in der Beurteilung der Affäre als parteinehmende Subjektivität unterstellt wird, in der anderen Richtung plötzlich die reine Wahrheit sein?

Die Vorlage einer von einem SS-Untersturmführer ausgefertigten Karteikarte ohne sichtbare Zweckbestimmung ist kein Beweis für eine zuvor erfolgte freiwillige Meldung zur Waffen-SS. Es existieren zahlreiche nicht widerlegbare andere Gründe für die Anlage einer solchen, im Übrigen folgenlos gebliebenen Karte.

Für die Beurteilung des politischen Verhaltens eines Menschen in einer bestimmten historischen Situation ist im Nachhinein von dessen politischem Wissen und seinen sonstigen Lebensumständen in Zeit und Raum auszugehen. Für einen Zeitpunkt, zu dem die

SS-Verbrechen noch nicht begangen waren oder nicht jedem Menschen bekannt sein konnten, wäre ein Beitritt anders zu beurteilen als zu einer Zeit, in der diese Verbrechen ausgebreitet vor aller Welt lagen. Das hat mit dem aus dem römischen Recht stammenden und juristisch als ›strafwürdiger Verbotsirrtum‹ bezeichneten umgangssprachlichen Satz »Unwissenheit schützt vor Strafe nicht«, der sich gegen bewusste Ignoranz von Tatbeständen richtet, nichts zu tun.

Strittmatters Behauptung, zu einem sehr frühen Zeitpunkt mit der Funktion eines mit einer Dienstpistole und nicht mit einem Karabiner bewaffneten Bataillonsschreibers eingesetzt worden zu sein, entspricht aus der konkreten militärischen Situation heraus solange der Wahrheit, bis diejenigen, die Strittmatters Behauptung anzweifeln, ihre gegenteilige Meinung beweisen. Dazu sind eindeutige Dokumente nötig.

Alles, was bis jetzt bekannt ist, deutet darauf hin, dass Strittmatter, so wie er es selbst aufgeschrieben hat, schon zu einem sehr frühen Zeitpunkt Schreiber seines Bataillons wurde und allein das notierte, was seine Vorgesetzten ihm auftrugen und seine Kameraden taten oder wovon sie ihm berichteten.

Seine Mitwisserschaft hat Strittmatter in seinen Büchern öffentlich gemacht, wie es nur Wenige seiner Generation getan haben. Jene schweigenden Männer, die alles kennen können, worüber er schreibt, und auch das, worüber er nicht schreibt, zählten in den Nachkriegsjahren, die jetzt zu Ende gegangen sind, nach Hunderttausenden.

Ich habe Strittmatters Weg durch den Krieg in diesem Text so gründlich geschildert, wie es mir derzeit möglich war. Zwischen den Biografien aus Strittmatters Hand und dieser Schilderung ergeben sich folgende Abweichungen:

Strittmatter erwähnt zwar in den Biografien seinen kurzen Aufenthalt in Krakau nicht, im »Wundertäter« nimmt der allerdings an zeitlich übereinstimmender Stelle für den Abschnitt nach Abschluss seiner Ausbildung breiten Raum ein. Er schildert dort scheußliche SS-Verbrechen, unterstellt sie aber seiner eigenen, frisch ausgebildeten militärischen Einheit nicht.

Das ist, der allgemeinen militärischen Praxis entsprechend, in hohem Maße glaubhaft, wäre es doch sogar für die Nazis unmöglich gewesen, ein neuaufgestelltes Reserve-Wachtmeisterbataillon nach Abschluss von dessen Ausbildung innerhalb weniger Tage in eine enthemmte Killertruppe zu verwandeln.

Strittmatter erwähnt in den Lebensläufen nicht, dass sein Bataillon 325 im Mai 1942 als relativ eigenverantwortliches drittes Bataillon mit den beiden Bataillonen 302 (als erstem Bataillon) und 312 (als zweitem Bataillon) zum Polizei-Gebirgsjäger-Regiment 18 zusammengefasst wurde, das später den Beinamen »SS« erhielt, ohne dadurch selbst zu einem Teil der SS zu werden. Er bleibt durch die Jahre hindurch bei der durchaus nicht falschen Bezeichnung Polizei-Bataillon 325.

Die Lebensläufe verlangen von Strittmatter keine detaillierten zeitlichen Angaben und die genaue Auflistung seiner Aufgaben auch nicht. Er liefert sie deshalb auch nicht. Im Falle des Rückkehrdatums von der Insel Naxos weicht seine Angabe um fünf bis sechs Monate vom historisch gesicherten Datum ab. Diesen anderen Quellen nach ist er früher zurückgekehrt als angegeben.

Sowohl bei seinem Aufenthalt bzw. bei seinen beiden Aufenthalten in Slowenien wie auch beim ersten kürzeren und zweiten längeren Aufenthalt auf dem griechischen Festland und der Halbinsel Peloponnes muss Strittmatter Absperrungen von Dörfern, Durchsuchungen von Häusern und deren systematisches Abbrennen, Mitnahme von fremdem Hab und Gut, Abtransporte von Frauen und Kindern sowie Geiselerschießungen gesehen haben; es muss ihm von Beteiligten davon erzählt worden sein; und er muss solche Vorgänge in seiner Tätigkeit als Schreiber und Kriegstagebuchführer aufgeschrieben haben. Im zweiten Buch des ersten Bandes des »Wundertäters« hat er sie beschrieben, allerdings nicht lückenlos und nicht in ihrer ganzen Brutalität.

Die eigene Teilnahme an solchen Aktionen ist Strittmatter derzeit nicht nachzuweisen. Nur durch schriftliche Dokumente (Militärpapiere oder – eingeschränkt – persönliche Briefe) wären solche Tatbestände zu belegen.

Auch wenn Strittmatter an bestimmten Stellen seiner verschiedenen Fragebögen ungenau ist oder bestimmte Vorgänge nur in verkürzter Form beschreibt, kann er der bewussten Lüge nicht überführt werden. Die Folgen eines solchen Verhaltens hätten, vor allem in den ersten Jahren nach dem Krieg, einschneidende Folgen für ihn haben können.

Aus *reiner Mordlust* verübte *Strafaktionen*, vergleichbar zum Beispiel den Massakern in Dinant (Belgien, 1914), Badajoz (Spanien, 1936) der Schlucht von Babi Jar (Ukraine, 1941), Lidice (Tschechien, 1942), Oradour sur Glane (Frankreich, 1944), Dístomo (Griechenland, 1944), My Lai (Vietnam, 1968), Santiago de Chile (Chile, 1971), Srebrenica (Bosnien, 1995) Eldorado dos Carajás (Brasilien, 1996), Masar-i Scharif (Afghanistan, 2001), Haditha (Irak, 2005), Pando (Bolivien, 2008) sind Strittmatters militärischer Einheit bisher nicht nachzuweisen.

Strittmatters Angaben bezüglich seiner Desertion sind unter Berücksichtigung der militärischen Lage bei Kriegsende glaubwürdig. Sie wären bei rechtzeitiger Befragung durch Beteiligte und Zeugen abzusichern gewesen. Auch hier liegt die Beweispflicht bei denen, die Strittmatters Angaben zu seinem Kriegsende als »Legendierung« bezeichnen und nun mit selbstverliehener Kompetenz darauf warten, dass eine für sie glaubhaftere andere Kriegsende-Version ihrer eingebildeten richterlichen Beurteilung vorgelegt wird.

Strittmatter wird unter Zuhilfenahme einer geradezu perfiden journalistischen Methode mit bestimmten Ereignissen konfrontiert, deren Zusammenhang mit seinem Leben nicht nachzuweisen ist.

Natürlich ist es richtig, auch für den Dichter Erwin Strittmatter festzustellen, wie er am Zweiten Weltkrieg beteiligt war, worin seine spezielle Schuld besteht und wie er sie im Verlaufe seines späteren Lebens gegenüber der Gesellschaft abzutragen und für sich selbst von ihr zu befreien versucht hat. Das aber berechtigt niemanden dazu, diesen Vorgang einseitig und bestimmten Interessen folgend zu politisieren. Die Selbstgerechtigkeit angemaßter Unschuldslämmer, die sich durch die Zeit bewegen, als wären sie auf dem einen Auge scharfsichtig und auf dem anderen blind, produziert immer wieder neue Ungerechtigkeiten.

Es ist nicht möglich, die ganze komplizierte Vergangenheit am subjektiven Beispiel eines einzelnen Angehörigen einer schon fast zur Gänze ins Grab gesunkenen Generation auf den Tisch zu packen, als wären nicht so gut wie alle anderen aus dieser Generation genauso beteiligt gewesen, durch Taten oder wissendes Schweigen. So, als hätten der *Fall* des Brigadeführers Franz und seines Buches gar nichts mit dem des ehemaligen Oberwachtmeisters Strittmatter und dessen Büchern zu tun, in Zeiträumen freilich, die schon in *unsere*, der Lebenden, Verantwortung gehören.

Das alles führt nicht zur Versöhnung der Wissenden, sondern vielmehr zu immer neuen propagandistisch absichtsvoll geschürten Spannungen.

Alle meine Freunde und ich haben in der DDR den Dokumentarfilm-Ausschnitt von Bergen-Belsen gesehen mit jenen englischen Bulldozern, welche die von den Nazis zurückgelassenen Leichenberge ins Massengrab schieben. Wir haben in unseren Geschichtsbüchern die Bilder »Deutsche, kauft nicht bei Juden« und die von den brennenden Synagogen und den endlosen Transportzügen quer durch das an den Gleisen vorüberziehende, keineswegs erblindete Deutschland betrachtet, unserem Alter entsprechend eher zu früh als zu spät. Wir wurden als Schülerinnen und Schüler durch Buchenwald geführt. Man hat uns über Auschwitz und Lidice und Oradour (das dortige Massaker geschah am gleichen Tage wie das in Dístomo) informiert. Uns blieb jeder der in aller Öffentlichkeit vorgetragenen ungeheuerlichen Leugnungsversuche der deutschen Schandtaten im Krieg erspart. Wir haben die Lieder von Lin Jaldati gehört und die Bücher von Anne Frank und Janusz Korczak gelesen und noch hundert andere.

Das geschah nicht, damit uns ehemaligen Bürgerinnen und Bürgern der jeden Tag ärger behetzten vergangenen DDR heute ein frischentlaufener Hochschulabsolvent anhand der Erkenntnisse seiner Magisterarbeit mit ernster Miene erklärt, was die Judenverfolgung war. Indem sie uns ein in meinen jüngeren Jahren hierzulande ungebräuchliches Wort dafür präsentieren, das sie einer geschönten nordamerikanischen Fernsehserie entnommen haben und das dort, nicht ganz so klar wie unser alter Begriff »Massenmord an den europäischen Juden«, *Holocaust* genannt wird. Das empfinde ich, angesichts der massenhaften selektiven westdeutschen Verdrängungen bis zum heutigen Tage als andauernde Beleidigung.

Meine besten Freunde sind Kinder von Eltern aus dem republikanischen Traumland Spanien und aus dem sozialistischen Hoffnungsland Chile. Ich verlange, das zu respektieren.

Auf Empfehlung des Verlages nutzte ich die Möglichkeit, mit einem Insider aus dem ehemaligen Ministerium für Staatssicherheit ins Gespräch zu kommen und ihn ausführlich darüber zu befragen, was im dortigen, heute als Nazi-Archiv bezeichneten Fundus an Dokumenten und Informationen zu Strittmatters Vergangenheit in der Zeit des Faschismus bekannt war.

Der ehemalige MfS-Oberstleutnant Dieter Skiba berichtet:

»Ich bin seit 1958 Mitarbeiter des Ministeriums für Staatssicherheit der DDR gewesen und wurde 1968 in die Hauptabteilung IX/11 (HA IX/11) versetzt, deren letzter Leiter ich seit 1988 bis zur Auflösung Ende 1989/Anfang 1990 war. Diese spezifische Diensteinheit des MfS hatte sich befehlgemäß aus zentraler Sicht unter anderem mit der Aufklärung und strafrechtlichen Verfolgung von Nazi- und Kriegsverbrechen und Verbrechen gegen die Menschlichkeit zu befassen. Sie war auf dem Höhepunkt der Auseinandersetzung mit der Bundesrepublik und deren erklärter Absicht, selbst für schwerste Nazi-Verbrechen Verjährung eintreten zu lassen und damit die Strafverfolgung gänzlich einzustellen, durch den Befehl 39/67 des Ministers gebildet worden und gehörte strukturell zur Hauptabteilung ›Untersuchung‹ des Ministeriums für Staatssicherheit (HA IX). In ihr wurden die seit Anfang der sechziger Jahre bestehenden interstrukturellen Aktivitäten zusammengefasst.

Der Abteilung waren zwei Hauptaufgaben gestellt:

Sie hatte einerseits die Aktivitäten der politischen Führung der DDR im Zusammenhang mit der Remilitarisierung und Refaschisierung der Bundesrepublik zu unterstützen. So stellten wir zum Beispiel umfangreiche Recherchen für das ›Braunbuch. Kriegs- und Naziverbrecher in der Bundesrepublik und in Westberlin‹ an, stellten die Ergebnisse unserer Nachforschungen für die erste, zweite und besonders die dritte Auflage aus dem Jahre 1968 (Reprint 2002 bei edition ost in Berlin) zu den darin genannten Nazis zur Verfügung und lieferten Kopien aufgefundener Dokumente.

Der Historiker Götz Aly bescheinigt diesem Buch, dass sich seine empirischen Grundlagen bei einer Irrtumsquote von deutlich unter einem Prozent als äußerst beständig erwiesen haben und stellt fest: ›Der Haupteinwand, der heute gegen das Braunbuch erhoben werden kann, besteht darin, dass es zu wenige Namen nannte.‹ Eben wegen der kompakten Fülle angesehener westdeutscher Adressen erweckte es ungewollt auch die Illusion, alle Nichtgenannten hätten mit dem Nationalsozialismus nichts oder nur wenig zu tun gehabt. Davon konnte keine Rede sein, wie die Forschungen der vergangenen Jahrzehnte zeigen.‹

Der Nazi-Marine-Richter Hans Filbinger zum Beispiel, der trotz des Wissens um seine Mitwirkung an völkerrechtswidrigen Todesurteilen noch über das Kriegsende am 8. Mai 1945 hinaus als ›ehrenhaft‹ galt und Ministerpräsident von Baden-Württemberg werden konnte, war darin tatsächlich noch nicht genannt worden. Das wäre einer späteren Fortsetzung vorbehalten gewesen, zu der es allerdings nicht mehr gekommen ist. Von Filbinger, der anlässlich seiner Beisetzung sogar zum antifaschistischen Widerständler umgewandelt werden sollte, stammt übrigens die für seine unveränderte Gesinnung symptomatische Bemerkung: ›Was damals Recht war, kann heute nicht Unrecht sein.‹ Dieser Satz könnte manchen von den heutigen ›Geschichtsaufarbeitern‹ ins Stammbuch geschrieben werden.

Außerdem recherchierten wir für andere Diensteinheiten des Ministeriums für Staatssicherheit oder für Partner, mit denen wir zusammenarbeiteten. Dazu gehörten zum Beispiel das Dokumentationszentrum der Staatlichen Archivverwaltung der DDR oder das Zentrale Parteiarchiv der SED beim Institut für Marxismus-Leninismus. Wir beantworteten Anfragen im Zusammenhang mit der faschistischen Vergangenheit von Personen oder zu dabei interessierenden Sachverhalten. Auch im Zusammenhang mit bei der Generalstaatsanwaltschaft der DDR anhängigen Anfragen und Rechtshilfeersuchen aus dem Ausland wurden Aufträge an uns erteilt. Wir arbeiteten vor allem mit dem eigenen, ständig anwachsenden Archivaktenbestand, pflegten aber natürlich auch Kontakte mit anderen Archiven im Inland. Von den ausländischen Archiven waren uns nur die in anderen sozialistischen Ländern zugänglich.

Die Recherche-Ergebnisse wurden in Auskunftsberichten zusammengefasst und den Anfragern übermittelt. Wenn sich dabei Hinweise, Vermutungen und Verdachtsgründe für eine faschistische Vergangenheit mit Beteiligung an Nazi- und Kriegsverbrechen ergaben, sind weitergehende Prüfungen eingeleitet worden, so wie das in der Strafprozessordung der DDR für die Prüfung von Anzeigen und Mitteilungen bei Verdacht eines Verbrechens gesetzlich festgelegt war.

So gesehen hatte meine Abteilung eine ähnliche Funktion wie sie in der Bundesrepublik der Ludwigsburger Zentralen Stelle der Landesjustizverwaltungen zur Aufklärung nationalsozialistischer Verbrechen zukommt. Wir hatten Ergebnisse für Untersuchungs- und Ermittlungsverfahren vorzulegen und waren dadurch in Beweisführungsaufgaben einbezogen. Verhöre von Beschuldigten und die Zusammenarbeit mit der Staatsanwaltschaft im Stadium von Ermittlungsverfahren und zur Vorbereitung von Anklage-Erhebungen lagen nicht im Bereich unserer Aufgaben.

Wir beschäftigten uns nicht so sehr mit der Beurteilung von Angriffs- und Verteidigungshandlungen, die sich, wenn auch manchmal zweifelhaft, so doch im Rahmen der Haager Landkriegsordnung und anderer völkerrechtlicher Bestimmungen bewegten, sondern es ging uns vor allem darum, solche Tatbestände aufzudecken, die den Rahmen international festgelegter Vereinbarungen und Abkommen missachteten und eklatant verletzten: Drangsalierung, Verschleppung oder Tötung von Zivilisten, insbesondere der Genozid am jüdischen Volk, Vernichtung oder Raub von Eigentum, Misshandlung oder Tötung von Kriegsgefangenen und Partisanen (sogenannte Bandenbekämpfung und Sühnemaßnahmen), Taktik der verbrannten Erde u.a.m. Dabei orientierten wir uns an den Prinzipien, die für den Nürnberger Kriegsverbrecherprozess codifiziert worden waren und die als Straftatbestände ins Strafgesetzbuch der DDR Eingang fanden.

Prof. Christian F. Rüter vom Institut für Strafrecht der Universität Amsterdam konstatiert, dass die DDR bei SS-Verfahren stets aufseiten der Opfer stand und das Traditionsverständnis von ›unsere Leute – eure Leute‹ zwischen Bundesrepublik und DDR als seitenverkehrt zu charakterisieren ist. Waren für die Bundesrepublik die Täter (Wehrmacht, SS, Waffen-SS, Polizei) immer ›unsere Leute‹, so waren für die DDR immer die Opfer (Juden, Kommunisten, Partisanen, Fremdvölkische, Fremdländische) ›unsere Leute‹. Daraus ergab sich in allen Fällen ein vollkommen unterschiedliches Herangehen an die Täter.

Partisanen waren für uns Personengruppen, die einen völkerrechtlich gebotenen Widerstand gegen die faschistischen Okkupanten leisteten. Ihr Handeln war demzufolge auch integrierter Teil des antifaschistischen Widerstandes. Obwohl sie über keine einheitliche Bewaffnung oder Uniform verfügten, verdeckt kämpften und nicht auf den ersten Blick als Kombattanten erkennbar waren, verbot es sich damals wie heute, sie als Verbrecher zu behandeln. Zwar haben Partisanen im Krieg ihre Gegner getötet und Objekte in die Luft gesprengt, aber sie nutzten damit die ihnen mögliche Form des gerechtfertigten Kampfes gegen die deutschen Okkupanten. Die von den deutschen Faschisten und ihren geistigen Erben benutzten Begriffe wie ›Bandenbekämpfung‹, ›Sühnemaßnahmen‹, ›Befriedung‹, ›Heckenschützen‹, ›Flintenweiber‹ etc. sollten deutlich machen, dass die Betreffenden nicht Kombattanten waren und deshalb bei ihrer Gefangennahme kein Recht darauf haben dürften, wie Kriegsgefangene behandelt zu werden. Sie galten als kriminelle Elemente; sie zu liquidieren verletzte in den Augen ihrer Mörder das Völkerrecht nicht.

Das ist eine Rechtsposition, die heute in Bezug auf ›Terroristen‹ in aller Welt und auch auf die Taliban in Afghanistan angewandt wird. Wenn man nicht anerkennt, dass es einen Kriegszustand gibt und die andere Seite eine kriegsführende Partei ist, kann man diese andere Seite anscheinend ungestraft als Ansammlung von Banditen bezeichnen, die in Polizeiaktionen zu beseitigen erlaubt ist.

Obwohl die Sowjetunion nach Stalingrad mit einer Vielzahl deutscher Gefangener ein gewichtiges Faustpfand (›wie du mir, so ich dir‹) in der Hand hatte, ließen die Nazis nicht ab, sowjetische Kriegsgefangene weiterhin massenhaft dem kalkulierten Tod auszuliefern. In deutscher Kriegsgefangenschaft starben schätzungsweise dreieinhalb Millionen sowjetische Kombattanten, erschossen auch mit Hilfe hinterhältiger Genickschussanlagen, umgekommen wegen ihrer Behandlung, verhungert, erfroren, gestorben an Dystrophie, Auszehrung, Typhus.

Im Kriegsgefangenenlager Lambsdorf gab es zum Beispiel Anzeichen von Kannibalismus, da die sowjetischen Gefangenen über längere Zeiträume keinerlei Verpflegung erhielten. Im Krankenbuch des Lagers für sowjetische Kriegsgefangene in Neuhammer am Queis (Świętoszów) sind 18000 Hungertote vermerkt.

In einem von unserer Abteilung vorbereiteten Verfahren gegen

den in Lambsdorf eingesetzten Gestapo-Beamten Wilhelm Lachmann ging es unter anderem um einen Transport von dreihundert durch den sogenannten Kommissarbefehl ausgesonderten
sowjetischen Kriegsgefangenen, die Lachmann persönlich nach
Auschwitz verbrachte: Sie waren die ersten Menschen überhaupt,
die mit Zyklon B vergast wurden. – Nein, eine faire Behandlung
sowjetischer und auch polnischer Kriegsgefangener durch die Nazi-
Führung hat es zu keiner Zeit gegeben, auch nicht nach der deutschen Niederlage von Stalingrad und der Gefangennahme der Reste
einer ganzen deutschen Armee.

Als das Ende des Kriegs absehbar war, zog es diejenigen, die etwa
in Polen, der Tschechoslowakei, in Ungarn, Russland, Weißrussland oder der Ukraine Verbrechen an Menschen oder Objekten
angeordnet oder begangen hatten in Richtung Westen. In Kenntnis selbstbegangener Taten wussten diese Täter: ›Wenn der Russe
kommt, haben wir nichts Gutes zu erwarten.‹

Auf deutscher Seite war mit Kriegsgefangenen, die den westalliierten Armeen angehörten, durchaus in korrekterer Weise umgegangen worden, was sich umgekehrt meist auch in der Behandlung deutscher Kriegsgefangener widerspiegelte, für die der Status
unbelasteter Kombattanten angewandt wurde. Das gestaltete sich
allein dann anders, wenn deutschen Gefangenen Verbrechen an
englischen oder amerikanischen Soldaten nachgewiesen werden
konnten.

Den Vorzug einer korrekten Behandlung nutzten vor allem die
zahlreichen Verantwortungsträger, Schreibtischtäter und Kriegsverbrecher, deren Taten den Westalliierten bei Kriegsende unbekannt
waren. Kurz vor Toresschluss versuchten sie, sich unter allen Umständen in den Westen abzusetzen.

Man darf nicht außer Acht lassen, um wie vieles größer, auf
Deutschland bezogen, der östliche gegenüber dem westlichen
Kriegsschauplatz war.

Um möglichst viele Kriegsverbrecher vor strafrechtlichen Verfol-
gungen zu schützen, gab zum Beispiel die Gestapo falsche Papiere
an sie aus, andere haben sich solche ohne besondere Schwierigkeiten später bei den westalliierten Militärverwaltungsbehörden
selbst besorgt.

Der ehemalige SS-Hauptsturmführer Franz Timm, zum Beispiel,

war als Dienststellenleiter des SD in Posen eingesetzt und mit dem dortigen Gauleiter Arthur Greiser eng befreundet. Nach einem Ausbruch aus der Festung Posen landete er mit Unterstützung durch Gestapo und Waffen-SS im Westen und stellte sich zusammen mit zwei anderen Flüchtlingen in Westberlin bei den Amerikanern als Franz Neumann vor, dem bei der Flucht aus Posen sämtliche Papiere verlorengegangen seien. Sie alle drei hätten gesehen und könnten bezeugen, dass Timm, der bei ihnen gewesen war, unterwegs umgekommen sei. Timm erhielt Papiere auf den Namen Neumann und begab sich nach Stralsund in der sowjetischen Zone, wohin seine Familie umgesiedelt worden war. Als Timm verstorben, heiratete er seine eigene Frau ein zweites Mal. Wie er selbst hatte sein Sohn eine Vorliebe fürs Fliegen. Nach einer Jagdflieger-Ausbildung in der Sowjetunion sollte er Staffelkommandeur bei der NVA werden. Bei einer routinemäßigen Sicherheitsüberprüfung durch die ›Militärabwehr‹ des MfS fiel eine Übereinstimmung von Vornamen und Geburtsdatum zwischen Timm und Neumann auf. Wir ermittelten eine Identität und die Teilnahme Timms an der Hinrichtung von Zivilpersonen im Stadion von Posen.

Ein anderer Sohn Timms arbeitete bei der Handelsmarine der DDR, eine Tochter war Dolmetscherin an der DDR-Botschaft in Ungarn. Aus unserer Sicht galten sie deshalb als Sicherheitsrisiko, weil sie aufgrund der bewiesenen Identität von Timm und Neumann auch vom Westen her als erpressbar erschienen.

Natürlich konnte und sollte nicht jeder DDR-Bürger überprüft werden. Sicherheitsaspekte spielten bei der Auswahl zur Überprüfung eine große Rolle. Ausgangsinformation für weitergehende Nachforschungen waren stets Hinweise auf Zugehörigkeit zu einer bestimmten militärischen Einheit oder Dienststelle, zu der ein bestimmter Tatverdacht bestand. Strafrechtlich relevant war für uns jedoch nur, ob und welche persönlichen Tatbeiträge nachgewiesen werden konnten. Allein der Nachweis einer Zugehörigkeit zu einschlägigen faschistischen Einheiten und Formationen (SS, Waffen-SS, SA, SD, Gestapo, NSDAP u.a.) war im strafrechtlichen Sinne für eine Beschuldigung als Tatverdächtiger oder gar Täter nicht relevant.

In den Nürnberger Prozessen waren allein SS und Gestapo zu verbrecherischen Organisationen erklärt und die militärischen und zivilen Polizeieinheiten davon ausgenommen worden. Trotzdem bildeten die Kontrollratsdirektive 38 und das Kontrollratsgesetz 10 in bestimmten Fällen die ausdrückliche Möglichkeit zur Internierung von Nazis. Auf gleicher Rechtsgrundlage im Osten wie im Westen. Demnach entsprechen die Verlautbarungen des Historikers Hubertus Knabe und seiner Mitarbeiter, die Speziallager der Sowjetunion auf dem Territorium ihrer Besatzungszone seien als Kopien der Stalinschen Gulags entstanden, nicht der Wahrheit. Die russischen Speziallager sind ebensolche Internierungslager wie sie nach alliiertem Besatzungsrecht auch in den westlichen Zonen bestanden (zum Beispiel die sogenannten Rheinwiesen-Lager). Die Kontrollratsanweisungen galten jedoch auf beiden Seiten nur bis zum Ende der vierziger Jahre. Dann wurden die Internierungslager aufgelöst. Die meisten der Internierten wurden nach Hause entlassen. In der sowjetischen Zone wurden etwa 3440 von ihnen der zivilen Gerichtsbarkeit der DDR überstellt und in den sogenannten Waldheim-Prozessen verurteilt. An diesen Urteilen und den dazugehörigen Voruntersuchungen war die Staatssicherheit nicht beteiligt.

Heute wird oft behauptet, in Waldheim seien allein Unschuldige verurteilt worden und die Maßstäbe dafür nicht rechtsstaatlich gewesen. Formalrechtlich waren die Prozesse nicht in Ordnung, die Beweisführung war ungenügend, und die Möglichkeit zur Verteidigung wurde weitgehend nicht eingehalten. Dennoch wurden aus meiner Sicht generell und von vornherein Unschuldige dort nicht verurteilt. Allerdings erfolgte die Verurteilung der Waldheim-Angeklagten praktisch nicht nach deutschem Recht, sondern unter der Maxime der beiden genannten Kontrollratsbeschlüsse.

Das Kammergericht (West)Berlin hat bereits 1952 für die Bundesrepublik alle ›Waldheim-Urteile‹ als rechtsstaatswidrig erklärt und aufgehoben, das Oberlandesgericht Dresden folgte dem, auf Waldheim bezogen, im Jahre 1990. Das Vorgehen ist in beiden Fällen teilweise fragwürdig. Unter den Verurteilten befanden sich Exzesstäter, die sowohl in der Bundesrepublik als in der DDR im Rahmen der gültigen Rechtsmaßstäben die Höchststrafe hätten erhalten müssen. Höchststrafe in der DDR war damals die Todesstrafe. Deshalb wurden 34 der Waldheim-Täter zum Tode verurteilt.

In der Bundesrepublik wurde die Todesstrafe sofort mit Inkraftsetzung des Grundgesetzes abgeschafft. Das gehörte dort ebenso zum Schutzprogramm für Nazitäter wie das Straffreiheitsgesetz als eine der ersten Gesetzgebungshandlungen. Mit Erlass dieses Gesetzes stand falsche Namensführung nicht mehr unter Strafe, und zahlreiche Täter konnten unbehelligt ins zivile Leben zurückkehren.

Als Beispiel dafür will ich auf den langjährigen Gestapo-Mitarbeiter Meisel verweisen, der bei Kriegsende als Gestapomann in Leipzig noch einen Tag vor dem Einmarsch der Amerikaner in die Stadt an der Ermordung von Gestapo-Häftlingen in Leipzig-Lindenthal beteiligt gewesen ist. Er setzte sich unter falschem Namen nach Frankreich und später in die Bundesrepublik ab. Nach Verkündung des Straffreiheitsgesetzes nahm er seinen richtigen Namen wieder an und lebte fortan als unbescholtener Bürger in der Bundesrepublik. Die Beweismittel für seine Beteiligung am genannten Massenmord, die wir über den Generalstaatsanwalt der DDR an die Bundesrepublik geliefert haben, reichten für die bundesdeutschen Justizbehörden nicht aus, um ihn für die ihm nachgewiesenen Morde zur Verantwortung zu ziehen.

Nun zu Informationen in Bezug auf Erwin Strittmatter.

Ich selbst habe 1971, als Mitarbeiter der Hauptabteilung IX/11 im Referat 3 (Auskunftserteilung) ein Auskunftsersuchen der Hauptabteilung I (Militärabwehr), und zwar der 6. Flotille der Volksmarine mit der Registriernummer AK 6810/71 bearbeitet. Das geschah auf der Basis bei uns vorhandenen Archivmaterials mit Angaben zu Erwin Strittmatters Kriegszeit. Anlass für dieses Auskunftsersuchen war der Dienstantritt eines Strittmatter-Sohnes bei der Volksmarine und die daraufhin durchgeführte Speicherabfrage zur Sicherheitsüberprüfung des Militärangehörigen, in die auch engste Verwandte einbezogen wurden – in diesem Falle der Vater.

Für die Auskunft stützten wir uns auf die Akte ZM 1004 Akte 12 aus unserem Aktenbestand, die im Zusammenhang mit der Registrierung von in den Besitz des MfS gelangtem Archivgut über Angehörige der Wehrmacht, der Waffen-SS, der Polizei und anderer faschistischer Stellen unter dieser Archivsignatur erfasst worden war. Das, was im Zentralarchiv des MfS an Nazi-Akten oder Akten aus der Zeit vor 1945 und danach vorhanden war, hatte unsere

Abteilung bei ihrer offiziellen Gründung in ihr eigenes Archiv übernommen.

Durch eine Koordinierungsmitteilung der Abteilung XII (Zentrale Registratur) wussten wir, dass darüber hinaus in diesem Zusammenhang im operativen Archiv noch eine unter der Nummer AGI/11000-64 abgelegte Akte über einen ehemaligen inoffiziellen Mitarbeiter existierte. Diese Akte forderten wir nicht an, da sich die Anfrage der Volksmarine allein auf Strittmatters Kriegsjahre bezog.

Bei Suchzettel-Anfragen hatte die Abteilung XII die Möglichkeit, den Anfragenden aufzufordern, sich wegen eventuell vorhandenen Archivmaterials über die Zeit vor 1945 direkt an die Hauptabteilung IX/11 zu wenden, um darüber Informationen zu erhalten. Ob der Anfragende das tat, lag bei ihm selbst. In diesem Fall ist das geschehen. Was im Detail über Strittmatter in der Akte stand, weiß ich heute nicht mehr.

Der Gesamtbestand der Hauptabteilung IX/11 ist zunächst an die Staatliche Archivverwaltung der DDR und von dort an das Bundesarchiv übergegangen. Auf Betreiben der Gauck-Birthler-Behörde sind Karteikarten, die sowohl der Nachweisführung über in Archivalien erfasste Personen als auch der Registrierung der über sie erteilten Auskünfte dienten (ca. 1,5 Millionen Datenträger), dem Gesamtbestand des bei der Auflösung des Archivs vorhandenen Fundus entnommen und in BStU-Besitz überführt worden. Dazu kamen noch etwa fünf Kilometer im Zusammenhang mit Recherchen zu Nazis und Verbrechenskomplexen in der Hauptabteilung IX/11 entstandenes operatives Schriftgut.

Damit sind der Öffentlichkeit wesentliche Teile der in der DDR vom Ministerium für Staatssicherheit zusammengetragenen Dokumente und Erkenntnisse über ehemalige Nazis in Ost und West und Aufklärungsergebnisse zu Nazi-Kriegsverbrechen und Verbrechen gegen die Menschlichkeit entzogen. Sie werden je nach Bedarf selektiv zur Delegitimierung der DDR, zur Kriminalisierung des MfS und zu Angriffen auf den Antifaschismus in der DDR in Stellung gebracht. Die ›Umlagerung‹ der Unterlagen geschah unter der Ägide von Joachim Gauck.

Der Auskunftsbericht, den ich 1971 zum Archivmaterial über Strittmatter geschrieben habe, soll in der BStU nicht mehr auffindbar sein. Angeblich, und das kann möglich sein, ist er bereits in den achtziger Jahren in der Hauptabteilung IX/11 kassiert worden. So etwas geschah damals, wenn wir Platz für anderes Archivgut schaffen mussten und aussortiert wurde, was unter archivarischen Gesichtspunkten ›Muster ohne Wert‹ war. Wenn das Originalmaterial und die dazugehörigen Karteikarten vorhanden waren und in den Auskunftsberichten nichts oder nichts wesentlich Belastendes stand, dann konnten solche Auskünfte wegen Platzmangels unter Beachtung der gültigen Kassationsordnung nach fünf bzw. zehn Jahren geschreddert werden.

Sollte das in Bezug auf die Auskunft zu Strittmatter so gewesen sein, was ich mit letzter Gültigkeit natürlich nicht behaupten kann, dann bedeutet das: der Auskunftsbericht beinhaltete keine bedeutsamen Fakten hinsichtlich einer faschistischen Vergangenheit von Erwin Strittmatter, vor allem keine Hinweise auf eine Beteiligung an strafrechtlich relevanten Handlungen. Auch die Karteikarte, die ich selbst ausgefertigt habe, enthält keine solchen Angaben, obwohl auf ihr extra eine Spalte eingerichtet ist, die so etwas direkt abfragte. Ich hätte diese Spalte ausgefüllt, wenn wir im November 1971 aus den Archivmaterialien einen Hinweis auf Strittmatters Zugehörigkeit zu einer aus unserer Sicht belasteten Einheit (SS, Polizei, Gebirgsjäger usw.) hätten entnehmen können. Ich gehe davon aus, dass sich in der Akte ZM 1004 A 12 solche Hinweise nicht befunden haben.

Wir haben als ersten Schritt immer nur Auskunft darüber erteilt, was bei uns vorlag. Wäre in der Akte Relevantes zu lesen gewesen, hätten wir eine Überprüfung beim Dokumentationszentrum der Staatlichen Archivverwaltung eingeleitet, was routinemäßig geschah, wenn Verdachtsmomente auftauchten.

Auf der mir vorliegenden Ablichtung der von mir selbst ausgefüllten Karteikarte findet sich der Stempelaufdruck ›Sperrkartei‹ als Hinweis darauf, dass noch eine zweite Karteikarte in der für Mitarbeiter der Abteilung allgemein zugänglichen Suchkartei ausgeschrieben worden ist, die ebenfalls bei der BStU vorhanden sein müsste, dort offensichtlich aber nicht mehr auffindbar ist. Der Stempelaufdruck bedeutet, dass es sich bei der Person, über die diese Karteikarte angelegt wurde, entweder um einen Belasteten, gegen den ermittelt wurde, oder eine prominente Persönlichkeit im öffentlichen Leben der DDR oder der Bundesrepublik handelte.

Die Akte ZM 1004 Akte 12, in die Einsicht zu erlangen ich versucht habe, ist als Originalbestand des Bundesarchivs in das Außenlager Hoppegarten gelangt und dort nicht auffindbar. Sie ist nach Auskunft des dortigen Benutzerdienstes zu einem unbekannten Zeitpunkt an die Deutsche Dienststelle (ehemals ›Dienststelle des Oberkommandos der Wehrmacht‹, WASt) in Berlin abgegeben worden.

Ich vermute, dass es sich bei dieser Akte um eine Polizei-Personalakte handelt. In ihr ist wahrscheinlich kaum mehr vermerkt als das Datum, zu dem und bei welcher Heimatdienststelle Strittmatter als Reserve-Polizist eingestellt wurde. Gewöhnlich steht bei dieser Art Personalakten als abschließende Eintragung: ›Im auswärtigen Einsatz‹, wenn sich nicht später besoldungs- oder beamtenrechtliche Veränderungen ergaben.

Am 9. Mai 1972, etwa fünf Monate nach meinem Auskunftsbericht, ist durch einen Mitarbeiter im Bereich Personenkartei der Hauptabteilung IX/11 noch eine weitere Karteikarte ausgefüllt worden, die sich auf eine Akte mit der Archivsignatur ZM 1587 Akte 2 Seiten 18, 24 Rückseite bezieht und auf der zur erfassten Person ›Strittmatter E. Saalfeld Saalwiesen‹ ausgewiesen wird. Unter der Spalte Dienststelle steht dort: SS. Ob dieser Eintrag korrekt ist und in der Akte tatsächlich ein auf Strittmatter bezogener Hinweis auf dessen Verhältnis zur SS enthalten ist, kann ich nicht sagen. Da es sich um eine sogenannte Sammelakte mit Angaben zu mehreren Personen handelt, ist keineswegs auszuschließen, dass hier ein Irrtum vorliegt.

In der Spalte 11 ist dort ein Name oder Begriff eingetragen: ›Bohresdorf‹, den ich heute nicht mehr deuten kann. Es könnte Bohsdorf gemeint sein, wohin Strittmatter schon im Herbst 1945 verzogen war. Für meine Auskunft vom November 1971 hat mir die besagte Archivakte nicht zur Verfügung gestanden, weil sie erst später registriert wurde. Diese Karteikarte enthält weder einen Sperrvermerk noch einen Hinweis auf eine ansonsten übliche Koordinierung der Karteikarten und Archivalien. Nach Auskunft des Bundesarchivs handelt es sich bei dieser Akte um eine namentliche Liste aus dem Jahre 1947 über NSDAP-Mitglieder und Angehörige faschistischer Organisationen, sie befindet sich aber inzwischen nicht mehr im Bundesarchiv, sondern soll an das Thüringische Hauptstaatsarchiv in Weimar abgegeben worden sein.

Ich kann mich an den Inhalt dieser Akte nicht mehr erinnern. Wäre Strittmatter durch sie zweifelsfrei als SS-Mitglied zu identifizieren gewesen, hätte ich mir das fraglos gemerkt, und es wären weitere Recherchen eingeleitet worden. Nach Bestätigung entsprechender Angaben wäre eine Information an den Minister gegangen. Denn natürlich wusste auch ich nicht erst seit 1971/72, wer Strittmatter war, dass er zur *Nomenklatura* der SED-Führung gehörte und was er als Schriftsteller für die DDR bedeutete.

Einer unserer Ermittlungsschwerpunkte in den siebziger Jahren waren die Polizeieinheiten der faschistischen Wehrmacht. In diesem Zusammenhang existiert in den Akten der ehemaligen Hauptabteilung IX/11 unter dem Aktenzeichen RHE 34/79 DDR auch ein umfangreicher Vorgang zum SS-Polizei-Gebirgsjäger-Regiment 18. Es handelt sich dabei um einen Recherche- und Ermittlungsvorgang, der in enger Zusammenarbeit mit der für operative Vorgänge gegen Tatverdächtige zuständigen Hauptabteilung XX/2 und unter Einbeziehung des Dokumentationszentrums der Staatlichen Archivverwaltung von uns bearbeitet wurde.

Der Name Strittmatter taucht in diesen Ermittlungsunterlagen nicht auf.

Einerseits wollten wir uns über diese Polizei-Einheiten und deren mögliche Beteiligung an Kriegs- und Naziverbrechen selbst Klarheit verschaffen, andererseits war mit Anfragen an das Dokumentationszentrum sowie Rechtshilfeersuchen an den Generalstaatsanwalt der DDR aus dem Ausland, auch aus der Bundesrepublik, zu rechnen, für die wir auskunftsfähig sein wollten.

Mit sozialistischen Staaten gab es natürlich Rechtshilfeabkommen. Rechtshilfeersuchen in die westlichen Staaten zu stellen, war uns jedoch nicht möglich. Alleinvertretungsanspruch der Bundesrepublik und Hallsteindoktrin, die einer Anerkennung der DDR entgegenwirken sollte, machten Vorermittlungen in Richtung westlicher Staaten so gut wie unmöglich. So war zum Beispiel ein Rechtshilfeabkommen mit Griechenland bereits paraphiert, die Unterzeichnung kam jedoch auf Druck der Bundesrepublik auf Griechenland nicht zustande.

Unsere Untersuchungen, auch die zum Polizeiregiment 18, stehen heute über die BStU jedermann zur Verfügung – falls die Behörde das für angebracht hält.

1979 hatten wir ohne moderne Hilfsmittel (elektronische Datenübermittlung, Internet), ohne Zugang zur WASt, zum Berlin Document Center oder zum Suchdienst des Deutschen Roten Kreuzes in Arolsen die Personaldaten von 119 ehemaligen Polizeiangehörigen festgestellt, bei denen ein Verdacht auf Beteiligung an Kriegsverbrechen nicht von vornherein ausgeschlossen werden konnte. Die diesbezüglichen Ermittlungen gegen dabei in Verdacht geratene DDR-Bürger waren 1989/90 noch nicht endgültig abgeschlossen. Anhängige Vorgänge mussten infolge der Liquidierung der Hauptabteilung IX/11 unerledigt archiviert werden.

Überschlaue Kritiker leiten daraus heute den Vorwurf ab, das MfS habe selbst schwerstbelastete Naziverbrecher wissentlich geschützt und sie zu inoffizieller Zusammenarbeit erpresst. Das ist purer Unsinn.

Ab 1948 wurden in der damaligen sowjetischen Besatzungszone auf Anordnung des SMAD Entnazifizierungsverfahren und Ermittlungen gegenüber allen zum Kriegsdienst Eingezogenen im jugendlichen Alter und laufende Verfahren bei erwachsenen Tätern mit einer Strafandrohung bis zu einem Jahr eingestellt. Alle Personen, die zu diesen beiden Gruppe gehörten, galten damit als entlastet, wenn sie sich keiner Nazi-Verbrechen schuldig gemacht hatten. Das haben wir später in der DDR auch so gesehen.

Ob Erwin Strittmatter überhaupt einem Entnazifizierungsverfahren unterzogen wurde, ist fraglich. Zumindest liegen diesbezüglich keine Informationen vor.

Im Übrigen sind uns auch keine Erpressungs- oder Abwerbeversuche seitens der Bundesrepublik gegenüber dem prominenten DDR-Schriftsteller bekannt geworden, bei denen zum Beispiel Informationen über seine Vergangenheit während der Zeit des Faschismus hätten eine Rolle spielen können. Von vornherein auszuschließen wäre es allerdings nicht gewesen, da doch im einschlägigen Traditionsverband der Gebirgsjäger möglicherweise auch ehemalige Polizisten organisiert waren, die ihn vom Krieg her gekannt haben müssen und ihre Kenntnis für Kontaktversuche hätten ins Spiel bringen können, wenn da entsprechender Verdacht zu konstatieren gewesen wäre.«

Nach dem Gespräch mit Dieter Skiba habe ich die zuständigen Behörden im November 2009 um Nachforschungen zu beiden Akten gebeten.

Die Akte ZM 1004 ist derzeit bei der WASt nicht registriert. Nach Auskunft eines Archivars wird es sich höchstwahrscheinlich um eine Erkennungsmarken-Registraturakte gehandelt haben. Sie wäre somit nicht geeignet, irgendeine Auskunft über Strittmatters Stellung zur SS zu geben.

Die Akte ZM 1587 ist nicht ins Thüringische Hauptstaatsarchiv gelangt. Eine Archivarin des Bundesarchivs teilte mir dazu Folgendes mit:

»In der Tat ist es bei den Abgaben aus der Sammlung ›NS-Archiv des MfS‹ zu einer Verwechslung der Akten gekommen. Die Akte ZM 1587 A. 02 befindet sich noch in den Magazinräumen des Bundesarchivs. Ein Austausch der verwechselten Akten zwischen dem Bundesarchiv und dem Hauptstaatsarchiv Weimar wird kurzfristig erfolgen.

Die Akte ZM 1587 A. 02 umfasst diverse Personenverzeichnisse, die bei der Erfassung von ehemaligen Angehörigen der NSDAP und ihrer Gliederungen durch Polizeibehörden in Thüringen ca. 1947 entstanden sind. Auf den Seiten 18 und 24 verso konnte ich jeweils Einträge zu Erwin Strittmatter finden. Der Eintrag auf Seite 18 lautet wie von Ihnen bereits zitiert: ›Strittmatter, Erwin, Saalfeld, Saalwiesen, SS‹. Die Liste, auf der dieser Eintrag registriert ist, ist überschrieben mit ›SS – Schutzpolizei‹. Nähere Kontextinformationen gehen daraus leider nicht hervor. Die zweite ›Liste über SS-Leute‹ weist auf Seite 24 verso folgenden Eintrag auf: ›Strittmatter, Erwin, verz. [ogen] nach Bohresdorf ü. [ber] Spremberg, SS‹. Diese Liste lässt etwas deutlicher als die erstgenannte erkennen, unter welchen Umständen sie erstellt worden ist, zumal weitere Listen im Umfeld erkennen lassen, dass die örtlichen Ermittlungsbehörden den Auftrag gehabt hatten, ehemalige SS-, SD- und Gestapoangehörige im Kreis Saalfeld namentlich zu ermitteln. Über die Motive und Umstände für Strittmatters Eintritt in die SS ist weder den Listen noch der Akte insgesamt irgendein Hinweis zu entnehmen. Es ging wohl zunächst um die reine Erfassung der Personen und die Feststellung, ob sie noch am Leben waren und ob sich der aktuelle

Aufenthaltsort ermitteln ließ. Die ermittelten Personenkreise wurden von den Polizeibehörden auf kommunaler Ebene anschließend an die vorgesetzten Behörden weitergemeldet.«

Wenn nun ein kecker Schreiber aufgrund dieser Mitteilung sich dazu berufen fühlt, mitteilen zu müssen, Strittmatter sei doch SS-Mitglied gewesen und darüber gäbe es eine neue Akte, so kann ich ihn daran nicht hindern.

In Wahrheit ist allerdings nichts anderes geschehen, als dass sich derselbe Informationskreis erneut geschlossen hat: Frühe Ermittlungsbehörden in der sowjetischen Besatzungszone haben erfahren, was Strittmatter nie geleugnet hat: Er hat seinen Militärdienst in einer der SS unterstellten Polizei-Einheit abgeleistet, ohne selbst (wie Tausende andere) jemals Mitglied der SS gewesen zu sein. Mehr ist auch dieser Akte nicht zu entnehmen.

# Endlich einer aus dem Osten!

Endlich einer aus dem Osten?
Endlich einer aus dem Osten!

Wie ein Satzzeichen über Leben und Tod entscheiden kann, machen Generationen von Deutschlehrern ihren Schülern immer wieder einprägsam klar: Hängen, nicht begnadigen! Hängen nicht, begnadigen!

Der Sinn-Unterschied zwischen Frage- und Ausrufezeichen mag geringfügig sein, zur Rufschädigung beitragen kann auch er, wenn jemandem das Ausrufezeichen untergeschoben wird, ihm aber das Fragezeichen gehört.

Doch der Reihe nach.

Nach der Vorab-Zusendung des ersten Artikels von Werner Liersch in der Frankfurter Allgemeinen Sonntagszeitung am 7. Juni 2008 habe ich dem verantwortlichen Redakteur, Oliver Jungen, geschrieben:

»Betrifft:
Erwin Strittmatters unbekannter Krieg.
Eine Spurensuche
Von Werner Liersch

Am 6. Juni 2008 erhielt ich freundlicherweise einen Artikel für die kommende Ausgabe vorab zur Kenntnis. Meine Haltung zu diesem Text solle in einer redaktionellen Reaktion auf Werner Lierschs Artikel ›Erwin Strittmatters unbekannter Krieg‹ Berücksichtigung finden. Das finde ich freundlich, selbstverständlich ist es derzeit nicht.

Noch ehe ich den Liersch-Text in meiner Mail-Box zu lesen Gelegenheit hatte, ging mir durch den Kopf, ob es möglicherweise einen zeitlichen Zusammenhang zwischen der gerade weithin ihre Wellen schlagenden ›Aufbau‹-Affäre und der Neubelichtung des in unserer Erinnerung bewahrten Bildes von Erwin Strittmatter gibt, eines der wichtigsten Autoren des angeschlagenen Verlagshauses, in freilich, um es zurückhaltend zu formulieren, etwas düstereren Farben als zuvor.

Herr Liersch hat für seinen Text mindestens zu dem speziellen Kriegs-Abschnitt im Leben Erwin Strittmatters sehr ausführlich recherchiert und sich dabei natürlich auch auf die entsprechenden Passagen in meiner Biografie gestützt. Mein im Aufbau Taschenbuch Verlag im Jahre 2000 erschienenes Buch war allerdings die erste Strittmatter-Biografie, und sie beschäftigte sich in erster Linie auf dem Wege über sein literarisches Werk mit dem Dichter. Es sind inzwischen vier Auflagen erschienen. Herr Liersch und ich leben in relativer geografischer Nähe. Wenn seine Vermutungen nicht erst aus allerletzter Zeit stammen und überhaupt: Wäre es nicht, auch im Interesse der ganzen Wahrheit, sinnvoll gewesen, sich mit mir und vor allem mit der Witwe des Autors über neue, selbstverständlich auch autorenkritische Erkenntnisse auszutauschen?

Ich habe den Liersch-Artikel natürlich sofort auch Eva Strittmatter zur Kenntnis gegeben und spreche jetzt also, auf Erwin Strittmatter bezogen, für uns beide. Im Schulzenhofer Strittmatter-Archiv befinden sich größere Mengen bisher ungesichteter Tagebuch-Aufzeichnungen des Dichters. Die als Erste zu lesen hat sich die Witwe bisher aus persönlichen Gründen vorbehalten. Hätte Herr Liersch vor seiner Veröffentlichung ein Wort mit uns gewechselt, wäre es gut möglich gewesen, dort konkret nach aufhellendem Material zu suchen.

Ich habe selbstverständlich im Jahre 1999, ein Jahr vor der Veröffentlichung meiner Biografie, im Bundesarchiv und in der Stiftung Archiv der Parteien und Massenorganisationen der DDR, allerdings unter den Suchworten ›Strittmatter‹ und ›Sekretariat Kurt Hager‹, gearbeitet, den Tschesno-Brief habe ich dort nicht vorgefunden. (Nebenbei: Wieso sollten 1999 schon 25 Jahre des sogenannten Herrschaftswissens vorbeigewesen sein?)

Also kurz und knapp: Als ich meine Strittmatter-Biografie schrieb und dafür sehr intensiv von Eva Strittmatter informiert wurde, war uns nichts anderes bekannt, als das, was in dem Buch steht, nichts Besseres über den Dichter und auch nichts Schlechteres. Das war vor neun Jahren, wenn ich richtig rechne. Später noch wären sachdienliche Nachfragen, zum Beispiel bei Hein Bethmann oder seinen Angehörigen möglich gewesen.

Prosa-Werke mit ihren Helden beschreiben nicht zwangsweise das Leben ihrer Autoren. Worüber aus seinem Leben dabei einer schreibt und worüber nicht, ist seine Sache. Warum Strittmatter nicht sein ganzes Lebens-Wissen literarisch verarbeitet hat, darüber darf spekuliert werden, eine Lieblingsbeschäftigung von später Lebenden. Zum Beispiel: Warum wollte die SED Wehrmachts-, Polizei- oder SS-Verbrechen vertuschen und hat ihrem Autor Strittmatter verboten, darüber zu schreiben oder, andersherum: Warum hat sie ihn ständig dazu aufgefordert, es endlich zu tun, und er tat es nicht? Herr Liersch weiß ebenso gut wie ich, wie vieles damals ohne jede schriftliche Hinterlassenschaft allein mündlich vereinbart wurde (und übrigens auch heute). Wollte die Führung der SED sich Mitwisser-Macht über ihren Dichter sichern, der allzu oft nicht so wollte wie sie?

Warum, zum Beispiel, hat Strittmatter dazumal den Posten des Sekretärs des Schriftsteller-Verbandes der DDR doch angenommen, entgegen seines festen Vorsatzes und aller Ratschläge von Eva Strittmatter? Hat die Parteiführung, die Strittmatter aus Renommier-Gründen gern auf diesem Posten haben wollte, ihn durch ihr Insider-Wissen erpresst? Antworten auf diese Frage wissen weder Eva Strittmatter noch ich, darüber reden hätte man können.

Oder möchte Herr Liersch mit seinem im Kern unbewiesenen Artikel, er nennt ihn »Eine Spurensuche«, dass Erwin Strittmatter heute in einen bestimmten, aus justiziablen Gründen nicht aussprechbaren, dennoch vermutbaren Verdacht kommt? Auch er hätte doch, wenn er dazu in der Lage gewesen wäre, seine Büchse der Pandora früher öffnen können. Wie dem auch sei: Unanfechtbare Beweise müssten auf den Tisch. Oder soll es jetzt nur heißen: Willkommen Strittmatter, endlich einer aus dem Osten und dem sogenannten Traditionshause »Aufbau« im Kreise der Grass, Jens usw.?

Ich muss gestehen, dass ich es vielleicht doch für besser fände, nicht gar zu viel zu spekulieren über Verlage, die Hüllen für Bücher, und auch über Autoren, die Schreiber von Büchern sind. Sondern Bücher zu lesen.

Über die Verbrechen von Wehrmacht, SS, Ordnungspolizei usw., über Traditionsverbindungen der Nazi-Wehrmacht tief in die Bundeswehr hinein, über anstehende berechtigte Forderungen griechischer, italienischer und aller anderen Nazi-Opfer können wir

übrigens gar nicht intensiv genug informiert werden. Allerdings so, dass es einem nicht die Schamröte ins Gesicht treibt und vor allem: dass es zu wirksamen Konsequenzen führt.
Günther Drommer«

Darauf mailte mir Oliver Jungen postwendend:

»5. Juni 2008

Lieber Herr Drommer,
    vielen Dank für Ihre ausführliche und die ganze Angelegenheit doch auch in ein etwas anderes Licht rückenden Ausführungen. Gerne werden wir wichtige Passagen aus Ihrem Brief zitieren. Auch für Ihre freundlichen Worte am Beginn des Briefes danke ich Ihnen. Die von Ihnen angedeuteten Mengen ungesichteter Tagebuchaufzeichnungen interessieren uns natürlich – im Sinne einer Aufklärung halb vergessener Zeiten – ebenfalls sehr, wie Sie sich denken können. Werden Sie in diesen nun nach erhellendem Material suchen? Und wäre es vielleicht möglich, uns darüber zu informieren? Etwas skeptisch bin ich hinsichtlich der Einschätzung, dass die Sache etwas mit der Aufbau-Krise zu tun hat. Aber kurios ist es in der Tat, dass dies alles zusammenkommt. Mit herzlichen Grüßen, Oliver Jungen«

Nach seinem redaktionellem Artikel in der FAZ vom 9. Juni 2008 unter dem Titel »Endlich einer aus dem Osten!« schrieb ich an Oliver Jungen:

»Sehr geehrter Herr Jungen,
    wie aus einem Fragezeichen ein Ausruf wird oder wie Journalisten mit Informationen umgehen. Ein altes Lied. [...] [Ich] habe niemals behauptet, der Lektor von Erwin Strittmatter gewesen zu sein und war es auch nicht. Strittmatters langjährige Lektorin im alten Aufbau-Verlag war eine von mir hochgeschätzte Kollegin namens Helga Pankoke.
    Ihre Bemerkung, Sie seien etwas skeptisch ›hinsichtlich der Einschätzung, dass die Sache etwas mit der Aufbau-Krise zu tun hat. Aber kurios ist es in der Tat, dass dies alles zusammenkommt‹,

entbehrt, wie erwartet, natürlich jeder »Kuriosität« angesichts der begleitenden ganzseitigen Artikel auf den Seiten 27 und 46, der Erwähnung Strittmatters im ersten Absatz des Artikels Ihres Kollegen Riebsamen und Ihrer zusammenfassenden Schlussbemerkung von heute. Ob Herrn Lierschs Aufsatz Ihrer Redaktion schon seit geraumer Zeit vorlag und jetzt ›passte‹ oder ob Herr Liersch selbst ausgerechnet in den letzten Tagen den geeignetsten Zeitpunkt für gekommen hielt, macht für mich keinen Unterschied.

Ich weiß schon, auf Sie warten neue journalistische Aufgaben, und Strittmatter wird aus Ihrem Gesichtsfeld früher oder später wieder verschwinden, dennoch, vielleicht lesen Sie doch mal die Seiten 60 und 61 in meiner Biografie. Für das zu frühe Hissen weißer Fahnen hat die SS in den letzten Kriegstagen nicht wenige deutsche Landsleute erschossen. Und über das Vorhaben belgischer Kriegsgefangener findet sich eben auch der Anfang einer unbeendeten Geschichte in Strittmatters Nachlass.

Aber Literatur und Leben sind zwei Dinge. Sehr einfach: Der Wundertäter tut seine Wunder, Strittmatter selbst war des Wundertuns nicht mächtig. Die Trilogie ist auf den dritten Band hin geschrieben. Dort geht es um die Auseinandersetzung mit der SED, geschrieben übrigens auch und nicht zuletzt für deren Mitglieder. Das weiß Herr Liersch sehr genau.

Ob ich in Strittmatters Tagebüchern nachlese? Vielleicht. Ich tue seit 2000 andere Dinge.

Dass Sie übrigens den Schluss meiner von Ihnen sogenannten ›Stellungnahme‹ nicht zitieren würden, war mir schon klar, als ich ihn aufgeschrieben hatte.
Günther Drommer«

Antwort:

»Sehr geehrter Herr Drommer,
    vielen Dank für Ihren Brief. [...]
Dass Sie der Lektor Strittmatters gewesen seien, hat mir – dann also wohl fälschlicherweise – die Pressestelle des Aufbau-Verlags so mitgeteilt. Das Ausrufezeichen im Titel finde ich übrigens auch nicht gut. Ich hatte eine ganz andere Überschrift, aber die wurde vom Sonntagsdienst geändert. Dabei aber hat man sich den Satz ja

sozusagen angeeignet: Es sind an dieser Stelle zwar noch Ihre Worte, aber wer sie ausspricht, bleibt offen. Das, so hätte ich gedacht, würden Sie eher begrüßen. Den Zusammenhang mit der Aufbau-Krise verstehe ich allerdings immer noch nicht: Ich sehe nur die Koinzidenz, das war mit ›kurios‹ gemeint. Und so war auch der Abschluss des Artikels gemeint: Es kommt alles zusammen. Eine Intention oder auch nur ein Interesse kann ich da nicht erkennen.

Was das Ende der Stellungnahme angeht: Dass die Aufarbeitung der Verbrechen zweifellos wichtig sei, hatten Sie ja auch schon am Telefon angedeutet, und das wollte ich keineswegs verschweigen. Ich habe es an den Beginn der Passage über Ihre Stellungnahme gestellt. Dass die Art und Weise von Lierschs Vorgehen aus Ihrer Perspektive nicht korrekt war, geht meiner Meinung nach auch recht deutlich aus dem Artikel hervor.

[...]

Herzlich,

Ihr Oliver Jungen [...]«

Am 10. Juni 2008 veröffentlichte die Sächsische Zeitung unter dem Titel »Der auch kein Held nicht war« einen redaktionellen Artikel, der nach einem Gespräch mit Werner Liersch entstanden ist. Dort gibt Werner Liersch an, ein Jahr lang Strittmatters Militärbiografie gefolgt zu sein. – Und kann doch die Begriffe Schutzpolizei, Ordnungspolizei und SS-Benennung des Polizei-Gebirgsjäger-Regiments 18 noch immer nicht historisch korrekt einordnen?

Er spricht vom »geschönten Romankrieg«, ohne eine jener zahlreichen Stellen zu erwähnen, die das glatte Gegenteil beweisen.

Auch die sächsische Zeitung zitiert aus der Erzählung »Grüner Juni«, die sie fälschlicherweise »Autobiografie« nennt, einen harmlosen Satz zu Strittmatters Insel-Aufenthalt, würdigt die folgenden 25 Seiten über die Zeit auf dieser Insel keines Blickes. Dort hätte man, obwohl es sich um eine erfundene Geschichte voller autobiografischer Elemente handelt, genaueres erfahren können über Strittmatters Inselzeit, seine Freundschaft mit dem jungen Mann Kostas (dessen Foto habe ich übrigens zwischen Strittmatters Kriegsfotos selbst gesehen), und man hätte wissen können, dass im Gegensatz zum griechischen Festland auf keiner der Cykladeninseln ein Kloster zerstört worden ist.

Wir erfahren aus der Erzählung, dass Strittmatter zum Beispiel zu bestimmten Zeiten Heimaturlaub gehabt hat und er der Truppe von Karelien nach Griechenland hinterhergereist sein will. Soll Strittmatter eine möglichst vollständige Zeugenschaft von Kriegsverbrechen nachgewiesen werden, müsste auch bekannt sein, wann er Urlaub von der Truppe hatte. Eine unbedeutende Kleinigkeit? Aber es geht hier doch immerhin um die Erinnerung an einen Menschen und einen Dichter und das Verhältnis einer großen Lesergemeinde zu ihm.

Ich erinnere mich an eine der zahlreichen Lesungen aus meiner Strittmatter-Biografie, sie fand in den Räumen des Kulturbundes in Berlin-Baumschulenweg statt und datiert nach meinen Unterlagen vom 12. März 2002. Am Ende kam eine Zuhörerin auf mich zu und erzählte mir, sie sei Malerin und lebe seit der Wende die längste Zeit des Jahres auf der griechischen Insel Naxos. Dort würden die Alten den Namen Strittmatter gut kennen, man habe jahrelang auf einen Besuch von ihm gewartet, man hätte ihn freundlich empfangen wollen und habe sich gewundert, dass er nie gekommen sei. Spricht man so über jemanden, den man in schlechter Erinnerung hat?

Ich habe mir damals nicht träumen lassen, dass der seit langem tote Dichter noch einmal eine griechische Fürsprache gebrauchen könnte. Leider habe ich mir den Namen der Malerin nicht notiert, vielleicht liest sie diese Zeilen und meldet sich.

Doch zurück zu dem Zeitungsartikel. Es ist der erste von den wenigen, die ich mir von all den Hunderten aufgehoben habe, die in den folgenden Monaten, übers ganze Land verstreut, erschienen.

Der eine weiß dies, der andere jenes, der dritte erfindet etwas hinzu, der vierte schreibt vom dritten falsch ab ... es nimmt kein Ende. Ist ein Artikel einigermaßen sachlich, erfindet ein vorgesetzter Redakteur einen zuspitzenden Titel oder Zwischentitel. Ich wusste natürlich von dieser Art *Objektivität* der Presse, früher, zu meiner Zeit in der DDR, war es kaum anders. Verwundert war ich dennoch.

Interessant, wenn auch ebenfalls nicht überraschend, ist die mediale Dreifachbehandlung des *Falles*: Die einen machen's reißerisch und erfinden hinzu und *meinen* und *sind empört* und tun *engagiert*, damit ihr Blatt gekauft wird, und die anderen *verorten kühl* und *tragen mit gelehrten Worten bei* und *wägen subtil ab* und *sind verwundert* und *wundern sich gar nicht* und *akademisieren.* Auch die Wissenschaft muss ihr Geld wert sein, das sie den Staat kostet. Die Dritten berichten und urteilen von der Seite des Angeklagten her und werden beschimpft und geschmäht und abqualifiziert. – Freie Presse?

Unterdessen kursiert die Mitteilung von Strittmatters SS-Mitgliedschaft schon sehr lange, bis der Erste, der sich die Mühe macht, gründlicher nachzuforschen, Bernd-Rainer Barth, klar und deutlich feststellt: Strittmatter war nicht Mitglied der SS. Ob ich nun überall, wo gestanden hat, dass Strittmatter Mitglied der SS war, lesen werde, dass dem nicht so war? – Freie Presse?

Noch gibt es für die nächste Runde Trost, falls nicht langsam Müdigkeit um sich greift. Die derzeit *sensationellste* Neuigkeit *im Fall Strittmatter* lautet: Er hat sich *freiwillig* zur SS gemeldet, wurde aber nicht genommen. Über diese angebliche freiwillige Bewerbung existiert bis jetzt kein direkt darauf bezogenes, glaubhaftes Dokument, es sei denn, Eva Strittmatter fände es im Archiv.

Offen bleibt immer noch die Frage, ab wann Strittmatter als Schreiber eingesetzt war und was aus einer genauen, dokumentarisch bewiesenen Feststellung eines Datums folgen würde. Bezogen auf das Davor und das Danach seiner Militärzeit.

Am Ende ein anderes Presse-Zitat, es entstammt einem kleinen Artikel von Karlen Vesper im »Neuen Deutschland«:

»... mit dem Friedrich-Hebbel-Preis und der Fritz-Reuter-Medaille wurde im Nachkriegswestdeutschland Friedrich Griese bedacht, ein strammer ›Blut-und-Boden‹-Dichter, von den Nazis mit Auszeichnungen überhäuft. Seine völkischen Ergüsse standen noch in den 60er Jahren in westdeutschen Schulbüchern. Beschmutzt ward der Georg-Büchner-Preis, als ihn Gottfried Benn erhielt, der 1933 ein Treuegelöbnis auf Hitler verfasst hatte und in Rundfunkreden an vertriebene und emigrierte Literaten den ›neuen Staat‹ pries. Einem einstigen Bataillonsschreiber wird Gnade nicht zuteil. Gleichwohl er große antikriegerische, humane Werke verfasst hat. Ihm ist keine tätliche oder geistige Komplizenschaft mit den NS-Verbrechern nachzuweisen. Er schwieg über sein eventuelles Wissen, so der Vorwurf. Und deshalb soll ein Preis nicht mehr nach ihm benannt sein? Ein Museum verfallen? Er war in der ›Ostzone‹ beheimatet: Erwin Strittmatter.«

Um jemanden der Camouflage bezichtigen zu können, muss man wissen, worüber der Andere einen selbst in die Irre zu führen die Absicht hat, und man muss die Wahrheit kennen. Werner Liersch hat seinen drei Artikeln von Juni und August 2008 und vom Februar 2009 nichts substanziell Neues hinzugefügt. Beweise für die angebliche *Legendierung von* Strittmatters Desertion hat Karl Corino bis jetzt nicht angeführt.

Wäre es nicht an der Zeit, nicht mehr nur zu fragen, unhaltbare Zusammenhänge zwischen Ereignissen zu konstruieren und Zensuren für die Mühen bei der Erforschung von objektiver Wahrheit zu verteilen? Sondern, so man kann, selbst substanzielle historische Forschungsergebnisse vorzulegen und allein daraus verbindliche Ansichten zu formulieren?

Damit der Streit geklärt wird und nicht ergebnislos im Nichts versinkt.

# Zwei Tanklaster fahren durch die Nacht

Allein der Partisanenverband, den ich kommandierte, vernichtete
über 25ooo deutsche Eindringlinge und Helfershelfer,
brachte 683 Transportzüge mit Truppen und technischem Material
(Panzer, Flugzeuge, Autos, Artilleriegeschütze) zum Entgleisen,
acht Panzerzüge flogen mit der ganzen Mannschaft in die Luft. Partisanen unserer Abteilung sprengten 47 Eisenbahnbrücken,
35 Kilometer Eisenbahndamm, 26 Erdölbasen und Brennstofflager,
39 Lager mit Munition und Kleidung. Durch Minen, die unsere
Partisanen gelegt hatten, flogen zwölf Panzer und 87 Kraftwagen in
die Luft. Das sind bei weitem nicht alle Verluste, die unser Partisanenverband dem Feind beigebracht hat.

*(Alexej Fjodorow, während des Zweiten Weltkriegs Kommandeur einer Partisanen-*
*abteilung in Tschernigow bei Kiew. Bis zum Frühsommer 1942 waren allein in der*
*Ukraine 1565 Partisanenabteilungen und -gruppen mit einer Gesamtzahl von*
*34979 Personen entstanden.)*

In einer modernen Armee bilden einerseits speziell für ihre militärischen Aufgaben ausgebildete Soldaten, die den Gegebenheiten
ihres Operationsgebietes gewachsen sein müssen, und andererseits
in ausreichender Menge vorhandene Ausrüstungsgegenstände die
Grundvoraussetzungen jeglicher Aktionsfähigkeit. Neben Nah-
rung, Kleidung und Bewaffnung ist vor allem *Treibstoff* für alle
herbeigebrachten motorisierten Fahrzeuge von ausschlaggebender
Bedeutung. Das weiß doch jedes Kind.

In Kundus, Afghanistan, schweben derzeit Tausende Soldaten
zwischen dem diffusen Auftrag, die zivile Sicherheit in dem ihnen
zugewiesenen Gebiet aufrechtzuerhalten und einem *richtigen* Krieg,
mit dem sie in Form eines an Kraft zunehmenden Partisanenkrieges
konfrontiert sind.

Die jungen deutschen Soldaten in Afghanistan stammen zum
proportional überwiegenden Teil aus Ostdeutschland. Am fast
schon sprichwörtlichen Hindukusch sichern sie für eine gewisse

Zeit ihre private materielle Existenz und oft auch die ihrer Familien. Der überstrapazierte diffuse Freiheitsbegriff, der ihnen zuvor eingetrichtert wurde, wird ihnen dabei nicht besonders nützlich sein. Sie kommen aus einer heimatlichen Realität der fein verputzten Häuserfassaden, der gut gefüllten Discounterläden, der gebraucht gekauften, tiefergelegten BMWs und der glatt asphaltierten Straßen.

Geeignete Arbeitsstellen für junge Männer jedoch sind knapp in jenen deutschen Regionen, in denen sie aufgewachsen sind. Mit ihrer künftigen existenziellen Sicherheit ist es nicht so weit her.

Mit einem Vorgang, wie er sich in der Nähe ihres Einsatzortes während der Nacht zum 5. September 2009 ereignete, war seit längerem zu rechnen.

Zwei Tanklastzüge bewegen sich, jeweils von zwei afghanischen Fahrern abwechselnd gesteuert und mit vielleicht zwanzig Tonnen leichtentzündlichem Kraftstoff voll beladen wie rollende Bomben durch das schon im Abstand von wenigen Kilometern zum deutschen Lager prinzipiell unsichere nächtliche Land. Ob die vier einheimischen Männer während der Fahrt mit ihren Auftraggebern in Kundus überhaupt in einer eigentlich selbstverständlichen Funkverbindung stehen, ist nicht bekannt, natürlich weiß man auch nichts über ihre eigene Haltung gegenüber den Taliban.

Ihre Fahrt wird nicht die erste dieser Art gewesen sein, die Taliban-Partisanen hatten genügend Zeit, solche militärischen Transportvorgänge zu studieren und die Möglichkeit für einen erfolgversprechenden Überfall zu finden. Das Risiko ist für sie unter den nächtlichen Umständen relativ gering, der militärische und propagandistische Erfolg jedoch beträchtlich: Ein Treibstofftransport ist nicht erst heute für jede Partisaneneinheit ein begehrenswertes Ziel, der Angriff, so wie er ausgeführt wird, entspricht geradezu klassischen Mustern und könnte deutschen Truppen spätestens seit dem Zweiten Weltkrieg wohlvertraut sein. – Die Nationale Volksarmee der DDR befand sich übrigens glücklicherweise während der Gesamtzeit ihrer Existenz in keiner vergleichbaren Situation.

In dieser Nacht bauen die Taliban eine vorgetäuschte Straßenkontrolle auf. Die ahnungslosen Fahrer rufen nirgendwo an, um nach deren Rechtmäßigkeit zu fragen, sie fahren gutgläubig einfach in die fingierte Kontrollstelle hinein. Zwei der Fahrer werden sofort getötet, so jedenfalls berichtet ein dritter.

Die Bundeswehr in ihrem Lager hat sich zur Nachtruhe begeben. Auf einen nächtlichen Partisanenüberfall dieser Art ist sie nicht vorbereitet.

Der Treibstoff, den die beiden Tankwagen nach Kundus bringen sollen, ist schon zu dieser Zeit für die Bundeswehr verloren, und die Taliban-Kämpfer – je weniger Beteiligte, desto besser für sie – haben die ersten Ziele ihres nächtlichen Unternehmens einige Kilometer vor den Toren des Bundeswehr-Lagers erreicht: Die Aufmerksamkeit der Weltöffentlichkeit ist geweckt, die Deutsche Bundeswehr ist zum Handeln gezwungen. Wie sie auch handelt, das Ergebnis wird negativ sein, das Urteil darüber wird gegen sie ausfallen.

Natürlich könnten die Taliban jetzt im Schutze der Nacht Sprengladungen an den Fahrzeugen anbringen und am nächsten Tag in dem Moment fernzünden, zu dem deutsche Soldaten nahe genug an die Lastwagen herangekommen sein würden, wenn sie es leichtsinnigerweise täten. In diesem Fall wären inzwischen vor allem zwischen Rostock und Dresden einige Zinksärge bei deutschen Müttern angekommen.

Die Taliban wenden die Tankfahrzeuge und versuchen, ein etwas weiter entferntes Gebiet zu erreichen, in dem sie bei Tagesanbruch größere Chancen haben, ihre Beute vielleicht sogar noch einem zusätzlichen, allein für sie sinnvollen Zweck zuzuführen. Sie könnten ihre eigenen Fahrzeuge damit betreiben, falls sie welche besitzen. Sie könnten den Kraftstoff unter der Zivilbevölkerung verteilen und deren Sympathien ihnen gegenüber verstärken und damit bei der auch Angst abbauen; sie könnten mit ihm Molotow-Cocktails basteln – diese Phase des Kampfes, fürchte ich allerdings, haben sie schon ziemlich lange hinter sich.

Inzwischen ist man in Kundus aufgewacht. Vielleicht fragt man sich einfach nur, wo denn der Treibstoff bleibe, die Wagen müssten doch längst da sein.

Eine unbemannte Drohne steigt auf. Ihr Nachtsichtgerät erkennt eine größere Anzahl von Menschen bei den inzwischen in Sand und Geröll steckengebliebenen Lastwagen.

Mit welchem sechsten Sinn mag die Drohne ausgerüstet sein, wenn sie sogar erkennt, dass es sich bei den anwesenden Personen tatsächlich überwiegend um Taliban-Kämpfer handelt? Uniformen tragen Partisanen nicht, ob die Taliban von einem Kommandeur befehligt werden und damit als militärische Einheit qualifiziert sind, kann die Drohne auch nicht erkennen. Die Taliban sind jedenfalls nicht Angehörige einer *regulären* Armee, gegen die man mit kriegsüblichen und durch die Haager Landkriegsordnung und die Genfer Konventionen festgelegten Mitteln vorgehen könnte.

Die von jedem Laien leicht nachvollziehbare militärische Erfahrung sagt: Für solch eine Aktion werden sechs bis acht todesmutige Männer gebraucht, die vor allem die Gegend kennen und die Lastwagen steuern können müssen. Eine größere Zahl von Kämpfern behindert die Aktion.

Das war in vergleichbaren Fällen des Zweiten Weltkriegs in der Sowjetunion, in Frankreich, Jugoslawien, Griechenland und Italien vor knapp siebzig Jahren nicht anders. Die Deutsche Wehrmacht als Ganzes hat es schmerzlich erfahren, Strittmatter und Hunderttausende andere Soldaten und Militärpolizisten haben es erlebt: Brutalität vor Ort hilft niemals, auch nicht die allerschrecklichste. Die Bundeswehr könnte Lehren aus dieser Art kriegerischer Handlungen in der Vergangenheit gezogen haben.

Partisanen sind keineswegs eingeborene Halbwilde, sondern sie beherrschen ihr Handwerk präzise und haben bei unerwarteten Überfällen viele Trümpfe in der Hand. Das trifft auf die afghanischen Taliban ebenso zu wie einst auf die belorussischen, ukrainischen, slowenischen, griechischen, italienischen, französischen Partisanen und auf die vieler anderer Länder. An Entschlossenheit sind sie den von ihnen bekämpften regulären Truppen gerufener oder eingefallener Okkupanten weit überlegen. Sie kommen überraschend und in kleinen Gruppen, und wie sie kommen, verschwinden sie wieder.

Bundeswehrsoldaten wissen nicht so genau, was sie eigentlich in Afghanistan sollen. Taliban wissen ganz genau, was sie wollen. Für Bundeswehrsoldaten steht außer dem Sold, der ihnen selbst gut bemessen erscheint, motivierend kaum mehr zur Verfügung, als der einen, beleidigend dummen Parole zu folgen, Deutschland würde am Hindukusch verteidigt.

Taliban sind fanatisierte Anhänger einer über die halbe Welt verbreiteten traditionsreichen, sehr alten und angesehenen Glaubensrichtung, welche die Welt bekehren will, genauso und mit nicht weniger Recht oder Unrecht, wie es die christliche Konfession samt all ihrer militanten evangelikalen Sekten seit Jahrhunderten tut.

Militärisch ohne jede spezielle Bildung, habe ich an jenem Septembermorgen zufällig sehr früh am Morgen Radio-Nachrichten gehört. Es war die Zeit, zu der die Redaktionschefs bei uns noch in ihren Betten liegen und die ideologische Lesart für ein Vorkommnis von der Art jenes Tanklaster-Zwischenfalls deshalb *von oben her* noch nicht festgelegt ist.

In dieser *unabgestimmten* Meldung, die gewiss zu den ersten gehörte, welche um die Welt gingen, hieß es, die Taliban hätten noch in der Nacht erklärt, sich nach dem Überflug der Drohne sofort von den Tanklastern entfernt zu haben, wohl wissend, was in den nächsten Minuten folgen könnte. Sie hätten die bei den Lastern zusammengelaufene Bevölkerung aus der Umgebung eindringlich gewarnt, mit dem privaten Abzapfen von auslaufendem Treibstoff aufzuhören und den höchst gefährlichen Platz ebenfalls sofort zu verlassen. Das hätten die aber nur zögernd getan.

Das scheint mir die bisher plausibelste und der Wahrheit am nächsten kommende Schilderung der unklaren nächtlichen Vorgänge zu sein unter all den mehr oder weniger aus der Luft gegriffenen Vermutungen und den hin- und herschwankenden Versuchen, Licht ins Dunkel dieser neuen deutschen Schicksalsnacht zu bringen. (Ein journalistischer Schlauberger hat sich irgendwann an seinem Schreibtisch ausgedacht, die Taliban hätten Zivilisten dazu gezwungen, auslaufendes Benzin für sie zu sammeln.)

Dann ist das eine oder sind die beiden (?) vom dazu ermächtigten deutschen Oberst angeforderten amerikanischen Jagdflugzeuge da und bringen die Tanklaster ohne Vorwarnung durch sofortige Bombardierung zur Explosion. – Die Menschen an den Wagen bezahlen das, was man in friedlicheren Zeiten *Mundraub* nennt, mit ihrem Leben. So gesehen, muss man den Vorgang der vorwarnungslosen Bombardierung mit vollem Recht ein *Massaker* nennen.

Die Zahl der Toten schwankt in den Angaben der nächsten Tage zwischen zweieinhalb Dutzend und der zehnfachen Zahl; der Anteil von Taliban-Partisanen, mit denen man sich nicht im erklärten Krieg befindet, wird anfangs in allen Zahlenspielen möglichst hoch veranschlagt. Niemand weiß Genaueres, wie immer schreiben die einzelnen Medien voneinander ab, man bringt unbeweisbare individuelle Korrekturen an, schmückt aus und spekuliert drauflos.

Aus den Angaben über die Gesamtzahl an Toten und dem Anteil getöteter Taliban lassen sich die geringfügig differierenden politischen Haltungen der meisten Zeitungen sehr genau ablesen. Wie bei der Behandlung von tausend anderen Affären – die Strittmatter-Affäre gehört in diese Reihe – wiederholt sich in der bürgerlichen Presse auch hier das verwirrende Spiel mit unterschiedlichen Informationen und Meinungen.

Dem jeweiligen Kenntnisstand entsprechende, von Spekulationen freigehaltene, gewissermaßen *amtliche* Meldungen aus dem Bundesverteidigungsministerium und seitens der Regierung unterbleiben oder stellen sich im Nachhinein als Zweckpropaganda und Falschmeldung dar.

Wer einigermaßen bei Verstand ist, erkennt aus all den Manövern leicht das dem Ganzen innewohnende Desaster: Die Vermutung eines möglicherweise falschen Verhaltens von beteiligten Bundeswehrangehörigen, nicht nur in Kundus, gewinnt Raum.

In dieser Situation will die Öffentlichkeit eben gerade nicht wissen, ob Oberst Klein bei seinen Bundeswehrkameraden als besonnen gilt. Eine solche subjektive Meldung ist ohne jeden Wert. Und auch die Ansichten von diesem oder jenem hohen Bundeswehrangehörigen interessieren nur dann, wenn uns, dem Volk, klar, eindeutig, leichtverständlich, ohne alle juristischen Spitzfindigkeiten und anhand von Fakten erklärt wird, ob Oberst Klein in Kundus in einer Situation, auf die er vorbereitet gewesen sein und über die es vorher ausführliche Beratungen gegeben haben müsste, angemessen und daraus schlussfolgernd richtig oder falsch gehandelt hat.

Da das nicht in dem zu erwartenden Zeitraum von wenigen Stunden und ohne völlig entbehrliche Geheimnistuerei geschah, müssen wir – das Volk – den Eindruck gewinnen: Wer hier die Wahrheit kennt, von Amts wegen kennen muss, fürchtet, sie mitzuteilen und schweigt sich aus. Die uns mitzuteilende Wahrheit hat nicht das Geringste mit irgendwelchen Nato-Geheimhaltungsvorschriften zu tun. Ein entsprechender Bericht, der allein den Fraktionsvorsitzenden im Bundestag zur Kenntnis gegeben wird, ist das eine, ein Bericht der von uns mehrheitlich gewählten Exekutive an uns alle ist etwas vollkommen anderes. – Schließlich müssen im schlimmsten Falle die aus Afghanistan zurückgebrachten Särge den Müttern auch gezeigt werden, mit Nato-Geheimhaltungsvorschriften oder ohne sie.

Der unterschiedliche, zumeist mangelhafte militärische Bildungsgrad einzelner Journalisten ist in den Meldungen nicht zu übersehen. Nur ein Beispiel: »Zeit Online Deutschland« schreibt am 5. September 2009, 12.09 Uhr, als die erwähnten Verantwortlichen schon alle an ihren Schreibtischen saßen und man sich auch in Kundus gewiss den Schlaf aus den Augen gerieben hatte, es war ja dort inzwischen schon Nachmittag: »Folgenschweres Gefecht in Afghanistan: Dutzende Menschen starben, als zwei Laster durch Beschuss in Brand gerieten. Die Bundeswehr hatte Luftunterstützung angefordert.«

Das wusste ich als militärisch ungebildeter, zufälliger Radiohörer zu diesem Zeitpunkt schon besser. Von einem *Gefecht* konnte gar keine Rede sein. Denn zu einem Gefecht gehören immer zwei miteinander kämpfende Parteien. Es war aber nur eine einzige Partei vor Ort, sehr wenige Taliban. Die Laster gerieten auch nicht durch *Beschuss* in Brand, sondern es wurden Bomben auf sie geworfen. Das ist in mehrfacher Hinsicht ein großer Unterschied. Die Bundeswehr hat auch keine Luft*unterstützung* angefordert. Da sie nicht in Kämpfe verwickelt war – es waren ihr lediglich aus Leichtfertigkeit zwei Tanklaster abhanden gekommen –, konnte sie auch keine Unterstützung anfordern. Die Bundeswehr blieb in der Nacht in ihrem Lager oder war anderweitig beschäftigt, so etwas wurde uns jedenfalls später mitgeteilt, was ja im Hinblick auf die deutschen Mütter zwischen Rostock, Dresden und anderswo nicht unvernünftig war.

Dann folgt in der Meldung von »Zeit Online« ein buntes Sammelsurium sonstwo aufgeschnappter und einander widersprechender Meldungen, keine mit beweisbarem Hintergrund, jede einzelne voller konjunktivischer Formulierungen. Wo hatten ausgerechnet die »Kölnische Rundschau« und die »Stuttgarter Nachrichten« ihr Wissen »unter Berufung auf Nato-Kreise« aus großer Ferne hergeholt? Haben sie, so wie ich (in aller Bescheidenheit), einfach nur versucht, ihren gesunden Menschenverstand einzusetzen, wenn sie davon sprechen, dass es »allen Erfahrungen widerspreche«, wenn sich »mehr als fünfzig Aufständische um zwei liegengebliebene

Tanklaster versammelten« und das, was sie sich selbst gedacht haben, ihren Lesern »unter Berufung auf andere Quellen« zur Kenntnis gegeben? Die erste amtliche Mitteilung jedenfalls aus dem Bundesverteidigungsministerium fehlt um 12.09 Uhr noch für lange Zeit.

Am 6. November 2009, zwei Monate sind vergangen, spricht dann der neue Verteidigungsminister von 147 Toten. Er sagt, Zivilisten seien unter ihnen gewesen, was sehr bedauerlich sei. – Verwaschener kann man es nicht formulieren.

Bis vor wenigen Tagen war dieser Minister noch damit befasst, sich im schwierigen Bereich der exekutiven Gewalt unser bedeutendster, mit höchsten Vollmachten ausgestatteter Wirtschaftsexperte zu werden, wofür er so gut wie keine Vorkenntnisse mitgebracht hatte.

Ein sich im gleichermaßen schwierigen Bereich der exekutiven Gewalt bereits als größter Experte für innere Sicherheit darstellender Minister war plötzlich und über Nacht zum Experten für Finanzen geworden. Bis gestern hatte man uns, dem Volk, zu erklären versucht: Weil Deutschland am Hindukusch verteidigt werde, käme Al Quaida bei uns nicht zum Zuge. Falls doch, hätten wir für diesen Fall, jedenfalls bis vor kurzem, ihn, unseren Experten.

Jetzt haben wir einen neuen, aber der muss sich doch sicher erst noch ins schwierige Amt finden. Obwohl er sich damit vermutlich beeilt – kann denn die innere Sicherheit darauf jetzt ruhig warten? In der Zwischenzeit werden ihm subalterne Beamte Handlungsweisen empfehlen, die er jedenfalls aus eigener sicherer Kenntnis und Erfahrung nicht beurteilen kann. Vielleicht ist ja die Konsolidierung unserer zerrütteten Finanzen im Moment wichtiger, als es befürchtete Al Quaida-Aktionen sind?

Minister können ihre Ämter von jeher blitzschnell wechseln. Ob sie auch sofort genügend von dem wissen, was sie als entscheidungsbefugte Chefs eines neuen, anders strukturierten Ressorts mit völlig anderen Aufgaben eigentlich wissen müssten, für das andere Vorkenntnisse und Anforderungen notwendig sind, bleibt dahingestellt.

Unser neuer Verteidigungsminister, wenn er als Reserveunteroffizier der Gebirgsjäger den Traditionsunterricht seiner Truppe richtig gedeutet hat und nicht nur am Hohen Brendten unter dem Ehrenmal für die entschwebten Geister seiner Truppe, die ihren arroganten Geist jedoch zurückgelassen haben, von einem im angeblich ritterlichen Kampf errungenen Sieg zum anderen getaumelt ist, könnte jedenfalls jetzt schon wissen, wie vergeblich die Edelweißsoldaten in Jugoslawien, Griechenland und Italien gegen Partisanen zu kämpfen versucht haben.

Je schwächer unseres jetzigen Ministers Traditionstruppe dort wurde, desto härter und brutaler kämpfte sie, um schließlich mit Schimpf und Schande aus den besetzten Ländern vertrieben zu werden, während die militärische Schlagkraft der dortigen Partisanenbewegungen unaufhörlich zugenommen hatte.

Die erste Amtshandlung unseres neuen Mannes auf seinem für ihn neuen, höchsten Posten im Bereich der exekutiven Gewalt, besteht darin, die Bundeswehr in Afghanistan laut denkend in die Position eines *kriegsähnlichen* Kampfes hineinzuheben. Und schon ist der erste Soldat verwundet worden, zum Glück für ihn und seine Mutter nicht lebensgefährlich, da heißt es vor dem medialen Hintergrund des abflauenden Groß-Events anlässlich des 20. Jahrestages des »Mauerfalls«, der beginnenden Karnevalszeit und des Selbstmordes eines Fußballtorwarts trotzig und selbstverständlich: Diesmal hat die Bundeswehr zurückgeschossen. In der Konsequenz würde das bedeuten: Einerseits könnten einzelne deutsche Soldaten bei kriegsähnlichen Handlungen gegen Afghanen (die man zu Taliban erklären müsste, welche man aber als reguläre Truppe auf dem Schlachtfeld gar nicht erkennt, denn sie sind ja Partisanen) von deutschen Zivilgerichten nicht mehr belangt werden. Sie handelten dann unter Kriegsrecht, was ihnen gewisse offensive militärische Handlungen erlaubt, die eigentlich für sie verboten sind. Andererseits würden manche Mütter zwischen Rostock, Dresden und anderswo nun doch zunehmend Grund zu weinender Fassungslosigkeit haben.

Wenn von jetzt an in Afghanistan *Krieg* gegen Al Quaida geführt wird, könnte die sich nun ernsthaft dazu entschließen, einen neuen Kriegsschauplatz zu eröffnen. Der würde dann Deutschland heißen.

Die ehemalige Sowjetunion, die sich in Fragen der militärischen Schlagkraft von Partisanen-Einheiten sehr gut auskannte, beendete ihren Afghanistan-Einsatz, der großen Anteil an ihrem Zusammen-

bruch als Weltmacht und vor allem als praktizierbare gesellschaft-
liche Alternative hatte, beim Stand von etwas über 100000 Soldaten auf fremdem Boden. Aus eigenem Entschluss.

Wir Älteren erinnern uns noch des bewegenden Bildes der letzten
im Februar 1989 die Brücke über den Amu Darja überquerenden
Einheiten, die rote Fahne mit Hammer und Sichel auf dem ersten
Panzer, als der kommandierende sowjetische General Gromow seinen Sohn, einen Leutnant, wieder zu Hause begrüßte.

Die Sowjetunion war in diesen Krieg hineingestürzt, nun stürzte
sie wieder heraus. In Washington wird man sich die Hände gerieben haben: Der größte Feind hatte, mit dem Kopf durch die Wand,
sein Vietnam gehabt. Selbst war man an den Aktivitäten zum Zwecke der Schwächung des gewichtigsten Gegners im diplomatischen
und geheimdienstlichen Bereich nicht unbeteiligt gewesen.

In Afghanistan blieben zwischen einer und anderthalb Millionen
Einheimische tot zurück, fünf Millionen Menschen waren wegen
des Krieges aus dem Land geflohen. Auf sowjetischer Seite gab es
in den knapp zehn Jahren der Intervention etwa 15000 gefallene
Soldaten. Zehntausende wurden verwundet oder blieben gesund-
heitlich und psychisch für ihr Leben gezeichnet.

Dann erstarkten die Mudschaheddin, Hauptgegner der sowjetischen Truppen in Afghanistan und ebenfalls nicht ohne stille Hilfe bestimmter US-Kreise militärisch formiert. Aus den Mudschaheddin wurden die Taliban, die übernahmen die Macht im Lande,
und gegen die kämpfen jetzt – Ironie des Schicksals – die USA
selbst samt ihren Verbündeten, zu denen nun auch wir Deutschen
gehören.

Müssen sie kämpfen oder wollen sie? Jedenfalls kämpfen sie nicht,
um den Vormarsch der Kopftücher rund um die Welt zu stoppen,
und nicht, um den fast schon zum lächerlichen Phantom gewor-
denen Osama bin Laden samt seiner Dialyse-Maschine endlich in
ihre Gewalt zu bringen. Und auch der potenziellen Abwendung
von feindseligen terroristischen Akten auf eigenem Boden sind sie
bisher keinen Schritt näher gekommen.

Vielleicht aber auch gar nicht Ironie des Schicksals: Aus geostra-
tegischen Gründen und damit die eigene Waffenindustrie ununterbrochen floriert und die Armee funktioniert, wofür dem eigenen
Volk sehr viel Geld abgenommen wird, ist es für die USA immer

nützlich, in beherrschbarem Rahmen irgendwo Krieg zu führen. Dazu braucht es militärische Gegner.

Nur das rechtzeitige Ende von Kriegen muss beachtet werden und wie sich hinterher die eigene wirtschaftliche Lage darstellt. Allein dieses Problem wird die Amerikaner und ihre Verbündeten dazu bringen, den Afghanistan-Krieg von sich aus zu beenden.

Wieder ist in Afghanistan die Zahl von 100000 fremden Soldaten erreicht. Aber die USA wollen durchaus nicht abziehen, sondern ihre Truppen und die ihrer Verbündeten derzeit nochmals um mehrere zehntausend Soldaten vergrößern.

Das alles ist bekannt. Vielleicht verlassen sich die Amerikaner auf ihre zweifellos bestehende Luftüberlegenheit. Aber die hatten sie in Vietnam und im Irak und die Russen vor ihnen in Afghanistan auch. Am Ende müssen Truppen, wenn sie ein Land beherrschen wollen, immer auf die Erde heruntersteigen und dort kämpfen.

Kriege waren und sind trotz aller Verschleierungs- und Umdeutungsversuche sehr einfache Vorgänge. Sie haben Ziele, die mit dem nur wenig zu tun haben, was der Welt zu ihrer Begründung mitgeteilt wurde oder wird.

Seit den Feldzügen Alexanders des Großen vor knapp zweieinhalbtausend Jahren ist bekannt, dass ein Krieg gegen Partisanen samt dem Volk, dem sie entstammen oder dem sie sich zugehörig fühlen, nicht zu gewinnen ist. Heute höchstens mit Kernwaffen.

Das könnte, wenn er es wollte, jeder denkende Mensch endlich begriffen haben. Die USA werden den *Krieg am Hindukusch* auf Dauer nicht gewinnen, weder von afghanischer noch von pakistanischer Seite her, unter gar keinen Umständen. Und den im Irak auch nicht. Kriege dieser Art wurden in der ganzen bisherigen Menschheitsgeschichte am Ende noch niemals gewonnen.

Wie wird sich das afghanische Volk in Zukunft verhalten, wenn sich das Blatt militärisch noch etwas deutlicher wendet? Wovon ausgegangen werden kann. Auch zur Beantwortung dieser Frage muss man nur auf die Kriegsschauplätze des Zweiten Weltkriegs zurückblicken. Dort ist das alles schon einmal passiert. Um das eigene Weiterleben zu retten, werden das unter der Besatzungsmacht neuaufgestellte Militär und die neue Polizei (in der Sowjetunion hießen sie Hiwis, Hilfswillige), aber auch Beamte, Funktionäre,

Geschäftsleute versuchen, ihre Angst zu überwinden und sich für die künftigen Sieger, die sie schon seit langem kennen, bemerkbar umorientieren.

Das Volk wird stillhalten und versuchen, sein Leben zu fristen, so gut oder schlecht es geht und seit Jahrhunderten ging. Emotional wird es die Befreiung des eigenen Landes von der Fremdherrschaft unterstützen.

Wenn das afghanische Volk Angst vor der Scharia hat: Auch die Völker der Sowjetunion werden wohl Angst vor der Stalinschen Gewaltherrschaft gehabt haben. Trotz vereinzelter anfänglicher Unentschiedenheiten haben sie die Deutschen doch *vereint* und mit aller Kraft und Zuversicht aus dem Land hinausgeworfen, und sie haben es sich nicht nehmen lassen, wie es der vielgeschmähte und hochgeachtete Dichter Ilja Ehrenburg sarkastisch formulierte, »sie bis nach Hause zu begleiten«.

Die in Afghanistan einheimischen Verbündeten der Besatzer werden ihre exponierten Stellungen aufgeben und spätestens zusammen mit den fremden Truppen das Land verlassen. Wir sehen doch noch die letzten Hubschrauber in Saigon vom Dach des Regierungspalastes in die Luft steigen. Irgendwo in einem Winkel der Welt längst angelegte Konten mit beiseitegebrachtem Geld werden den Parteigängern der Besatzer weiterhin ein *standesgemäßes* Leben ermöglichen.

Entwicklungshilfe aus anderen Weltgegenden wird sich für Afghanistan schnell finden, und auch europäische und nordamerikanische wird nicht ausbleiben, wenn sich das für die Spender in irgendeiner Weise lohnt.

Zahlreiche Stammesführer und die in Afghanistan operierenden War-Lords samt Untertanen werden bemüht sein, sich ihre Unabhängigkeit zu bewahren. Die Taliban werden sie ihnen gewähren, solange sie nicht über die Kraft verfügen, sie zu besiegen.

Es ist eben gerade nicht so, dass die ganze Welt sich danach sehnt – und also auch Afghanistan –, nach unserer amerikanisch-europäischen Fasson selig zu werden. Einzig in den Taliban selbst werden die USA als deren Ziehväter in Afghanistan weiterleben.

Man konnte zu allen Zeiten wissen, wer welchen Krieg gewinnen kann und welchen unter gar keinen Umständen. Deutschland konnte seine beiden Kriege im 20. Jahrhundert nicht gewinnen, unter gar keinen Umständen, auch und vor allem den Krieg gegen die Partisanen nicht. Das lehrt uns unter anderem die sachliche Beschäftigung mit den Kriegsjahren des Erwin Strittmatter bei einer Polizeitruppe des Deutschen Reiches.

Die Russen hatten in Afghanistan für sich begriffen, dass sie dort nicht siegen konnten. Ihre afghanische Lektion lautete damals, der Sozialismus sei dem noch weitgehend archaischen Lande fremd gewesen, die Kraft des Islam sei gestärkt und nicht geschwächt aus dem Krieg hervorgegangen, der kämpferische Wille der Völker Afghanistans sei ungebrochen, die Sowjetunion habe nichts erreicht. Die afghanische Lektion der USA und ihrer Nato-Verbündeten unterscheidet sich davon nur in einem Punkt: Möglicherweise war der sowjetische Sozialismus Afghanistan ein Stück näher als der *American Way Of Life*.

Nach dem vernunftgeleiteten Abzug allen fremden Militärs aus Afghanistan bestünde vielleicht in einem längeren Zeitraum die Möglichkeit, die Taliban Schritt für Schritt davon zu überzeugen, dass die Scharia etwas Mittelalterliches ist und es mehr Sinn ergibt, die eigenen Frauen wie lebendige Menschen zu behandeln. Beschleunigt, aber nicht überhastet werden sie den jahrhundertealten Abstand überwinden und in unserer Zeit ankommen, von der nur sehr wenige behaupten, es sei die beste aller möglichen. Die Taliban und alle, die nichts von einem durch fremde Truppen besetzten Afghanistan halten, in diesem Sinne zu beeinflussen, wäre vor allem die Aufgabe angesehener, der Moderne etwas näherer islamischer Staaten und Gelehrter.

Vielleicht dürften dann auch wir als Bewohner des mehr oder weniger *aufgeklärten Abendlandes* dazu unsere Meinung sagen. – In selbstkritischer, äußerst bescheidener Weise und höchstens in Wort und Schrift. Anders nicht.

Nachtrag am 26. Und 27. November 2009:

Morgen will ich die endgültige Fassung dieses Manuskripts im Verlag abgeben und bin dabei, das Aufgeschriebene noch einmal zu lesen. Da kommen verstörende Nachrichten aus unserer Regierung. Der neue Minister für militärische Angelegenheiten entlässt am Morgen, ohne lange zu fackeln, den »langjährigen, beliebten und hochqualifizierten« Generalinspekteur der Bundeswehr und einen seiner wichtigsten Staatssekretäre. Darüber sind alle verwundert – die Mütter der nach Afghanistan verbrachten Soldaten sicher auch.

Einer kurzen Erklärung des inzwischen ausgetauschten Ministers Jung – in der neuen Regierung waren ihm immerhin die nicht unbeträchtlichen Arbeitslosenzahlen im Lande anvertraut – ist zu entnehmen, dass er seit dem 6. September ohne Kenntnis des dazumal aktuellsten Lageberichtes aus Kundus seine Meinung über Afghanistan in die Welt hinausposaunt hat. Er teilt uns tatsächlich mit, der Bericht von damals sei sofort, ohne dass er selbst einen Blick darauf geworfen habe, an die Nato weitergereicht worden. – Gibt es denn im Bundesverteidigungsministerium nicht wenigstens ein Kopiergerät, damit er den Bericht hätte nachlesen und uns, seinem Volk, dessen Inhalt mitteilen können?

Das Positive, das mir an einer abendlichen Talk-Runde dieses Tages auffällt: Die Moderatorin spreizt sich nicht mit Halbwissen, sondern fragt korrekt, die Diskutanten halten den Mund, wenn ein anderer spricht, die allwissenden Gurus vom Dienst Hans-Olaf Henkel und Arnulf Baring und auch der Obereiferer Wolfgang Gerhardt fehlen zum Glück. Es geht in diesen 45 Minuten zu wie unter zivilisierten Menschen.

Die Lage scheint für den Moment als einigermaßen ernst empfunden zu werden.

Am 27. November, tritt Franz Josef Jung von seinem Posten als Arbeitsminister zurück. Minister zu Guttenberg zeigt hingegen immer neue Aktivitäten. Er verkündet vorschnell, revidiert, versucht sich zu rechtfertigen, fliegt (immer in modischer Pose) hin und her, geht zu nassforschen parlamentarischen Gegenangriffen über.

Die Kanzlerin schweigt zu Sachverhalten.

Der Bundespräsident schweigt sowieso. Er war ja gerade noch mit dem Leipzig von vor zwanzig Jahren beschäftigt, wo, ich sagte es anfangs, im Unterschied zu Kundus nicht geschossen worden war.

Die Presse *enthüllt* und *kommentiert* und *schwadroniert*.

Bomben auf Taliban? Mit welchem Mandat? *Kollateralschäden* welchen Ausmaßes? Was haben Karsai und sein Bruder in CIA-Diensten mit dem Ganzen zu tun und die War-Lords und die korrupten örtlichen Behörden und die speziellen militärischen Einheiten der Bundeswehr und der Opium-Handel?

Fragen ohne Ende. Schweigen ohne Ende. Und immer tiefer hinein in den Sumpf von Schuld, Vertuschungen, Lügen.

Was wird welcher Untersuchungsausschuss *herausbekommen*? Und was nicht? Wann werden welche Ergebnisse der Rekonstruktion des Afghanistan-Aufenthaltes der Deutschen Bundeswehr, der jetzt in eine völlig neue Bahn gelenkt ist, der Öffentlichkeit mitgeteilt – vor allem den Müttern und Vätern der dort stationierten deutschen Soldaten?

Und was wird nicht mitgeteilt?

# Kleine Reise nach Dístomo

> Das Verhalten der SS in Dístomo war so unvorstellbar grausam,
> dass manche heute glauben, die SS wäre es gar nicht selbst gewesen,
> sondern sie hätte zu lebenslanger Haftstrafe verurteilte Schwerstver-
> brecher für diese und andere Taten in Griechenland benutzt.
>
> *(Agyris Sfountouris,*
> *als Kind Zeuge und Überlebender des Massakers von Dístomo)*

Wir reden und reden und schreiben und schreiben.

Um meine eigene Seele zu erleichtern, habe ich im Februar des
Jahres 2009 für mich beschlossen, nicht mehr nur zu reden und zu
schreiben, sondern auch etwas zu tun.

Obwohl ich an meinem Schreibtisch versuche, Erwin Strittmatter vielfältigen Anschuldigungen gegenüber zu verteidigen, die ihm
bisher nicht nachzuweisen sind, und unter allen unbewiesenen Vermutungen selbstverständlich immer denen den Vorrang gebe, die
ihn zu entlasten geeignet sind, fühle ich mich trotzdem schlecht,
beinahe mitschuldig. Deshalb muss ich handeln.

Bei Freunden und Gleichgesinnten habe ich Geld für einen
Spielzeug-Zoo gesammelt. Wir wollen die Tiere dem Kindergarten
in Dístomo schenken.

Elefanten, Löwen, Giraffen, Gnus. Auch Pferde, Kühe, Schweine,
Schafe, Ziegen, diese Tiere kennen die Kinder sicher am besten.
Es wird auch ein paar Bäume und Zäune geben, hinter denen die
Tiere sicher sind. Ställe aus Pappe könnten die Kinder selbst basteln.
Zwei kleine Mädchen, Töchter einer Freundin, haben vorgeschla-
gen, unter den Tieren grüne Tücher auszubreiten, damit die Tiere
fressen und sich hinlegen und in Ruhe schlafen können.

Auch die republikanischen Freunde aus Madrid haben zwanzig
Tiere geschickt. Und der Verantwortliche eines Kaufhauskonzerns,
in dessen Berliner Großfiliale ich die Tiere gekauft habe, hat sich
für einen Rabatt entschieden, den ich für den Kauf zusätzlicher
Tiere verwendet habe. Im Durchschnitt hat jedes Tier zehn Euro
gekostet, das große Nilpferd etwas mehr, eine Gazelle etwas weni-

ger. Es sind am Ende 135 Tiere, zwei schöne, buntbeklebte Kartons voll.

Manche Kinder von Freunden haben mir ihre eigenen Tiere gegeben. Ich danke allen. Es ist eine für mich sehr große Zahl von Menschen, mit denen mich seit langem oder erst für kurze Zeit eine feste Freundschaft verbindet.

Die Tiere sind so groß, dass auch die kleinsten Kinder nicht Gefahr laufen, sie aus Neugier zu verschlucken. Zwar sind die Tiere aus Plaste, aber ihre Farbe ist sehr natürlich und hoffentlich nicht giftig. Auch meine Kinder, als sie noch klein waren, haben schon mit solchen Tieren gespielt.

Auf die Idee zu diesem Geschenk bin ich gekommen, als ich den Film des Schweizers Stefan Haupt, »Ein Lied für Agyris«, sah. Agyris Sfountouris hat das Massaker in Dístomo als Dreijähriger mit angesehen und überlebt.

Auch ich war im Sommer 1944 drei Jahre alt, mein kranker Vater war gerade als für den Krieg *nicht mehr verwendungsfähig* aus Russland zurückgekommen, und für ihn begann die Zeit, in der er mich überhaupt erst kennenlernte. Ich glaube mich zu erinnern, wie ich morgens zu ihm ins Bett gekrochen bin und wir zusammen gespielt haben. Es existieren ein paar liebevolle Familienfotos aus dieser Zeit.

Im Film gibt es eine Szene, die mir für den Rest meines Lebens im Gedächtnis bleiben wird. Eine alte Frau geht mit dem Regisseur in eine leere Stube. Sie zeigt auf die Stellen, wo die Toten lagen: Mama, Papa, Nico. Dann beschreibt sie, wie sie den kleinen Nico, auch er mag drei Jahre alt gewesen sein, aufheben will, aber sein Bauch ist von einem Bajonett aufgeschlitzt, und die Eingeweide liegen auf dem Gesicht der toten Mutter. Und die alte Frau sagt noch einmal: Mama, Papa, Nico.

Von Stefan Haupt erhalte ich die Telefonnummer von Agyris in Dístomo. Ich rufe an. Agyris ist sofort am Telefon. Er spricht sehr gut deutsch mit sympathischem Schweizer Dialekt. Er ist im Kinderdorf Pestalozzi aufgewachsen.

Agyris sagt sofort, diese Tiere seien ein gutes Geschenk für den Kindergarten. Ich könne ruhig das deutsche Wort »Kindergarten« auf mein Paket schreiben. Man kennt dieses Wort auch in Griechenland.

Nach dem Gespräch fällt mir ein, dass Friedrich Fröbel dieses schöne und bildhafte Wort geprägt hat. Er war der Sohn einen sehr armen Waldarbeiters aus Oberweißbach im Thüringer Wald. Einmal, erzählt die Legende, soll Fröbel auf den Hängen der Kesselberge bei Blankenburg gestanden und auf Tal und Stadt gesehen haben, und da soll ihm das Wort eingefallen sein. Und nun kennt es die ganze Welt.

Etwas später beschließe ich, selbst nach Griechenland zu fliegen und die Tiere in Dístomo abzugeben. Kurzentschlossen buche ich den Flug über das Internet. Er ist weder besonders teuer, noch wird er ungewöhnlich lange dauern. Von Athen nach Dístomo sind es noch zwei Stunden im gemieteten Kleinwagen. Mittags werde ich von zu Hause losgehen, abends werde ich in Dístomo sein. Das große Dorf liegt heute nur einen europäischen *Katzensprung* von Berlin entfernt.

Meine Frau und meine Enkeltochter helfen mir beim Packen der Pakete. Wir wickeln jedes Tier einzeln in Seidenpapier. Wir beschließen, die Tiere so in die Kartons zu legen, dass sich die Kinder, wenn sie die Tiere nacheinander herausnehmen und auswickeln, immer wieder neu freuen. Wir stellen uns die Szene im Kindergarten vor. In der Mitte steht das Paket. Die Kinder sitzen im Kreis und nehmen die Tiere nacheinander heraus. Erst ein Pferd, dann einen Bären, in der Mitte nochmals viele Haustiere, die Elefanten zum Schluss.

Ich freue mich, in wenigen Tagen bei den Kindern von Dístomo zu sein.


Auf der Autofahrt muss ich nur dem Schild folgen, das mich in Richtung Δελφοτ leitet. Es ist der berühmte Ort des Orakels aus klassischer Zeit, einst ein mythischer Ort. Ungefähr fünfundzwanzig Kilometer vor Delphi zweigt eine Nebenstraße nach Dístomo ab, dem großen Dorf mit seinen einstöckigen, hellgestrichenen, gepflegten Häusern und kleinen Höfen. Ich erreiche es nach drei Kilometern.

In nördlicher Richtung begrenzt der Parnass den Horizont, dessen Gipfel jetzt, in den ersten Maientagen, noch von Schnee bedeckt sind. Der Gebirgszug war in alter Zeit Apollon geweiht, dem Gott des Lichtes, der Heilung, des Frühlings, der sittlichen Reinheit und Mäßigung, der Weissagung, der Musik, der Dichtkunst und des Gesanges. Hier vergnügte sich Apoll einst mit den Musen, den Göttinnen der Künste. In übertragener Bedeutung gilt der steile Berg als Sinnbild und Inbegriff der Lyrik, der Kunst des Ausdrucks von Gedanken und Empfindungen in schön geschliffenen Worten.

In südlicher Richtung, über einen kleinen Hügel hinweg, erreicht man den Golf von Korinth, dessen Wasserfläche tief unten silbrig schimmert. Drüben, über dem anderen Ufer, erheben sich in verschwimmender Ferne über der Küste die Hügel und Berge des Peloponnes.

Das kleine Hotel, in dem ich für zwei Nächte wohnen werde, liegt direkt an der Hauptstraße des Dorfes. Der Hotelbesitzer zeigt mir mein Zimmer; ich erfahre, dass ich einen Diebstahl nicht zu befürchten brauche, obwohl hier niemals eine Tür abgeschlossen wird. Unten, im großen Gastraum, begrüßt mich ein freundlicher Mann und fragt auf deutsch, ob ich einen Wunsch habe. Ich frage ihn nach Agyris, und er fragt höflich zurück, ob ich Agyris denn persönlich kenne und was ich von ihm wolle. Ich erkläre dem Mann, der zur Zeit des Massakers noch nicht gelebt hat, mein Vorhaben. Er deutet auf den Brunnen draußen an der Straße und erzählt, dass an diesem Brunnen damals ein Mädchen den schwarz uniformierten Offizier auf seinem Pferd mit einem Glas Wasser willkommen geheißen hat. Der Offizier hat getrunken, gedankt und gesagt, dass sie jetzt alle Leute im Dorf töten werden, nur das Mädchen nicht.

Der Mann, er hat in seiner Jugend für mehrere Jahre als Gastarbeiter in der Bundesrepublik gearbeitet, ruft den Gästen zu, was er gerade über den Zweck meines Besuches in ihrem Dorf erfahren hat. Sie lächeln und nicken. Der Wirt verschwindet nach hinten und kommt mit einer Flasche Wein zurück. Die schenkt er mir.

Wir machen uns auf den Weg zu Agyris. Wir finden ihn in einem anderen, kleineren Restaurant. Agyris ist grauhaarig, nur seine dichten Augenbrauen sind noch vollkommen schwarz. Sein Blick ist aufmerksam, nachdenklich, in seinen dunklen Augen scheint sich noch immer zu spiegeln, was sie damals gesehen haben, als das Schreckliche im Dorf passierte. Später erfahre ich von Agyris, dass er in der Schweiz Lehrer für Mathematik und Astronomie geworden und jetzt schon längere Zeit pensioniert ist.

Als ich am Abend in meinem Hotelbett liege, höre ich die Turmuhr der griechisch-orthodoxen Kirche von gegenüber noch einmal die Stunde schlagen. Über Nacht wird die Glocke abgestellt, und so kann auch ich in Dístomo ruhig schlafen.

Am nächsten Vormittag, die alten Männer im Restaurant und ich haben uns wie langjährige Bekannte begrüßt, geht Agyris mit mir in den Kindergarten. Zuerst bringe ich eins meiner Pakete zur Gruppe der kleineren Kinder. Als wir ihr helles, sauberes Zimmer betreten, drehen mir alle Kinder das Gesicht zu, sie sind noch beim Frühstück. Dann räumen sie schnell den Tisch ab. Sie sind hübsch gekleidet, bunte Pullover, weiße Hemden. Ich kann nicht sagen, ob sie auf meinen Besuch vorbereitet sind. Ich stelle meinen Kasten auf den Tisch, nehme das erste Tier heraus und wickele es aus. Es ist ein Elefant.

Dann sage ich auf deutsch, und Agyris übersetzt meine Worte, dass ich aus Deutschland komme und dort eine Gruppe von Menschen beschlossen hat, ihnen diese Tiere zu schenken, einfach, weil sie alle liebe Kinder sind. Warum wir das außerdem tun, sage ich nicht.

Nun packen die Kinder die Tiere aus, ein Junge hat alle Pferde gesammelt, und der Rappe ist sein liebstes Tier, das sieht man gleich. Vor einem der Mädchen steht allein ein Pfau, sie sieht ihn unverwandt an. Dann sind alle Tiere ausgepackt, die Kinder beginnen mit ihnen zu spielen, sie tauschen sie untereinander aus und wissen selbstverständlich, dass alle Tiere allen gehören, aber jedes Kind hat sein Lieblingstier. Später gehen wir zusammen ins Nebenzimmer, und die Kinder singen für mich ein langes Lied. Auch ich versuche, ihnen ein deutsches Kinderlied zu singen. Mir ist das alte schöne Lied von den zwei Hasen in den Sinn gekommen, die einst zwischen Berg und tiefem, tiefem Tal saßen.

Das Zimmer der größeren Kinder, der Vorschulkinder, ist reich mit Lehr- und Lernmaterial ausgestattet. Beim Auspacken verhalten sie sich wie die Kleinen. Dann setze ich mich auf eines ihrer Stühlchen, und die Kinder nehmen unter der Anleitung ihrer Erzieherin nacheinander einzelne Tiere in die Hand, sagen dessen Namen, beschreiben es. Ich muss den deutschen Namen des Tieres sagen, die Kinder sprechen ihn nach. Die Kinder sind völlig unbefangen, sie sprechen nicht durcheinander oder drängen sich mit ihrem Wissen vor. Bald sind wir in ein lustiges Gespräch verwickelt.

Wir unterhalten uns über die Serengeti, wo Agyris schon gewesen ist, kommen auf den Ngorongoro-Krater zu sprechen und fachsimpeln über Vulkanausbrüche. Agyris ist unser Dolmetscher, er hat viel zu tun. Mir gefällt die Offenheit und Ungehemmtheit der Kinder und wie sie freundschaftlich, beinahe zärtlich miteinander umgehen.

Als wir uns verabschieden, hinterlasse ich im Bürgermeisteramt von Dístomo diesen Brief:

Am 5. Mai dieses Jahres, vor einer Woche, war ich bei meinen Freunden in Holland. Dieser Tag ist dort der Tag der Befreiung vom Hitlerfaschismus. Einige Tage vor Kriegsende hat eine SS-Division einen Seedeich gesprengt und Hunderte Hektar mehrere Meter unter dem Meeresspiegel liegendes, kultiviertes Land überflutet. Dieses brutale und sinnlose Verbrechen richtete sehr viele Zerstörungen an. Niemals hat eine deutsche Regierung dafür um Verzeihung gebeten. Meine Frau und ich waren die ersten Deutschen, die zufällig an einer Gedenkfeier zum 5. Mai teilgenommen haben.

Heute, wenige Tage nach dem 8. Mai, es war früher auch in meiner ostdeutschen Heimat der Tag der Befreiung, bin ich bei Ihnen in Dístomo, dem Ort eines schrecklichen deutschen Verbrechens aus dem Zweiten Weltkrieg.

Der Tag der Befreiung ist im vereinigten Deutschland abgeschafft worden, und nur wenige Menschen gedenken an diesem Tag der unendlich vielen Toten des Krieges aus anderen Ländern und auch der deutschen Nazi-Opfer.

Als der kleine Nico in Dístomo ermordet wurde, waren er und ich ungefähr im gleichen Alter.

Im Internet las ich den Wortlaut des Urteils unseres deutschen Bundesverfassungsgerichtes, die Ereignisse in Dístomo und also auch der Mord an dem kleinen Nico seien *kriegsbedingt* gewesen, und deshalb käme eine Entschädigung nicht in Frage. Da ist Wut zu meiner Betroffenheit und Trauer hinzugekommen. Zuerst habe ich gedacht, ich müsste unserem Herren Bundespräsidenten einen Protestbrief schreiben, aber dann stellte ich mir vor, mit welch ausgesuchten, unverbindlichen Worten er die spitzfindige Entscheidung unseres, seines höchsten Gerichtes rechtfertigen würde.

Vielleicht schreibe ich ihm doch noch und schlage vor, einen Teil des Geldes zur aktuellen Stützung unserer Banken für einen Wiedergutmachungsfonds abzuzweigen, der freilich dem kleinen Nico sein Leben nicht zurückgeben könnte.

Ich denke, nicht nur die Regierungen unserer beiden Länder müssen kooperieren. Vor allem wir selbst, die einfachen Leute, wollen achtungsvoll und in Frieden miteinander leben. Denn das Wichtigste auf der Welt ist die Liebe zwischen den Menschen.

Den kleineren Kindern von Dístomo kann jetzt noch nichts von damals erzählt werden, aber später, wenn sie groß sind, werden sie erfahren, was zu jener Zeit Schreckliches geschah.

Es wäre für mich und meine Freunde eine große Ehre, wenn zu ihrem Wissen über die Vergangenheit von Dístomo auch die Erinnerung an die 135 Tiere des kleinen Zoos gehören würde, mit denen sie heute in ihrem Kindergarten hoffentlich mit viel Freude spielen werden.

Berlin/Dístomo, 13. Mai 2009                           Günther Drommer

Später gehe ich allein ins Museum für die Toten. Von jedem ist ein Bild zu sehen, vergilbte Fotografien oder mit Ölfarben aus dem Gedächtnis gemalte naive Porträts. Lange stehe ich vor einem einzigen riesigen Foto. Aus verschwitzten Gesichtern und in verrutschten schmutzigen Uniformen grinsen mich die Täter an. Lebensgroß. Sie halten Knüppel in den Händen. An ihren Füßen tragen sie verstaubte, klobige Stiefel, als ob sie heute einen langen Marsch hinter sich gebracht hätten. Am Rande der zerstörten Straße erkenne ich ein Gebäude, es ist das Hotel, in dem ich heute Nacht geschlafen habe.

Am Nachmittag fahren Agyris und ich zum Memorial für die Toten von damals. Dort sind alle Namen verzeichnet und das jeweilige Alter. Das jüngste war ein Jahr alt, der älteste 89. Agyris schließt ein kleines Totenhaus auf, in verglasten Fächern liegen die Schädel. Agyris weist mit dem Finger auf einen Schädel und sagt: meine Mutter. Und daneben: mein Vater. Ich kann nicht sprechen.

Draußen scheint die Sonne, das weiße Dorf liegt unter uns, auf dem Parnass leuchtet ein Rest Schnee, und der gelbe Ginster blüht und blüht.

Als ich später allein zum gemeinsamen Abendessen mit Agyris gehe, stürzen zwei kleine Mädchen quer über die Straße auf mich zu und küssen mich voller Zutrauen. Vom Vormittag her kenne ich ihre Gesichter. Ein Gleiches passiert, als wir schon im Restaurant sitzen und mich einer der etwas größeren Jungen vom Vormittag entdeckt.

Nachts, in meinem Zimmer angekommen, finde ich auf dem Bett eine Mappe mit Zeichnungen der Kinder für mich. Mit Filzstift hat der fünfeinhalbjährige Valentino Pferde, Elefanten und Giraffen gemalt. Stamatia, sechs Jahre, hat sich selbst, ihre Freundinnen Asteria und Fenia, daneben Agyris, ihre Erzieherin und mich, den Überbringer der Tiere, porträtiert. Von der fünfjährigen Ervina stammt das Bild ihrer »kleinen Stadt Dístomo«. Die bunten Häuser sind für sie sehr hoch, Tiere, Blumen Schmetterlinge und die Sonne beleben das Bild und das Städtchen.

Ich empfinde in diesem Augenblick ein großes Glück, mit so vielen Menschen und ihren Kindern für lange Zeit in Liebe verbunden zu sein.


Am nächsten Tag, es ist mein letzter in Griechenland, beschließe ich, mich den ganzen Tag in Delphi aufzuhalten. Schon sehr früh bin ich dort. Der *Sonnenwagen* ist auf seiner Tagesfahrt noch nicht weit vorangekommen, und die Luft ist frisch und kühl. Die Natur steht in voller Blüte.

Irgendwann setzt die Invasion der Touristen ein. Am besten gefällt mir eine junge, sehr wissbegierige, alles fotografierende Japanerin. Sie ist mit einem weißen T-Shirt bekleidet, auf dem ich einen deutsch geschriebenen Aufdruck lese: »Stille Nacht. Heilige Nacht.« – Heute ist der 14. Mai.

Die Reste von Delphi, Mauern, Säulen, Tore, Tempelruinen, ein Theater und das Stadion sind an einen steilen Berghang geheftet. Das hatte ich mir völlig anders vorgestellt.

Einst soll Apoll, vom Parnass kommend, über diesen Abhang geflogen sein und beschlossen haben, hier, in dieser schönsten aller Landschaften, für sich und zu seiner Verehrung ein Orakel einzurichten.

Der Name dieses Orakels leitet sich vom Delphin her, der lebend aus einer »Spalte« der Gebärmutter geboren wird. Und aus einer

Erdspalte steigen die betäubenden Dämpfe auf, durch welche die weise Urmutter Gaia zu den Menschen spricht. Das altgriechische Wort δελφθς bedeutet auch Bruder, also einer, der aus der gleichen Gebärmutter stammt.

Die schrecklichen deutschen Mörder von Dístomo werden keine Ahnung von dieser Kostbarkeit altgriechischen Denkens gehabt haben, als sie deren bäuerliche Nachfahren mitleidlos massakrierten. Sie gehörten zu jenen Barbaren, als die in klassischer Zeit die Griechen ihre fremden Nachbarn bezeichneten.

Der Glaube an die Göttin Gaia hat seinen Ursprung weit zurück in der Menschheitsgeschichte, als die Jäger und Sammler noch in urgesellschaftlichen Stammesverbänden auf der Erde lebten. Zu jener Zeit fühlten sich die Menschen noch als Teil der Natur und nicht als deren Beherrscher. Heute haben die in Staaten und Großstädten organisierten Menschen die von ihnen ausgebeutete Natur längst zu ihrem Sklaven und Feind gemacht und schon weitgehend irreparabel zerstört.

Als die Griechen damit begonnen hatten, sich andere Götter zu schaffen, von denen sie glaubten, sie glichen ihnen selbst und ihrer sich wandelnden Art des Zusammenlebens in Städten, siedelten sie diese neuen Götter als die Familie des Zeus auf dem Olymp und dem Parnass an.

Wenn die Menschen in jener frühen Zeit des Wandels und der Herrschaft über ihresgleichen und die Natur, an deren zwanghaftem Ende wir heute stehen, einen wirklichen, existenziellen Rat brauchten, erinnerten sie sich noch immer ihrer Urmutter Gaia, die dann durch das Orakel von Delphi zu ihnen sprach.

Deshalb galt Delphi den Menschen der Antike als Mittelpunkt der Welt, und der war gekennzeichnet durch den heiligen Stein Omphalos. Gaia, die es schon immer gegeben hatte, vereinigte sich mit dem Schlamm, der nach dem *Ende des Goldenen Zeitalters* von der Welt übrig blieb, und gebar die geflügelte Schlange Python. Python hatte hellseherische Fähigkeiten und lebte an jenem Ort, der später Delphi heißen sollte.

Einem anderen Mythos zufolge ließ Zeus zwei Adler von je einem Ende der Welt aufsteigen, die sich in Delphi trafen.

Die Frau des Zeus, Hera, war eine Enkelin der Urmutter. Gaia hatte ihr prophezeit, Leto, ihre Nebenbuhlerin und eine der Geliebten des Zeus, würde dereinst das Zwillingspaar Artemis und Apollon gebären, größer und stärker als alle ihre anderen Kinder.

Der Drache Python wusste, dass Apollo ihn einst töten würde. Er zog los, um Leto, dessen künftige Mutter, umzubringen, fand sie aber nicht. So gebar Leto ihre Kinder, und Apollo begann, Python zu jagen. Er stellte ihn bei Delphi und tötete ihn. Durch das vergossene Blut Pythons übertrugen sich dessen hellseherische Fähigkeiten auf den Ort.

Als Medium des Gottes diente Pythia, die als einzige Frau den Apollon-Tempel betreten durfte. Auch das Amt der Priesterin geht auf den alten Kult der Erdgöttin Gaia zurück. Pythia verkündete den Ratsuchenden den Spruch Gaias, die Oberpriester des Apollon legten ihre Worte aus.

Der Historiker Herodot berichtet, wie der lydische König Krösus das Orakel von Delphi befragte, bevor er im sechsten Jahrhundert vor dem Beginn der christlichen Zeitrechnung gegen den Perserkönig Kyros ins Feld zog. Von der Antwort ermutigt, »er werde ein großes Reich zerstören«, wagte Krösus den Angriff und unterlag. Die Weissagung der Gaia und ihrer Sprecherin Phytia hatte nicht das Perserreich, sondern sein eigenes gemeint.

Aber auch das Reich der Perser ging unter, und das Reich der Griechen verschwand, das jüdische, das römische, das der Inka und die Germanenreiche und die Habsburger Monarchie und die der Hohenzollern auch. Die aus der Russischen Revolution hervorgegangene Union verschwand und sollte doch den Beginn der neuen Ewigkeit markieren.

Noch existieren Spuren von Erinnerung an das menschliche Zusammenleben in jener Zeit vor der Ausbreitung von Macht und Krieg und der Erfindung von Besitz und Geld. Bis vor historisch kurzer Zeit lebten Menschengemeinschaften in jahrtausendelang erhaltenen Stammesstrukturen. Sie arbeiteten nicht länger als zwei Stunden am Tag, in der restlichen Zeit beobachteten sie die umgebende Natur, sie erzählten sich ihre Mythen, sangen, tanzten und feierten Feste, sie beschäftigten sich mit ihren Kindern, betreuten die Alten und Schwächlichen und liebten einander.

Eine einfältige Idylle? Über die zu schmunzeln es irgendeinen Grund gibt?

Thom Hartmann berichtet in seinem Buch »Unser ausgebrannter

Planet« von nordamerikanischen Indianervölkern, in deren Sprache während Tausender von Jahren stammesgeschichtlicher Existenz überhaupt keine Bezeichnung für *Krieg* entstanden war. Krieg mit ihresgleichen, Krieg mit der Natur, er war diesen Stämmen unbekannt.

Als die Anführer weißer Siedler einzelnen Stammesverbänden gegenüberstanden und sie nach deren Anführern fragten, gab es sie nicht. In der Folge eines über lange Zeiträume entstandenen komplizierten Systems von Ratschlägen einzelner Stammesmitglieder, gemeinsamer Beratungen, Einspruchsmöglichkeiten, kollektiven Entscheidungen war eine herausgehobene reiche und mächtige Führungsschicht niemals entstanden, welche die Siedler für eine erste Kontaktaufnahme akzeptieren, dann korrumpieren und zum Schluss hätten vernichten können.

Karl Lanius erwähnt in seiner »Menschheitsgeschichte« eine Erzählung aus der Zeit des Übergangs von der alten Stammeskultur zur neuen Kultur der Städte und Staaten (wie Thom Hartmann den Vorgang bezeichnet), von den Jägern und Sammlern zu den Ackerbauern und Viehzüchtern (wie wir es in der Schule gelernt haben), von Kain und Abel (mit denen die Bibel einen uralten Mythos aufnimmt), oder von der Vertreibung aus dem Paradies, die schon im Gilgamesch-Epos beschrieben ist und auf ein irdisches Ereignis von großer Tragweite zurückgeht. In jener Erzählung der Onodaga, eines nordamerikanischen Indianerstammes, ist die Rede des Häuptlings Dekanawida vom Stamme der Seneca vor den Häuptlingen der zur »Konföderation des Friedens« gehörenden Stämme aufgeschrieben:

»Wir wollen es das Große Gesetz nennen, das Große Gesetz der Gerechtigkeit. Heute ist das Irokesenvolk bei allen anderen Stämmen verhasst. Überall kreuzt man die Streitäxte im Kampf und erschlagen die Männer einander.

Wir aber wollen den Krieg von der Erde verbannen. Wir wollen ihn tief in der Erde vergraben. Alle Kriegsursachen bündeln wir zusammen und werfen das Bündel weg. Wir reißen eine große Fichte mit ihren Wurzeln aus, wodurch sich ein tiefes Loch in der Erde bildet. Auf dessen Grund fließt ein reißender Wasserstrom. In diesen Strom versenken wir alle Ursachen von Kampf und Krieg.

Unsere Urenkel werden sie nicht mehr kennen, weil wir den großen Fichtenstamm wieder an seine Stelle setzen werden.

Unter diesem großen Baum werden wir ruhen. Er wird einen schönen, angenehmen Schatten spenden. Alle Völker werden ihre Blicke auf das Gesetz richten. Alle werden es lieben und danach verlangen. Niemals mehr werden wir in Furcht leben. Alle Stämme werden in Frieden und Ruhe wohnen, getreu dem Großen Gesetz. ... Alle werden von Freude erfüllt sein, denn wir haben uns dann zu einer Einheit zusammengeschlossen, zu einem in sich geschlossenen, festgerundeten Organismus.« (E. E. Clark, Indianische Legenden aus Nordamerika, München 1998)

An anderer Stelle beschäftigt sich Lanius mit dem melanesischen Stamm der Trobriander und zitiert, was der polnische Völkerkundler Bronisław Malinowski 1922 in seinem Buch »Argonauten des westlichen Pazifik« über Alltag und Kultur dieses Volkes von Gärtnern mitteilt:

»Bei den von den Eingeborenen als *Kula* bezeichneten Seereisen erweist sich der Handel mit Gebrauchsgegenständen als untergeordnet gegenüber dem Gabentausch von Objekten, die weder ökonomischen noch technischen Gebrauchswert besitzen ...

Im Leben der Insulaner gelten die regelmäßigen Fahrten in ihren offenen Auslegerbooten über mehr als zweihundert Kilometer nicht der Eroberung neuer Reichtümer, sondern dem Geben und Nehmen zweier Formen von Muschelschmuck, ... die gegenläufig zwischen den Inseln des Westpazifik zirkulierten.

Die Melanesier empfinden es als wunderbar, dass sie Schmuckstücke, die sie in eine Richtung fortgeben, nach einigen Jahren aus der entgegengesetzten Richtung zurückerhalten. Die einzelnen Tauschakte setzen eine Wertäquivalenz der Gaben voraus. Dabei liegt letztlich der Wert der jeweiligen Gabe in der Bekräftigung der Freundschaft zwischen den verschiedenen Völkern. ›Durch diesen Gabentausch, der in der Perspektive der imperialistischen Ökonomie Europas so sinnlos ist, erzeugen, bekräftigen und erhalten sie soziale Beziehungen der Gegenseitigkeit unter sich und zwischen sich und Fremden. So finden sie – im Gegensatz zu den Europäern – in der Ferne, in die sie reisen, Gastfreundschaft, Freiheit und Gleichheit.‹ ...

Die Ernte ist in Kiriwana die freudigste und farbigste Periode des Gartenbaus. Schon das Ausgraben der Taytuknollen selbst fasziniert die Eingeborenen; es wird von Bräuchen und Zeremonien belebt, um die Freude an der Jahreszeit zu steigern; und wenn das Beiwerk womöglich mehr Zeit und Mühe in Anspruch nimmt als die Arbeit selbst, so verleiht es dieser doch den Anstrich eines vergnüglichen Zeitvertreibs, der die technische Effizienz zu steigern vermag. Die Ernte ist schließlich das Ziel aller Landwirtschaft und wird bei den Trobriandern wie anderswo als solches betont und in einen festlichen Rahmen gestellt.

Die zusätzliche Arbeit besteht darin, dass man die Taytuknollen reinigt, sie im Garten zur Schau stellt und sie dann öffentlich und prunkvoll vor die Speicher trägt, um sie dort zeremoniell aufzustapeln.

Die Verwandtschaftsregeln der Trobriander verlangen, dass jeder Gärtner die besten und besonders gereinigten Knollen zur Schau stellt, um sie dann dem Mann seiner Schwester zu überbringen. Den Rest der Ernte bewahrt er in seinem Speicher auf. Die Gegengabe, durch die der freie Teil seines Hauptspeichers gefüllt wird, erhält er durch die Verwandten seiner Frau – ihren Bruder, Mutterbruder und später deren Sohn oder Schwestersohn.«

Ich sitze in der obersten Reihe des Amphitheaters von Delphi und sehe auf die ausgedehnte grüne Fläche weit unten im Tal, an ihrem Ende vom Uferstreifen des Golfs von Korinth begrenzt. Hinter mir höre ich die Stimme einer deutschen Reiseleiterin, die ihren beflissenen Studiosus-Reisenden das Zeremoniell von Delphi erklärt. Sie berichtet, wie damals jeden Monat geschätzte 40000 Besucher aus allen griechischen Stadtstaaten übers Wasser gekommen sind, um die Pythia nach ihrer Zukunft zu befragen.

Die Reiseleiterin würdigt die Leistung der Organisatoren zu jener Zeit. Alle müssen verpflegt und untergebracht werden, es muss saubere Toiletten und Waschmöglichkeiten geben, und die Besucher sollen in der Wartezeit mit gymnastischen Wettkämpfen und Tragödien und Komödien unterhalten werden, ehe sie in geordneter Reihe ohne Gewähr von Besucherprivilegien vortreten dürfen. Während sie warteten, werden sie sich gegenseitig ihr Leid geklagt und stolz von den Erfolgen ihrer Stadt berichtet haben. Das alles wirkt sehr modern und liegt in seinen Anfängen doch schon zweieinhalb Jahrtausende zurück.

Damals hat das Elend von Macht und Besitz gerade begonnen, und die Erinnerung an die vergangenen glücklichen Zeiten mag noch in den Menschen sein.

Heute ist diese Erinnerung verloren. Wird es allen Menschen von heute zusammen gelingen, irgendwann, nicht zu spät – und es ist schon sehr spät – die gegenwärtig in Richtung Untergang fortschreitenden Verhältnisse auf friedliche Weise in einen völligen Neubeginn zu verwandeln?

Ich halte mich für einen einigermaßen modernen Menschen mit ein paar Lebenserfahrungen und glaube an die kaum verständlichen Prophezeiungen des in grauer Vergangenheit hochverehrten, über Krieg und Frieden entscheidenden Orakels nur deshalb, weil aus deren innerstem Kern die ältesten Erfahrungen der Menschheit sprechen. Denn wir alle entstammen dieser zivilisatorischen Vergangenheit, dieses Weges von Gut nach Böse, und nur zusammen könnten wir dessen Richtung in die Zukunft ändern.

Wohin, zu welchen Kindern, sollte ich einen nächsten Spielzeug-Zoo schicken? Nach Dinant in Belgien? Nach Gernika in Katalonien, Sankt Petersburg, das im Krieg fast zu Tode gehungerte Leningrad? In welches von den ungezählten Dörfern in der Sowjetunion, von denen unsere Väter und Großväter nichts zurückgelassen haben als die nackten gemauerten Schornsteinruinen? In welches palästinensische oder kurdische Dorf, zerstört bis zur Nichtmehrerkennbarkeit? Soll ich sie nach Jesenice in Slowenien bringen, nach Kommeno in Griechenland? Nach Kandanos auf Kreta? Nach Santa Ana in Italien, Oradour-sur-Glane in Frankreich, Lidice in Tschechien? In die Slums von Johannesburg, Nairobi, Mexiko-City, Port-au-Prince, Detroit? Wohin in Afghanistan, im Irak, in Gaza?

Und wie sollte ich all die toten jüdischen Kinder von Auschwitz ehren, die an ihrem schrecklichen Ende im Gas ganz und gar heimatlos waren?

Wir, alle Deutschen von heute, haben bisher viel zu wenig über unsere eigene gemeinsame Schuld gesprochen. Wir verstecken uns statt dessen selbstgefällig, überheblich und aggressiv hinter einzelnen Menschen aus unserer Mitte, die, jedenfalls in einem zweiten Teil ihres Lebens, ehrlich versucht haben, sich von ihrer Schuld zu entlasten und dadurch anderen, Starrköpfen und sich beleidigt Gebenden, die das nicht taten, zum Vorbild hätten werden können.

Gerade jetzt, zwanzig Jahre nach dem Ende des missglückten Experiments mit einer Alternative unter widrigsten Umständen, gälte es, etwas von der Energie jenes künstlich entfachten *Freudentaumels* anlässlich unserer sogenannten *Wiedervereinigung* und dem dazugehörigen *Hassgeschrei* umzuleiten auf die Kritik an diejenigen, die sich bis heute gerade *nicht* schämen, ihre Mordbübereien von damals oder die ihrer Väter als Heldentaten im Dienst an der Heimat hinzustellen.

Erst zusammen mit gründlichen, allein der Wahrheit dienenden Gesprächen über die beiden von uns Deutschen verschuldeten großen Kriege, die nur einer waren, und den dazugehörenden Taten haben wir das Recht und die Pflicht, über Katyn in Polen, Nemmersdorf in Ostpreußen, Sabra und Chatyla im Libanon, über Gaza in Palästina und über tausend andere Orte zu sprechen.

Erwin Strittmatter ruht nun schon seit fünfzehn Jahren auf seinem Waldfriedhof in Schulzenhof. Und unzählige tote deutsche Soldaten, sehr jung gestorben oder, mit mehr Glück, sehr alt, bedeckt schon längst der Rasen. Ich maße mir nicht an, den Stab über sie zu brechen. Oder sie von aller Schuld reinzuwaschen. Mein Vater gehört doch auch zu ihnen. Und ich glaube zu wissen, dass er im Krieg nicht schuldig wurde. Und viele andere auch nicht. Außer an dem, woran wir alle zu tragen haben.

Indem wir jeden Tag unseren Teil an dieser Schuld abarbeiten, verringern wir auch den Schuldteil unserer toten Väter. Selbstgefälliger Hochmut, verständnislose Dummheit, unabgewogene Urteile über Unseresgleichen sind die Feinde in uns selbst.

Wir sind am Leben, das wir zu gestalten haben. Die Ruhe einer sicheren Zukunft liegt in unser aller Verantwortung.

Ich danke den Leserinnen und Lesern, die mir gefolgt sind bis zum Ende dieses schwer ertragbaren Buches, das ich eine Streitschrift genannt habe. Manche stimmen mir und meinen Ansichten vielleicht zu, andere werden heftig widersprechen.

Fast am Ende meines siebenten Jahrzehnts angekommen, will ich weiterer Einzelheiten aus dem Leben Erwin Strittmatters nicht mehr nachforschen. Weder solchen, die seine Schuld vermehren, noch solchen, die ihn entlasten. Ich werde mir stattdessen immer wieder eines seiner Bücher zur Hand nehmen und in den tausend Sätzen seiner Gedanken und Geschichten lesen.

Für das letzte Jahrzehnt, das mir vielleicht noch bleibt, will ich mich in meinen Gedanken und auf dem Papier mit einem erträumten Paradies auf Erden beschäftigen, in dem irgendwann alles doch noch gut geworden ist. Denn für mich wird es jetzt oder nach meinem Tode ein Paradies nicht geben.

Ich denke an meinen Onkel Hans. Er war der jüngere Bruder meiner Mutter. Wir haben uns nur einmal für drei Tage getroffen, da war er vierundzwanzig Jahre und ich sechs Monate alt. Ich kenn ihn nur von ein paar schwarz-weißen Fotografien. Von ihm ist nichts geblieben als seine achtzehn letzten Briefe, die er mit Bleistift aus Stalingrad geschrieben hat. In einem dieser Briefe zitiert er einen Schlager von damals, der ihm nicht aus dem Kopfe will: »Es geht alles vorüber, es geht alles vorbei, auf jeden Dezember folgt wieder ein Mai.«

Mit diesen Zeilen will er seine Mutter, es ist meine andere Großmutter, und seine Schwester aufmuntern. In den ersten Januartagen des Jahres 1943 *fällt* er. Hinter sich die total zerstörte Stadt, vor sich den zugefrorenen Fluss und die unendlichen, im fernen Nebel zerfließenden Weiten Russlands bis zum hin zum Stillen Ozean.

Einer der anderen jungen Deutschen neben ihm sieht ihn tot umfallen. Er fällt auf den hartgefrorenen Boden des Hochufers der Wolga. Dieser Boden nimmt ihn nicht in sich auf. Ob sein Leichnam später, im Frühjahr, ein Grab gefunden hat, weiß niemand. Er hat wahrscheinlich keine Freundin und sowieso keine Frau gehabt, und ich war das einzige kleine Kind, das er liebte. Er war ein zuverlässig funktionierender Soldat, und sicher hat er manchen von den Gleichaltrigen, die ihm gegenüberlagen oder auf ihn zustürmten, getötet.

Es war ihm jedoch keine Gelegenheit gegeben, das, was er getan hatte, zu begreifen und den Versuch zu unternehmen, sich in einem langen, an Erkenntnissen reichen Leben dafür zu entschuldigen.

Die Straße vor dem Haus, in dem meine Großmutter später wohnte, führte von unserem Dorf weg, hin zu einem großen Übungsplatz für russische Truppen. Einmal, in meinen großen

Sommerferien, stand eine lange Lastwagenkolonne mit Soldaten in erdbraunen Uniformen auf dieser Straße.

Ich sah zu, wie meine Großmutter Scheiben vom frischen Brot schnitt, sie mit Butter bestrich und dick mit Wurst belegte. Dann nahm sie ein paar Flaschen Bier, mir gab sie die Brote, die sie auf einen Teller gelegt hatte. Wir gingen nach unten, und sie reichte alles den fremden Soldaten hinauf zur Ladefläche des nächststehenden Lasters. Sie sagte nichts in unserer Sprache, die Jungens in ihrer fremden Sprache hätten sie nicht verstanden. Sie griffen nach dem Teller und den Flaschen. Aus ihren kindlich-erstaunten Augen sahen sie meine Großmutter an. Meine Großmutter weinte.

Das habe ich mit eigenen Augen gesehen.

Berlin, im November 2009

Ich danke für guten Rat und hilfreiche Unterstützung durch die Mitarbeiterinnen und Mitarbeiter
*der Behörde des Bundesbeauftragten für die Unterlagen des Staatssicherheitsdienstes der ehemaligen Deutschen Demokratischen Republik, Berlin*
*der Stiftung Archive der Parteien und Massenorganisationen der DDR im Bundesarchiv, Berlin*
*des Thüringischen Staatsarchivs auf der Heidecksburg in Rudolstadt*

Abdruck der Auszüge aus Werken von Erwin Strittmatter mit freundlicher Genehmigung
© Aufbau Verlag GmbH & Co. KG, Berlin 2001-2010

Persönlich bedanke ich mich bei
*Agyris Sfountouris und allen Kindern und Erwachsenen von Dístomo in Griechenland*
*allen Freundinnen und Freunden, die mir Tiere für den Kindergarten in Dístomo mit auf den Weg gegeben haben*
*Sylvia Gräfe*
*Dieter Skiba*

Und ich danke vor allem meiner lieben Frau, die allein weiß, wie schwer es mir gefallen ist, den schrecklichen Details des Krieges nachzuforschen und den unzureichenden Versuch zu unternehmen, sie aufzuschreiben